其兴也勃焉 其亡也忽焉

——二十年后再看苏联演变

俞 邃/著

当代世界出版社
·北 京·

图书在版编目（CIP）数据

其兴也勃焉 其亡也忽焉：二十年后再看苏联演变
/ 俞邃著. —北京：当代世界出版社，2011.12
ISBN 978-7-5090-0801-0

Ⅰ.①其… Ⅱ.①俞… Ⅲ.①和平演变—研究—苏联
Ⅳ.①D751.20

中国版本图书馆 CIP 数据核字（2011）第 244649 号

书　　名：其兴也勃焉 其亡也忽焉——二十年后再看苏联演变
出版发行：当代世界出版社
地　　址：北京市复兴路 4 号（100860）
网　　址：http://www.worldpress.org.cn
编务电话：（010）83907332
发行电话：（010）83908409
（010）83908410（传真）
（010）83908377
（010）83908423（邮购）
（010）83908408
经　　销：新华书店
印　　刷：北京九天志诚印刷有限公司
开　　本：710×1000 毫米　1/16
印　　张：15.5
字　　数：234 千字
版　　次：2011 年 12 月第 1 版
印　　次：2011 年 12 月第 1 次
书　　号：ISBN 978-7-5090-0801-0
定　　价：38.00 元

前 言

今年12月是苏联解体20周年。这20年，世界风云变幻，和平与发展并进，天灾与人祸同行。时过境迁，然而人们依然不由自主地在思考、议论这样一些话题：世界上第一个社会主义国家的执政党苏联共产党究竟是怎样消亡的？超级大国苏联这个庞然大物究竟是怎样解体的？当今国际局势的变化与苏联解体究竟有什么关系？等等。20年过去了，对于这个震惊世界事件出现的原因，人们一直在关注和探讨之中。本书根据20世纪80年代中期开始的苏联改革从启航到终结的客观历程，谈谈苏共消亡和苏联解体的真相、教训、原因和影响。

苏联演变包含两层意思，一是指苏联共产党垮台、苏联社会主义模式破产，二是指联邦国家解体、统一的苏维埃社会主义共和国联盟——苏联不复存在。

苏联演变离不开全球大背景。进入20世纪80年代之后，面对发达资本主义国家高科技迅速发展和生活水平大幅提高的严峻挑战，面对世界变得更加开放和依存性不断加深条件下经济全球化的猛烈冲击，业已僵化、凝固化的苏联模式的弊端越发凸显。苏共当初在特殊历史条件下选择和培育的高度集权的经济政治管理模式，在实行国家工业化、赢得反法西斯战争胜利、战后迅速恢复经济和保障人民生活福利等方面，无疑发挥过积极作用，并创造过辉煌，但是长期以来没有及时地对其弊端加以有效改革，反而越来越成为生产力发展的障碍。结果，主持改革的苏共领导人的错误路线、方针和政策葬送了苏共，瓦解了苏联。

关于苏联发生演变的深层次原因，当今国内影响较大的看法有两种，一种认为根本原因在于苏联模式，另一种认为根本原因是戈尔巴乔夫与赫鲁晓夫一脉相承的修正主义路线。二战后特别是进入20世纪六七十年代，苏联面临不改革不行和改不好也不行两大问题。揭示苏联模式弊端（这不等于把苏联模式描绘成压根儿就一无是处）说明的是“不改革不行”，但不足以回答“改不好也不行”，两者不能错位。不应该把体制弊端这一客观存在与从事改革的主观努力割裂开来，把改革难度大与改革必然失败划上等号。至于简单地重复20世纪60年代国际共运大论战时“九评”批判赫鲁晓夫修正主义的观点，来诠释戈尔巴乔夫改革失败的原因，也未免脱离事物的真相，缺乏说服力。

从宏观上讲，苏联发生演变的原因是多方面、综合性的，涉及政治、经济、民族、理论、意识形态、文化、外交等诸多因素，执政党因素则是决定性的。导致苏联演变有内因，也有外因，内因是主要的；有现实原因，也有历史原因，现实原因是主要的；有领导人的错误，也有改革本身的难度，领导人的错误是主要的。强调说内因是主要的，并非外因不重要，而是避免将外部“和平演变”万能化；强调说现实原因是主要的，并非低估苏联模式弊端的严重性，而是警惕陷入改革必败的“宿命论”；强调说领导人的错误是主要的，并非否认苏联改革的艰巨性，而是防止无谓地为领导者的罪责开脱。我们不应忽视其中任何一种原因，但又不能孤立地只用某一种原因来对苏联剧变作总体上的解释。如果更概括地表述，那么可以说，导致剧变的各种原因在深层次盘根错节，执政党及其领导者的路线错误与僵化的管理模式弊端相交织所体现的现实内因，则是问题之根本。

苏联久患沉疴，积重难返，倒也不是绝对不可救药，而是饮鸩止渴被置之于死地罢了。苏联的改革从启动到失败，经历了使命、宏图、试航、走险、误区、陷落等几个阶段。戈尔巴乔夫的智慧和才能显然胜任不了领导苏联这样一个大国改革的重任。苏联人先是信任他、尊重他、寄希望于他，后来又埋怨他、憎恨他、不肯原谅他，均属情理之中。至于2011年3月在他80岁生日的时候被授予最高荣誉勋章——圣安德烈勋章，可谓五味杂陈，当不属本书评论的范围。

应该指出，就苏联国家解体而论，叶利钦等人也负有重大的责任。戈尔巴乔夫的错误为苏联解体提供了条件，而叶利钦则利用了当时的复杂形势，在取代苏联总统地位不成的情况下，直接制造了瓦解苏联的悲剧。

至于苏联消失是坏事还是好事，这可以从不同角度观察。普京说过这样一句富有哲理的话："谁不为苏联解体而惋惜，谁就没有良心；谁想恢复过去的苏联，谁就没有头脑。"可以断言的是，如果苏联还存在，当今世界的许多情况也许不会发生，包括南斯拉夫解体及随之而来的科索沃战争、俄罗斯与格鲁吉亚的武装冲突，等等。1979 年苏联入侵阿富汗的时候，恐怖主义基地曾经将矛头对着苏联；如果苏联还在，那么"9·11"事件及随后带来的伊拉克战争、伊朗和朝鲜核危机乃至西亚北非政局动荡等一系列事件是不是可以避免，这些也都在人们的思考之中。

本书借用典故"其兴也勃焉，其亡也忽焉"作为书名，重在阐述"其亡也忽焉"，以说明当年苏共及其执掌的强大超级大国苏联何以那么快就从地球上消失。

苏联剧变之后，笔者曾应四川人民出版社的要求，于 1992 年撰写了《莫斯科的冬与春——一个时代的终结》一书，1993 年 5 月出版问世，随后越南国家政治出版社于 1994 年 12 月翻译成越南文出版，并连续出了三版。现在这本书是苏联演变 20 年后在该书基础上再思考的产物。

目　　录

第一章　逢机遇临危受命

苏联是世界上第一个社会主义国家，苏联的经济政治管理模式是在没有先例的特殊条件下，于20世纪30年代开始逐步形成的。这种高度集权的管理体制，在战争年代和战后恢复时期，都显示过它的动员性强和困难承受能力强的优点。然而，进入以和平与发展为主要命题的时代之后，这种管理体制的弊端就越来越明显、越来越突出了。执政的苏联共产党及其领导人是否认识到这一点？他们应该、又是如何对待这个问题的呢？

改革使命迫切提上日程

苏联在第二次世界大战中是战胜德国法西斯的主力，它的重大胜利不仅在世界上赢得了崇高的威望，说明社会主义制度经受住了极其严峻的考验，而且苏联的经济政治管理模式也被认作是至善至美的模式。苏联凭借这种模式，管理和发展经济，在战后的经济恢复时期确实取得了很大成就。1951年，苏联的工业产量比1929年增加了12.7倍，而美国只增加2倍，英国增加1.6倍，法国增加1.04倍。[①] 战后初期，苏联的科学技术也有迅速发展，例如苏联1954年建成了世界上第一座原子能发电站，1957年先于美国成功地发射了第一颗人造地球卫星，1961年使第一个宇航员上天。这些成就在相当长一个时期内掩盖了苏联管理模式的缺陷和由此带来的不良后果。

1953年斯大林逝世之后，经过对斯大林功过的重新评估，在苏联共产党内，因而也在整个国际共产主义中，出现了两种既有原则区别又相互混

① 参见《苏联共产党第十九次代表大会文件汇编》，人民出版社，第13－14页。

淆的思潮。一方面，鉴于斯大林推行个人迷信，在国内政策中犯有肃反扩大化等错误，在国际关系中犯有大国沙文主义等错误，等等，尤其是前者，因此出现了根本否定斯大林的思潮。另一方面，开始从斯大林的个人迷信现象和后果中寻找更深层的原因，尽管还比较肤浅，但是已经多多少少从苏联管理体制中发现问题。在这样的认识基础上，苏联赫鲁晓夫当政时期于20世纪50年代中期和勃列日涅夫上台之初（实际上是柯西金倡导）于60年代中期开始搞过两次改革。这两次改革都不成功，或者直截了当地说都失败了。但是，它们毕竟给后人以不少的启迪。

戈尔巴乔夫总结了这两次改革的教训，当然，他后来的实践表明，他并没有真正从中吸取教训，而是犯了比重蹈覆辙还要严重的错误。不过，从戈尔巴乔夫的主张可以看出，他试图推进改革，的确受到前两次改革的重大影响。

他说："在50年代中期，特别是在苏共二十大之后，变革之风吹到国家上空，人民振奋起来，活跃起来，变得更大胆，更有信心。""无论在苏联社会中，还是在国际关系方面，都发生了良好的变化，然而犯了不少主观主义的错误。这些错误使社会主义进入新阶段复杂化了，在很大程度上也损害了一些先进创举的名声。"①

他又说："苏共中央3月和9月（1965年）提出了领导经济的新方法，深入研究并着手实行了经济改革，以及开发新地区和发展生产力的庞大计划"。但是"已经决定了的许多东西也都停在纸上，挂在空中了。我们的发展速度大大延缓了。"②

不难看出，戈尔巴乔夫在上台伊始，是要重新掀起20世纪50年代中期曾经出现过的"变革之风"，还想搞起20世纪60年代末期未能形成的"新的彻底变革"。据戈尔巴乔夫的夫人赖莎·戈尔巴乔娃的回忆，她的丈夫担任苏共中央总书记的前夕，同她在庭院散步时对她说过：看来不改革是不行的。

戈尔巴乔夫关于改革的必要性和迫切性、改革的性质和目的的言论，

---

① 《在庆祝十月革命70周年大会上的报告》。

② 同上。

是很多的。尽管他后来的改革思想和做法发生了很大的变化，但是发起改革的动因是明确的：苏联面临着多方面的挑战。他作为苏联新一代的领导人，毫不含糊地承认这些挑战，雄心勃勃地要应对这些挑战，想把苏联搞成一个理想化的世界强国。

苏联面临外部严峻挑战

这个时候苏联面临外部多方面的挑战。

（1）西方主要发达资本主义国家的经济实力的挑战，特别是世界科技迅猛发展的挑战。

西方主要发达国家的实力迅速提高，苏联的世界第二经济大国地位岌岌可危。这种情况从20世纪70年代起尤其明显。不妨看几个数字。二次大战后到20世纪50年代末，苏联的增长速度一般在10%左右，其中1946—1950年社会总产值年均增长速度为14.2%，1951—1960年为10%。从60年代起，增长速度开始下降，但是，按照苏联官方的统计，大多数经济指标仍快于美国，尽管这种统计方法后来证明不很准确。例如国民收入这一项，在20世纪60年代据称苏联的增长率要高出美国两个百分点。至1975年，苏联的国民收入宣布已达到美国的67%，实际上仅相当于美国的一半左右。况且苏联国民收入的增长率呈逐步递减之势，1966—1970年即第八个五年计划年均增7.1%，“九五”计划成为5.1%，“十五”计划成为3.9%，至勃列日涅夫逝世的1982年下降到2.6%，达到战后的最低点。苏联作为世界第二经济大国的地位受到日本的严重挑战。据苏联公布的统计资料，1960—1985年日本的国民收入增长了4.4倍，工业产值增长了5.5倍，工业劳动生产率增长了3.3倍，而同期苏联相应的增长指标分别为2.9倍、3.8倍和2倍。至1986年，社会生产总值的情况大致是：美国为39000亿美元，苏联为18000亿美元，日本为17000亿美元。苏联的世界第二经济大国的地位受到严重挑战。1988年年初日本官方正式宣布日本已超过苏联，成了世界第二经济大国了。

西方大国经济实力的增长，主要依靠新的科学技术。苏联面对世界新技术革命，出现何去何从的问题。本来苏联的科学技术颇有潜力，否则它就不可能在建立原子能发电站和航天技术方面一度领先。苏联的科技人员占世界科技人员总数的1/4，居世界首位。每年的新技术发明占世界总数的1/3，仅次于日本居世界第二位。但是，主要由于经济管理体制方面的原因，只有1/4的新技术成果在国民经济中得到应用，而且一项新技术从研究到应用的周期长达10—12年之久。苏联出现过这样的怪现象：科技发明自身不能应用而被秘密转移到国外，若干年后又将其引进国内。苏联的科技还存在畸形状态，军事工业相当发达，民用工业则比较落后。苏联的一些传统工业如钢铁、石油、天然气、水泥等产量占世界第一位，但在新兴科技方面，如微电子、新能源、新材料、信息技术、生物工程等方面与西方的差距拉大。据估计，20世纪80年代中期苏联一般科技水平要比西方发达国家相差15年左右。这个时期苏联从事手工劳动的还约有5000万人，工业中从事手工劳动的工人约为1/3，建筑业为一半以上，农业则为3/4。戈尔巴乔夫承认，苏联“粗放的发展方法基本上已经耗尽潜力了”，除去加速科技进步，“其他出路是根本没有的”。

（2）中国改革取得巨大成就的挑战。

中国从1979年开始走上改革开放、建设中国特色社会主义道路，并且取得巨大成就。1980年至1985年的第六个五年计划期间（也就是截至戈尔巴乔夫上台的那一年），中国的工农业总产值平均每年增长11%，其中工业总产值平均每年增长12%（包括村办工业），农业总产值平均每年增长8.1%（不包括村办工业）；国民生产总值平均每年增长10%。这五年中国农业发展十分迅速，比建国以来增长最快的“五五”时期平均每年增长5.1%还要高得多。中国粮食的年平均产量由“五五”期间的三亿零五百三十万吨增加到三亿七千零六十二万吨。从1980年至1985年，原煤产量由六亿二千万吨增加到十一亿五千万吨，原油由一亿零六百万吨增加到一亿二千五百万吨，发电量由三千亿度增加到四千零七十三亿度，钢由三千七百万吨增加到四千六百六十六万吨。中国人口多，主要工农业产品的人均产量还相当低，但总产量不仅在世界上是比较高的，而且在世界上所占的位次也大都提前了。

从中国人民的生活水平来说，则有了显著改善。这表现在城乡居民收入大幅度增长；城乡人民的消费水平迅速提高，消费结构发生明显变化；

人民的居住条件有了改善；城乡居民储蓄大幅度增加；等等。

中国取得的巨大成就，是由于党的路线、方针和政策的正确性。就经济工作来说，是由于实行了具有深远历史意义的战略转变：①在经济和社会的发展战略上，从片面追求工业特别是重工业产值产量的增长，开始转向以提高经济效益为中心、注重农轻重协调发展，注重经济、科技、教育、文化、社会的全面发展。②在经济体制上，从管得过多、统得过死的僵化体制，开始转向适应在公有制基础上有计划发展商品经济要求的、充满生机和活力的新体制。经济体制改革首先在农村取得重大突破，家庭联产承包责任制的全面推行以及其他一系列改革措施的实施，极大地解放了农村生产力，使农村经济开始向专业化、商品化、现代化转变。城市的改革，紧紧围绕搞活企业这个中心环节，在计划、财政、税收、价格、金融、商业、劳动工资等方面都进行了程度不同的改革，使城市经济生活出现了前所未有的活跃局面。③在对外经济关系上，从封闭半封闭型经济开始转向积极利用国际交换的开放型经济。冲破了“左”的思想和自给自足的经济观念的束缚，克服了把自力更生和对外开放对立起来的错误认识，在利用国内国外两种资源、开拓国内国外两个市场、学会组织国内建设和发展对外经济关系两套本领方面，取得了显著成效。①

中国进入改革时期的初步成效，对苏联产生了巨大的影响和吸引力。

（3）东欧一些社会主义国家改革势头的挑战。

东欧一些国家，特别是南斯拉夫和匈牙利，走上改革道路的时间较长，作出了一些新的改革规划，既取得了某些成果，当然也存在严重问题。无论是成就还是问题，都对“大家庭”中主要成员的苏联产生直接影响。

南斯拉夫在 1948 年 7 月党的第五次代表大会便提出不能照搬苏联经验，社会主义条件下也存在价值规律，要利用经济杠杆管理经济以及克服官僚主义危害的问题。从 20 世纪 40 年代末至 50 年代初，开始了建立工人委员会、撤消联邦主管经济的一些部委和实行企业扩权、将生产资料交给劳动集体支配等重大改革实践。20 世纪 60 年代又扩大自治范围，从工人

---

① 参见国务院总理《关于第七个五年计划的报告》。

自治发展为社会自治。还进一步扩大企业经营外贸自主权，并对价格形成进行改革，引进外资办合资企业。20 世纪 70 年代，又针对市场自发势力造成生产停滞和经济混乱现象，将各经济部门在工人自治的基础上按照联合劳动原则进行改组。出现经济危机后，于 1983 年制定《经济稳定发展纲要》，1986 年南共十三大进一步强调要贯彻纲要，实行对经济制度、经济政策和发展政策进行比较深刻的变革，以保护和发展社会主义自治关系和民主，建立统一的市场，克服通货膨胀和解决失业等。但是南斯拉夫的社会经济形势严峻，面临解决加强宏观管理的问题。

匈牙利从 1956 年事件之后，便着手调整国民经济结构，改革管理体制。特别是及时调整农、轻、重之间的比例关系，放弃高度发展重工业的计划，将农业置于发展首位，同时重视轻工业的发展，使经济很快出现转机。20 世纪 60 年代逐步深入地实行改革工业管理体制，将国民经济有计划地集中管理同市场的积极作用有机地联系起来，在国家和企业之间划分决策权，以经济手段为主来管理经济，基本上以指导性计划代替指令性计划，等等。20 世纪 60 年代前一段时间匈牙利改革出现了它的“黄金时代”。但从 1968 年实行新体制后，出现了投资失控和企业哄抬物价造成市场不稳定的现象。从 1979 年起，又开始了新的改革，撤消托拉斯，鼓励企业之间的竞争；发扬企业内部民主，改革价格体制；完善工资制度；在工商业部门实行个人承包制；鼓励个体经济发展，实行企业破产法；等等。匈牙利由于改革本身进入艰难阶段，加之改革上的某些失误，故而为克服经济上遇到的严重困难而作进一步探索。

总的来说，东欧多数国家在改革中都在注意加强宏观控制与扩大企业自主权，把改革经济体制与促进科技进步和发展生产结合起来，将经济体制改革与政治体制改革结合进行，并注意加强对经济理论的研究。保加利亚首先提出的所有权与经营权分开的思想，引起普遍重视。

东欧国家的做法和形势，迫使苏联新领导考虑自己该怎么办。

戈尔巴乔夫上台非偶然

戈尔巴乔夫 1985 年 3 月担任苏联最高领导人，这是历史的产物，也有他本人的机遇。

戈尔巴乔夫于1978年11月从地方调到中央担任苏共中央书记，主管农业。1979年11月任政治局候补委员，1980年10月转为政治局委员仍兼任中央书记。他是当时最年轻的政治局委员。当政18年的勃列日涅夫1982年11月逝世后，精明能干但是体弱多病的安德罗波夫继任总书记。这时戈尔巴乔夫受到安德罗波夫的器重，用后来担任过党中央第二把手的利加乔夫的话说，“在安德罗波夫头脑清醒、但身体糟糕的情况下，年富力强、精力充沛的戈尔巴乔夫的政治作用迅速增大，由此我看到了好的征兆。”① 戈尔巴乔夫后来自己说过，“我当时是政治局委员，主持中央书记处的会议。”② 另据在安德罗波夫身边工作过的阿尔卡季·沃尔斯基回忆，安德罗波夫在临终前曾经提出由戈尔巴乔夫主持中央日常工作，意在由他接班。事情当然不取决于一个临危的人了。③ 但是，年轻而资历不浅的戈尔巴乔夫，地位毕竟仍在上升。

1984年2月安德罗波夫总书记病逝，老弱多病的契尔年科继任。他提议委托戈尔巴乔夫主持中央书记处会议。利加乔夫回忆说，“他认为当时需要一个精力充沛、年富力强、身体健康的人”，“就是要把米哈伊尔·谢尔盖耶维奇推上党的最高政治领导层非正式的第二把交椅，强硬地推行自己的路线。”④ 契尔年科的这个建议是较得人心的。当时政治局内部“勃列日涅夫乘务组”的老人吉洪诺夫等找过麻烦，但是契尔年科的想法终于勉强地变成了现实。在契尔年科任总书记的13个月时间内，戈尔巴乔夫“被看成是安德罗波夫改革思想的继承人”，⑤ 因而在政治局内部一再遭到反对。尽管如此，“非正式第二把手”的确立，对于他后来继任总书记是十分有利的。

1985年3月契尔年科病逝。这是两年多时间内苏联第三位最高领导人逝世。苏联广大党员和人民群众对匆匆来去的老人当政感到厌倦，对国家

---

① 参见《戈尔巴乔夫之谜》。

② 1990年12月7日对企业领导人的谈话。

③ 参见美国《纽约书评》，1992年7月。

④ 参见《戈尔巴乔夫之谜》。

⑤ 参见《戈尔巴乔夫之谜》。

经济政治生活处于停滞状况深为不满，希望有一位年富力强的领导人出来，跟着时代前进。时年54岁、在党内的接班人地位基本确立的戈尔巴乔夫，得到葛罗米柯等实力人物的鼎力支持，战胜了政治局委员格里申、罗曼诺夫等人的挑战，终于在契尔年科逝世的第二天便顺利地当上了苏共中央总书记。

戈尔巴乔夫身上寄托着苏联党和人民的殷切期望。

戈尔巴乔夫肩负着是否能使苏联这个世界大国走上健康发展轨道的重任。

世界各国都在注视着、评论着戈尔巴乔夫。

然而，应该承认，戈尔巴乔夫继承的“遗产”是极其复杂的。

经济遗产沉重而又棘手

可以说，这方面成绩不小，问题成堆。论成绩，据苏联官方宣布，在20世纪60年代以来的1/4世纪中，国民经济固定生产基金增长了6倍，建成了数千个企业。国民收入几乎增长了3倍，工业产值增长4倍，农业产值增长70%。按人口平均计算的实际收入增长了1.6倍，社会消费基金增长了4倍多。建成了5500套住房，从而改善了大多数家庭的居住条件。实现了向普及中等教育的过渡。高等院校毕业生的人数增加了3倍。科学、医疗和文化方面取得了很大成就，社会关系和民族关系方面有重大变化，等等。

以上基本都是事实。然而严重的则是问题的另一面，这就是戈尔巴乔夫所承认的，“不抱偏见的诚实态度使我们得出一个必然的结论：国家正处于危机前的状态”。①

所谓“危机前状态”，看来集中表现在两个方面。

（1）经济没有能及时地由粗放的发展轨道转向集约化发展轨道，效率低下，经济失去活力。“粗放的发展”，依靠的主要是增加劳动力、增加生产基金（增加新企业和设备）的办法。况且，从20世纪70年代以来，便

① 参见《改革与新思维》。

出现了粗放化发展因素也受到很大限制的情况。一是由于社会闲散劳动力挖掘殆尽和人口生产率下降，新增加劳力日益减少。加之对劳力管理不善，劳动力问题日趋紧张，许多工厂企业因而开工不足。二是资源开发条件恶化。从20世纪60年代后期开始，苏联西部地区的自然资源日益减少，开发重点移往东部地区，而东部地区的开采条件困难，运输路程远，开发费用贵。再加上沉重的军费负担，对农业大量投资以及支付大批农产品补贴等原因，资金也日趋紧张。总之，20世纪70年代以来，特别是进入80年代之后，主要靠增加人力、设备、财力的粗放型发展越来越困难，粗放化发展的潜力趋于枯竭。

（2）长期以来苏联的经济结构保持着畸形状态。尤其是勃列日涅夫时期，加紧扩军备战，争夺世界霸权，使得苏联的整个国民经济结构带有越来越明显的军事特征。农、轻、重之间，积累与消费之间，比例关系严重失调，这是导致苏联经济发展速度下降的原因之一。

轻重工业比例失调，因为优先发展重工业被认为是苏联“经济政策的不变原则”。当然，他们也说过要改变轻重工业比例关系，加速乙类工业的发展。但是许多年的情况表明，轻重工业比例失调现象基本上没有改善。从后来几个五年计划投资比例看，甲类工业投资额为乙类工业投资额的6倍左右。从产值比重看，1985年甲类工业占74.8%，这与第二次世界大战时重工业产值比重最高年份相当。比起美国，这种畸形发展也较突出（美国工业中甲类工业约占2/3，乙类工业约占1/3）。重工业中，与军工有关的工业部门的生产增长速度最快。为了保持重工业，苏联领导人总是强调要保持重工业、机械制造业的稳步增长。

工业与农业的比例失调，苏联农业从来都是一个薄弱的环节。农业增长速度远远落后于工业。1976年同1940年相比，工业产值增长17倍，而农业产值只增长1.4倍。1975年与1960年相比，工业产值增长2.2倍，而农业产值仅增长0.4倍。勃列日涅夫上台后的十多年当中，农业投资在国民经济投资中的比重，先后从22%提高到27%以上，农业固定生产基金增加了将近三倍。每人每年平均粮产量由570公斤增至800公斤左右，肉由44公斤增至59公斤。但是，由于投资效率不高，农业抗灾能力弱，往往“靠天吃饭”，饲料粮经常不足，畜产品供应处于持续紧张状态。歉收年更加麻烦。苏联每年不得不从国外进口粮食3—4千万吨，每年肉的净进口都在十几万吨以上。

积累与消费的比例失调，这是实行高积累、高投资政策的结果。据苏联官方材料，1965年至1980年期间苏联的积累在国民收入中的比重一直保持在25%至28%之间，其中1970年达到29.5%，而且实际用于积累的基建投资额比这个数字还要高。例如，1976年至1980年每年国民经济投资额实际相当于当年国民收入的30%以上。高投资政策不仅使人民生活水平提高较慢，还造成人力物力紧张。基建规模过大与人力物力不足也是影响苏联经济发展的一个重要因素。

苏联的畸形经济结构，给国民经济带来许多矛盾。苏联领导人曾试图借助对外扩张的办法来缓和矛盾和摆脱困难，但是事与愿违。戈尔巴乔夫上台时，面临的恰恰是生产效率低、产品质量差、浪费巨大、民用工业技术落后、消费品不足及劳动人民缺乏积极性这样一种状况。

思想理论成为僵化教条

以高度集权为特征的苏联模式的弊端及其表现形式，简言之叫做思想理论僵化、经济管理凝固化和政治生活不民主。体制弊端源于社会发展的错误理论，而错误理论则伴随着“左”的思想和路线而产生。苏联共产党选择和培育了这种专制体制，而在其理论、路线、方针和政策方面所犯的种种错误又都与这种体制密切相关，且互为因果，恶性循环。长期以来，苏共理论上越来越僵化，集中体现在没有处理好“十个关系”。

(1) 社会主义与资本主义的关系。这本是人类社会发展过程中相互联系、衔接，又彼此矛盾、对立的两个阶段。社会主义从资本主义脱胎而来，为了广大人民的利益和福祉，必须在抵制资本主义糟粕的同时，继承人类文明在资本主义阶段创造的物质和精神成果，从而形成比资本主义更加发达的生产力和更加先进的文化。列宁说：“苏维埃的历史使命是充当资产阶级议会制度以及整个资产阶级民主的掘墓人、后继人和继承人。”①

① 《列宁选集》，中文版第4卷，第244页。

列宁的话历来被断章取义，只讲“掘墓人”，避而不谈“后继人和继承人”。苏共对社会主义属性及其与资本主义相互关系的认识极为片面，总是强调资本主义总危机加深、垂死腐朽，拒绝甚至敌视人类文明在资本主义发展阶段的合理创造。

（2）最高纲领（长远目标）与最低纲领（近期目标）的关系。长期以来，苏共扭曲了社会主义的目标和观念，不是审时度势、与时俱进，而是耽于妄想、超越时空。苏共高估社会主义发展阶段的成熟性，唯意志论，急于求成，感想代替政策，提出了诸如建成社会主义、建成发达社会主义乃至实行向共产主义过渡等不切实际的纲领口号。苏共凭借强制手段，试图实现可望而不可即的遥远未来的理想化目标，可是人民群众是讲究实际的，天长日久便产生被欺骗的感觉，对苏共失去信任和信心。

（3）政治与经济的关系。苏共一贯标榜空头政治。在民主与专政两个方面，突出专政，甚至践踏民主。忽视经济的基础意义，在生产力与生产关系两者中，偏重生产关系的变革，过分强调后者的反作用。囿于产品经济观，实行经济生活国家化、经济管理集中化和指令化。排斥商品货币关系，奉行粗放型经济战略。优先发展重工业特别是军事工业，导致经济结构畸形。两个平行市场的理论造成闭关自守。

（4）理论与实践的关系。从词句、文字上看，苏共历届纲领、章程和大块理论文章难说不像马克思主义，但教条主义、形式主义严重，惯于做“假大空”表面文章。党的思想建设薄弱，组织建设无力，官僚主义充斥党的各级机构。

（5）人民内部矛盾与敌我矛盾的关系。苏共混淆两类矛盾，无端将思想分歧上升到政治斗争处理，严酷管制，无情镇压，直至肉体消灭。民主与法制备受摧残，大清洗给千百万家庭的几代人带来极大伤害，克格勃肆虐造成人人自危。共产党队伍理应是威武之师与仁义之师的结合，而苏共威武有余而仁义匮乏。

（6）民主与集中的关系。民主集中制原则被严重扭曲，实行从少数人直到个人独断专行。禁锢思想，封闭言路。滥用国家机器和人民赋予的权力。监督者受制于被监督者。党内政治生活严重畸形。

（7）精神因素与物质因素的关系。在发展动力问题上，片面强调精神因素的作用；而在物质生活中，又常常无视群众对于民主的精神需求。这两种倾向俱在。苏联模式形成初期，社会生产力和人民生活水平低下，人民群众的基本生活需求得到满足，对强制行为造成的精神压力尚能承受。但随着经济生活的改善，人们的民主自由需求变得迫切起来。日积月累，群众与领导之间的矛盾和对抗加深。

（8）权利与义务的关系。干部应是人民的勤务员，却高踞于群众之上；从群众中来到群众中去，变成从群众中来到官僚特权阶层中去。滥用权力，作威作福，脱离群众。在计划经济条件下，虽也存在经济腐败现象，但权钱交易毕竟较难，苏共最大的腐败是政治上的腐败。

（9）俄罗斯民族与其他民族的关系。有时过于突出俄罗斯民族的优越地位，民族平等的理论与实践往往脱节。鉴于这个问题的重要性，下面将另做专题分析。

（10）国内政策与国际政策的关系。国际战略与对外政策中充斥大国沙文主义和民族利己主义。口头上宣扬无产阶级国际主义，实际上一切以对苏联和苏联政策的态度划线，干涉和控制别国别党。勃列日涅夫时期更是扩军备战，到处伸手，谋求霸权，这既拖了经济建设的后腿，又损害了社会主义形象。

民族关系蕴含不安因素

苏联作为第一个社会主义国家，总的来说在处理民族关系方面是谨慎的。20 世纪 70 年以来虽然不断出现种种民族矛盾，有时还相当尖锐，但基本上还是保持了民族团结的、稳定的局面。各大小民族的经济文化都有了较大发展，生活有了显著改善。这一点西方资产阶级学者也都给予肯定。但是，在民族关系中也积累了许多矛盾和问题。

苏联拥有 120 多个大小民族。它们属于不同语系和宗教信仰，沙皇时期经济、文化发展水平相差悬殊，加入苏联的原因和条件也不一样，所以情况错综复杂。至 1985 年，苏联人口为 2. 76 亿。据 1979 年统计数字，俄罗斯民族占 52. 4%（后来的比例略有下降）。非俄罗斯民族主要分布在边疆、沿海及重要经济区，其所占面积占全苏领土的 63. 9%。

苏联历史上处理民族问题既有经验，也有教训。经验例如：

（1）从总体上说，坚持了民族平等政策，注意改善民族关系，提高少数民族的政治地位，强调建立各共和国平等自愿的联盟，还先后建立了一些自治共和国、自治州和自治专区。从1924年宪法开始规定实行两院制，设立民族院，同联盟院的权利相等。

（2）帮助发展少数民族地区的经济，实行优惠政策，不断提高其物质生活水平，至1985年，14个非俄罗斯共和国中，有5个共和国工业产品的产量增长速度、9个共和国农产品产量的增长速度超过全苏和俄罗斯的增长速度。

（3）重视培养少数民族干部，注意实行干部民族化。至1985年，俄罗斯联邦之外的14个加盟共和国的党、政、苏维埃领导，除第一书记偶有例外，都由民族干部担任。宪法规定加盟共和国最高苏维埃主席团主席同时也是苏联最高苏维埃主席团副主席。

（4）帮助少数民族发展文化教育，为一些少数民族创造了文字。苏维埃国家先后为52种少数民族语言创造了文字，还普及少数民族的出版事业，加强对少数民族语言的研究，开办使用本民族语言教学的民族学校。由于大力发展教育事业和开展大规模扫盲运动，不仅早在1940年就基本上扫除了文盲，而且至20世纪70年代末在青年中基本上普及了十年制的中等义务教育。据1986年统计，有5个少数民族共和国的文化水平高于全苏水平。

苏联各个时期在处理民族关系方面也存在不少问题，有的还是严重的错误。例如：

（1）斯大林时期，在他当政前十年基本上执行了列宁的民族政策，但到20世纪30年代，在游牧民族定居和农业集体化过程中，实行粗暴的强制办法，对民族情绪严重的少数民族干部采取了某些过激措施，肃反期间又打击和伤害了一批少数民族干部，卫国战争期间将车臣、印古什、克里米亚鞑靼和伏尔加河畔的日耳曼等8个少数民族，不加区别地全部强行迁至中亚和西伯利亚地区，伤害了民族感情。波罗的海沿岸三国——立陶宛、拉脱维亚、爱沙尼亚认为，它们被并入苏联是1939年8月23日“莫洛托夫—里宾特洛甫条约”和一个秘密协议书造成的。

（2）赫鲁晓夫时期在解决民族问题上采取了一些积极措施，但对突然批判斯大林在格鲁吉亚引起的消极影响估计不足，对过激行动采取了镇压措施。当时还加强了控制，不适当地向少数民族地区大量移民，撤换一些少数民族干部，压制宗教活动，推行俄罗斯化政策，使民族关系又趋紧张。

（3）勃列日涅夫时期虽也注意民族问题，但控制甚严，对少数民族地区闹事实行镇压，并撤换了格鲁吉亚和乌克兰等加盟共和国党中央的本民族第一书记。由于多年来大搞民族迁移，实行民族杂居，在民族关系上产生了一些新的矛盾和问题。

以上是戈尔巴乔夫上台时所处的民族状况。应该说，在解决民族问题方面还面临着新的课题，这包括：

（1）如何认识解决民族关系问题的长期性、复杂性和艰巨性，制定出符合本国实际情况的民族理论。苏联在民族问题上失误的重要原因之一，是民族理论一直有“左”的东西。这同苏联对社会发展阶段的认识是有联系的。例如，苏共二十二大纲领中称“全面展开共产主义建设，意味着苏联民族关系发展的新阶段，这个新阶段的特征是各民族进一步的接近和达到完全的一致”。勃列日涅夫在宣扬建成了发达社会主义的同时，从民族关系角度强调“形成人们的新的历史性共同体——苏联人民”（苏共二十七大通过的党纲修订本将这个“新的历史性共同体”改为“新的社会和族际共同体”）。总的说来，过早地宣传民族接近和融洽，甚至人为地推行民族同化，这是民族矛盾滋长和隔阂加深的一个重要原因。

（2）苏联历史上在民族政策方面的一些失误，也留下了后遗症。例如，在南高加索确定民族地区归属标准不统一。亚美尼亚境内的阿塞拜疆人集居的纳希切万自治共和国，划归了阿塞拜疆，而阿塞拜疆境内的亚美尼亚人集居的纳加尔诺—卡拉巴赫自治州，也划归了阿塞拜疆。加之阿塞拜疆对待自治州的文化教育和语言等政策方面存在问题，两个民族的信仰也不同，这样，这个地区一直孕育着尖锐的民族冲突。再如，前面提到的不适当的民族迁移，也带来了一些消极后果。这主要是俄罗斯族向少数民族地区迁移人口过多，致使当地民族比例大大下降，从而在某些方面损害了后者的利益。

作为惩罚，将一些民族强制迁徙，后果更严重。卫国战争期间借口一些少数民族中有些人“投敌叛国”，将其全体居民强行迁移到条件艰苦的地方。其中有几个民族在赫鲁晓夫时期恢复名誉，返回家园，恢复了自治。另三个民族，后来虽也恢复名誉，但未允许其重返家园恢复自治，留下动乱的根子。

（3）还有一个各民族经济发展不平衡的问题。长期以来苏联采取各共和国经济谋求平衡发展，对落后少数民族地区给予优惠的经济、文化政策。经过几十年的重点投资，给予优惠，大大缩短了各地区经济文化差距，一些少数民族地区的工农业发展速度走到了俄罗斯民族的前头。这对促进这些地区的发展起了有益的作用，对实现各民族事实上的平等、缓和民族矛盾、增加内聚力等方面都有良好的效果。同时，各少数民族的发展对增强苏维埃国家实力也作出了贡献，从而体现了各民族经济发展中的互补性。不过，从国家整体发展速度和经济效益来看，这种优惠政策也产生了另一方面的问题，即少数民族长期依靠中央政府和发达地区的帮助由此带来依赖思想，而俄罗斯民族则产生恩惠思想和民族共和国的特权要求。

（4）长时期以来一直笼统强调反对民族主义，实际上着重反对地方民族主义，不抓大俄罗斯沙文主义倾向。同时，随着经济文化的发展，民族意识会增强，如何正确处理一些少数民族要求解决历史遗留问题，谋求更多的政治权利、经济利益和自我发展的条件，也是一个不容忽视的重大问题。

官僚主义积弊贻害深远

官僚主义是苏共政治上腐败的一大特征。列宁曾经把官僚主义称作是国家机构中的“脓疮”，是“最坏的内部敌人”，提出必须同它作有效的斗争。然而，在列宁逝世之后的几十年，随着苏联社会主义模式的逐步形成和僵化，官僚主义日益根深蒂固。后期苏联领导人和学者们在总结历史教训时，都认为官僚主义是障碍机制亦即苏联模式的弊端的产物，有的学者还把官僚集团、黑市经济和酗酒并称为苏联改革道路上的“三大敌人”。官僚主义的确成为苏联加速社会经济发展和进行全面根本改革的严重障碍。因此，反官僚主义的斗争是同整个改革进程紧密相联的，其斗争的深度在很大程度上是衡量改革成功与否的重要标志。

戈尔巴乔夫担任总书记之后，苏联领导、理论界和报刊一开始便结合改革反复宣传反对官僚主义的必要性和重要性。

反对官僚主义的口号和实践，在苏联已有几十年的历史。承认官僚主义及其危害并不难，而要认识官僚主义产生的根源却非易事。列宁当年根据社会主义建设初期的实践，反复指出官僚主义的危害性，强调指出在从一种管理制度向另一种管理制度过渡的转折关头，反对官僚主义的斗争尤为重要。在斯大林领导时期，特别是后期，官僚主义盛行，从领导上说也还是提出反对官僚主义的。例如斯大林本人就曾指出，管理机关的官僚主义和文牍主义等等，是组织工作中产生困难的根源，提出要把不可救药的官僚主义分子从管理机关驱逐出去。然而，由于没有找到官僚主义产生的真正根源，对官僚主义的危险性认识不足，就不可能杜绝官僚主义现象的滋生和蔓延。赫鲁晓夫在主持的苏共二十大上反对个人迷信，同时展开反官僚主义的斗争，但他没有把这一斗争同政治体制改革结合起来，看不到20 世纪 30 年代形成并逐步僵化的高度集权、缺乏民主的体制与产生官僚主义的内在深刻联系，相反还对南斯拉夫人当时指出这个要害问题进行了反批判。所以赫鲁晓夫的反官僚主义斗争不仅无法彻底进行下去，相反，他本人恰恰是被阻挠这一斗争的新官僚集团轰下了台。勃列日涅夫当政的十几年，总的来说，官僚主义不断严重化，这在经济管理和政治管理中都有了进一步的暴露。

戈尔巴乔夫改革新时期对于反官僚主义斗争的认识，通过以下言论表现出来：

（1）官僚主义在苏联之所以严重存在，根源主要在于管理体制的僵化，在于把中央集权制绝对化，把国家所有制绝对化。政权完全集中在行政命令式的官僚主义机关手中，用唯意志论的方式进行管理，为官僚主义滋长提供了最好的土壤。所以，官僚主义既是形成障碍机制的主要社会力量，又是障碍机制的产物。

（2）改革新时期反官僚主义这项任务变得更为迫切和尖锐。变革引起官僚主义者的反感和猛烈反对。改革进展缓慢的原因之一，是受到官僚主义的严重干扰。官僚主义是当前工作中的主要敌人，反官僚主义斗争已成为改革的不可分割的一部分。如果不对这股势力加以揭露和打击，改革就会被打乱，甚至改革进程会倒退。

（3）实现改革目标的最有效手段是广泛发扬民主，而官僚主义是民主的死对头。以往年代的许多消极的停滞现象恰恰同与日俱增的官僚主义表现结合起来。因此改革的成效及其革命性都取决于广泛开展反对官僚主义的斗争、加深社会主义民主和更充分地发挥人民群众的创造积极性。事实上，凡是缺乏求实精神和公开原则、降低对本职工作要求的地方，官僚主义弊端就表现得特别严重。

基于上述认识，苏联新领导针对改革的任务和改革进程中出现的新问题，提出了克服官僚主义的措施，例如实行公开性原则，广泛发扬民主，加强对各级领导干部的监督和更新干部队伍等等。但是，后来的实践表明，这些办法运用不当，不仅未见克服官僚主义的成效，反而产生了种种副作用，甚至走向了反面。

对外扩张代价大失误多

苏联奉行对外扩张战略，严格地讲，是从勃列日涅夫执政后开始的。勃列日涅夫时期的苏联逐渐形成了一个在缓和旗号下对外扩张的全球战略，形成了一个苏美争夺世界霸权、并且从20世纪70年代中期以来苏联采取攻势的局面。苏联对外扩张既有得手，亦有挫折。这种状况，在安德罗波夫、契尔年科时期还没有来得及调整，实际上成为留给戈尔巴乔夫的遗产。

（1）争取在军事实力上尽快赶上和超过美国。勃列日涅夫上台后，把85%以上的工业投资用于发展重工业，军事工业迅猛发展。据估算，苏联军费从1965年的326亿美元（占国民收入的15.2%），增至1981年的1550亿美元（占国民收入的21%），增长3.75倍。经过18年，苏联的常规武器比美国占优势，战略核力量同美国旗鼓相当。苏联的海军已进入世界大洋，空军同美国的差距也大为缩短。

（2）以缓和为手段，束缚对方，发展自己。20世纪60年代末苏联开始大力推行缓和策略，1971 年苏共二十四大制定所谓的“和平纲领”，强调把缓和摆在苏联对外政策的首位，竭力麻痹西方，并掩盖自己日益加剧的对外扩张。以苏联西德条约和“苏联美国相互关系原则”协定为先导，积极发展同西方的关系，向西方提出一系列“和平倡议”，同美国签订战略核武器协定，搞中欧裁军谈判等等。西方承认战后边界不可侵犯，系苏联梦寐以求，终于如愿。苏联还打着“缓和物质化”的旗号，从发展同西方的经济合作中牟取好处。1965 至 1981 年苏联同发达资本主义国家的贸易额从 26 亿卢布增至 353 亿卢布，增长 11.6 倍。1970 年至 1980 年期间，苏联从西方得到 900 多项专利和其他大量技术项目，获取 300 多亿美元贷款和 1.8 亿多吨粮食。然而，十几年的历史也表明，苏联缓和调子唱得最高的时候，也正是它扩充军备和对外扩张搞得最凶的时候。

（3）离间、分化西方集团，加强对西欧的军事压力。苏联把西欧作为主要争夺目标。它利用西欧国家的恐战心理，鼓吹缓和与欧洲安全，提出建立“欧洲集体安全体系”，积极召开“欧安会”，单方面宣布从民主德国撤走部分部队。同时宣传发展“全欧合作”，引诱西欧国家向苏联投资，共同开发资源，进行技术合作，造成它们对苏联的经济依赖。苏联还竭力挑动欧美矛盾，利用和煽动西欧和平运动，抵制美国在西欧部署潘兴Ⅱ等中程核导弹；还宣传美国对西欧展开“经济战”，向西欧转嫁危机，鼓动西欧起来反对美国的干涉。

苏联在提出全欧合作的同时，加强了对西欧的军事压力。自 20 世纪 60 年代末以来，苏联在东欧增加了 10 万驻军，大量更新武器，修建连接苏联东欧的强大交通运输网，建立华约南、北、中三大新的指挥部，进一步完善指挥系统，部署直接对准西欧的约 240 枚多弹头导弹，每年还组织多次以西欧为目标的华约部队联合演习。

（4）加紧向第三世界扩张渗透。勃列日涅夫上台之初，苏联在第三世界的影响还不大。继 1967 年中东战争苏联在这一地区的影响扩大之后，苏联加强了对第三世界其他地区的扩张。“军援”、“经援”是苏联的两个重要手段，20 世纪 70 年代数量更大。据统计，1970 年至 1979 年，苏联对第三世界的“军援”达 474 亿美元，“经援”达 116 亿美元，占 1955 年以来苏联“军援”“经援”总额的 87.6% 和 63.9%。苏联在第三世界的军事人员从1965年的3635人，增加到1979年的15865人（不含入侵阿富汗的驻军），增加4.4倍。苏联通过同第三世界国家签订包含军事合作内容的条约（共签订12个，有2个被废除）而企图控制这些国家，并有40多个军事基地。苏联还提出关于“非资本主义道路”和“以社会主义为方向”等理论，力图在这些国家培植亲苏政党和亲苏政权。

20世纪70年代后半期以来，苏联在第三世界的扩张更有发展，使用了雇佣军和直接出兵干涉等手段，接连在非洲之角、东南亚和南亚地区扩大了自己的势力范围，但有些地方伸手进去之后又受挫折。

（5）力求稳固在“大家庭”中的主宰地位。苏联历来称它把同东欧国家的关系放在对外政策的首位。苏联主要是以军事实力为基础对这些国家进行政治、经济控制。勃列日涅夫时期提出“主权有限”和“共同保卫大家庭”理论，于1968年入侵捷克斯洛伐克并经常威胁东欧其他一些国家，后来几年又对波兰事件进行种种干预。苏联还直接干涉这些国家党的重大方针政策和人事安排。经济上则以发达社会主义条件下要求“经济一体化”为理论根据，企图进一步通过经互会，改变各国的经济结构和管理体制使之尽量适应苏联的需要，同时也给这些国家一定的好处，以加深它们对苏联的依赖。

（6）竭力利用国际共产主义运动为其推行霸权主义、扩张主义服务，但收效不大。勃列日涅夫时期于1969年开成了一次“各国共产党和工人党莫斯科国际会议”，还有几次欧洲党会议。苏联利用这些会议，在一定程度上配合了它的对外政策。但是会议开得都不顺利，苏联先后在侵占捷克斯洛伐克和阿富汗、干预别国党走独立自主的发展道路等问题上受到批判。苏联还曾鼓吹建立“左翼联盟”，宣传“智利道路”，结果碰壁。对于“欧洲共产主义”，苏联通过宣扬“共同规律”、“无产阶级国际主义”和“现实社会主义”对其施加压力，但压而不服，苏联模式反遭许多党否定。总的来说，苏共虽然仍同绝大多数党保持联系和接触，但是苏共在国际共运中的霸主地位已不复存在，苏共对其他党的控制和影响进一步削弱。

（7）对中国采取霸道政策。在中苏边境地区增派重兵、在蒙古驻军和设立导弹基地，挑起中苏边界武装冲突和支持越南侵占柬埔寨，还以武力侵占中国的邻邦阿富汗，这些造成对亚洲和平和中国安全的严重威胁。中国政府一再提出，主张在和平共处五项原则基础上同苏联保持和发展正常的国家关系，主张通过谈判消除实现两国关系正常化的障碍，并采取了改善两国关系的实际步骤。勃列日涅夫逝世前几次讲话也表示要改善两国关系，随后开始了中苏两国特使的内部磋商。

勃列日涅夫时期苏联成为一个举世公认的在军事上同美国势均力敌的超级大国。随着苏联对外扩张加剧，它遭到的反对愈益强烈。1979 年入侵第三世界国家阿富汗是勃列日涅夫时期对外扩张的一个高峰，它背上这个新包袱之后，便陷入新的困境。苏联为对外扩张每年要付出 70 多亿美元的代价。20 世纪 80 年代以来，苏美关系空前紧张，苏联的缓和策略连遭挫折，军备竞赛使它疲惫不堪；苏联在第三世界许多地区处境日益孤立，“大家庭”的稳固性孕育着巨大危险，东欧已更难以驾驭；苏联连召开一次欧洲政党会议也困难重重。凡此种种，都压到了后继者戈尔巴乔夫的身上。

第二章 显雄心绘制宏图

戈尔巴乔夫选择改革的道路，用他自己的话说，“不是心血来潮，不是恍然大悟，而是对革新和加速的客观必要性的认识，这种认识产生于对我国社会的深刻了解。”在决定这个重大问题上，他的前任安德罗波夫给予他很深刻的影响，而赫鲁晓夫和柯西金的两次改革的经验教训也起了特殊作用。

安德罗波夫论社会主义

安德罗波夫担任最高领导刚 4 个月的时候，便出面否定勃列日涅夫时期统治十多年的苏联建成了发达社会主义的理论。1983 年初他在《共产党人》杂志第 3 期发表纪念马克思逝世 100 周年的文章《马克思的学说与苏联社会主义建设的若干问题》，以此为标志，大力宣传 20 世纪最后一二十年苏联的任务是全面地“完善发达的社会主义”，认为苏联“正处于这一漫长历史阶段的起点”，并称这是党的“战略”。从发达社会主义建成论到发达社会主义完善论，这是一大突破，尽管仍有一定的局限性。

勃列日涅夫认为苏联建成了发达社会主义社会，主要依据和特点大致是：社会生产规模，经济、社会的社会结构以及人民生活水平的质变，拥有强大先进的工业和高度机械化的大农业，或者叫强大的经济潜力、科技潜力和高度的生产水平；工农联盟有了发展，它们同知识分子在政治和思想上的一致更加巩固，苏联变成了全民国家，劳动群众日益广泛、积极地参与国家生活管理；基本上解决了各苏维埃共和国经济发展水平拉平的任务，保证了各民族在法律上和实际上的平等，形成了“人的新的历史性共同体——苏联人民”；发达社会主义是新制度在共产主义社会形态第一阶段范围内社会经济成熟的一个合乎规律的时期，是人类现今已达到的社会进步的最高阶段。因而认为苏联的发达社会主义也就是成熟的社会主义。

这种估计显然是粉饰现实、超越阶段的。

谙知苏联社会内情的安德罗波夫充分意识到苏联经济中存在的严重困难，用他的话说，原因是偏离了经济生活的准则和要求，以及完善和改革经济机制、管理形式和方法的工作落后。面对严峻的现实，他一再强调“无论是经济方面、政治方面，还是意识形态方面……都要明确我们目前所处的社会发展阶段的性质”。

在这种背景下，安德罗波夫当作“战略”提出，20 世纪最后一二十年苏联的任务是要全面地也就是从整体上完善发达社会主义，而当今苏联“处于这一漫长历史阶段的起点”。并说，这个阶段也有自己的各个时期和阶段。只有经验和活生生的实践才将证明，这些时期和阶段将持续多久和采取哪些具体形式。苏共其他领导人也纷纷发表文章和讲话，竭力宣扬安德罗波夫的论点，强调“完善发达社会主义”的长期性和战略意义。他们认为，“完善”的概念意味着新社会的社会主义阶段的长期性和社会主义阶段继续发展远远没有用尽的潜力，“完善”的中心内容是要克服弱点和困难，消除缺点以使社会主义生产方式的基础更加巩固。安德罗波夫的上述论断得到了当年 6 月苏共中央全会的确认，并成为修改苏共纲领的理论基础。

安德罗波夫为首的苏共新领导提出“完善发达社会主义的战略”，说是要“谨防在理解我国接近共产主义最高阶段程度方面可能出现的夸张”，防止“冒进”、“把取得的成绩理想化”；“一些理论家和宣传家急于实现我们的宿愿，俨然把我们正在经历的坎坷道路化为平坦之路，他们脱离了现实生活条件”。这些话显然是对勃列日涅夫时期的一种主要倾向的批评。安德罗波夫还批评现行党纲有些内容脱离现实，超越了时间的发展，提出在将要修改的党纲中应当包括详尽地说明发达社会主义时期的性质，使之成为一个“有计划地全面地完善发达社会主义的纲领”。这就是说，许多问题要等待新党纲去回答。

安德罗波夫的这些思想和主张，可以从戈尔巴乔夫上台初期的言论中看出几乎被全盘继承了下来。

安德罗波夫变革见成效

安德罗波夫执政期间把整顿和发展经济列为首要的任务，锐意改变经济不景气的状况。苏共中央专门设立了经济部。每周的中央政治局例会几乎都要涉及经济问题。一年中公布了十几个关于经济问题的决议。经过一年的努力，1983 年的经济情况确有好转。

这一年从完善社会主义这个战略方针出发，苏共中央切实做了一些事情。

（1）实行提高生产效率和生产集约化的方针。这个曾被称作是苏联全部经济战略的“最重要的组成部分”的方针，从苏共二十四大提出之后一直贯彻得很不得力。对此安德罗波夫提出了尖锐批评。他一再强调社会生产集约化是生产力发生质变的主要途径，是解决广泛的生产任务和社会任务的前提；认为根本性地提高劳动生产率是经济领域的关键任务，将在“决定性的程度上决定”今后的成就，并号召制定可靠的办法来提高生产效率，并采取了加快科技进步、完善经济机制等一系列措施。

（2）安德罗波夫时期还要求加强科技同生产的联系，把科学变成直接的生产力。他在上任后的两次中央全会上，都强调要弄清并排除妨碍科技进步的具体困难，要求把科技成就和先进经验广泛而迅速地运用于生产。为此，苏联决定 1983 年在国民收入增长 3.3% 的情况下，科技拨款增长 6.2%，还通过了“关于加快国民经济中科技进步的措施”的决定，其中规定在科技发展中扩大实行专项纲要计划；加快建立和从技术上装备实验和试验基地以及生产单位；对工业产品质量实行两级（高级和一级）鉴定，取消不符合鉴定标准的产品的生产；把科技发展计划和任务的完成情况列为评价联合公司（企业）经济活动的结果和对竞赛进行总结的指标；对新的优质产品的批发价格实行奖励补贴，同时降低应停止生产的产品的批发价格。

（3）这个时期还强调要完善与生产力发展不相适应的生产关系和经济机制。认为现行经济机制中存在的缺点，是阻碍苏联经济进一步发展的重要原因，完善经济机制则是“当今的要求和未来的纲领性任务”，是完善苏联社会制度整个过程的组成部分。在做法上要求“必须万分谨慎”，“三思而行”。当时完善生产关系和经济机制的做法初步表现在：

①放宽对个体劳动的某些限制。他们仍强调生产资料公有制是社会主义生产关系的基础，拟通过农工一体化、发展农庄之间和农庄农场联合公司等途径，逐渐使生产资料公有制两种形式“融合成统一的全民形式”。同时准备放松对个体劳动，特别是服务业中的个体劳动的限制。

②扩大地方和企业的经营自主权。一方面强调仍将尽一切力量完善集中的计划工作，另一方面提出要着手实际解决扩大地方和企业的经营自主权问题，并决定从 1984 年 1 月 1 日起在苏联和加盟共和国的五个工业部进行扩大自主权的试验。

③完善管理组织和劳动组织，吸收劳动群众参加生产管理。撤销了苏共中央下属的计划和财政机构部，新建立了经济部，把农业部、轻工业和食品工业部改组为农业和食品工业部、轻工业和消费品部。在全国建立了州、区两级农工联合公司，加强了区级管理环节。要求推广谢基诺方法、作业队形式和农村集体承包制等组织劳动和物质刺激的形式。通过了劳动集体法，扩大了劳动集体的权限。

以上反映了安德罗波夫时期完善经济机制的意向，但并没有来得及彻底实施。

（4）这个时期还注意调节国民经济比例，抓薄弱环节。他们注意到国民经济比例失调的问题，并在薄弱环节上做了一些努力。例如，为解决食品问题，比较重视农业，一年内召开了三次与实现食品纲要和加快农业发展有关的全国性会议，颁布了各级农工联合公司条例，在全苏各地建立了农工联合公司，撤消了一些管理部门，精简了管理人员，加强了区级管理环节。为解决消费品和向居民提供劳务的问题，坚持消费品生产优先增长的方针，通过了关于改进居民生活服务、改善居民消费品供应以及完成住宅和社会生活工程项目建设等决议。要求把消费品的生产提高到新的水平，在商业和服务行业中改行新的工作制度，安排好居民的休息和业余时间。为解决交通运输问题，撤换了交通部长，通过了“关于改进国民经济货物和旅客运输的计划工作和组织工作以及加强经济机制对提高运输企业和组织工作效率的作用”的决议。

（5）安德罗波夫还把改善干部工作看做是解决经济问题的主要环节之一，认为不如此就不能顺利地领导现代化生产。强调要把那些政治上成熟、内行、有首创精神并具有组织能力和对新生事物敏感的人置于关键岗位。一年中撤换的党政领导干部仅部长一级就有党中央 9 个重要部门的第一把手，还有苏联部长会议 14 个部委的主要负责人以及一批州级领导干部。同时，要求各级干部把全国全民利益放在首位，杜绝本位主义和地方主义；要实干，不要空喊，要反复地仔细研究存在的问题，制定和实施解决的办法；坚决执行决议，不能半途而废；对人民的财产，对物力、人力和财力的利用要采取勤俭的态度。

（6）整顿纪律，加强法制，打击各种犯罪活动，这些在安德罗波夫时期产生明显成效，影响很大。当时领导当局非常强调要有高度的组织纪律性和秩序，认为整顿纪律和秩序不用任何投资，就会取得很大的效果。针对苏联存在的纪律松弛、责任感缺乏、出工不出力和各种违法乱纪行为，提出要整顿国民经济各个环节的秩序，加强计划纪律、劳动纪律和国家纪律。提出加强纪律是每一个人的事情，从部长到工人都无例外。特别是对于违反党纪国法、侵吞社会财产、贪污受贿和投机倒把等行为进行了颇有声势的斗争。

（7）注意研究中国和东欧国家的经验则是安德罗波夫时期的新做法。他们开始认为其他社会主义国家完善经济机制的经验在许多方面对苏联是有益的。为了研究东欧一些国家的经济改革，成立了以苏联国家计委主席为首的跨部门专门委员会，并着手出版一套介绍社会主义各国的专著，还和匈牙利、保加利亚、民主德国、古巴、波兰、捷克斯洛伐克等国联合出版名为《管理理论与实践问题》的学术杂志。

安德罗波夫时期的这些做法，可以说正是戈尔巴乔夫改革初期的路子。戈尔巴乔夫 1990 年 12 月 7 日在对企业领导人的讲话中说："现在有人说，安德罗波夫开了个好头，本应该接着干。我看，这个看法很受你们的支持。可是要知道，我们同安德罗波夫正是这样干的，那时已经干起来了！"然而，戈尔巴乔夫后来并没有完全按照这条路子走下去，而是逐渐陷入不可自拔的歧途。

以往两次改革留下启示

苏联历史上的两次改革，不能不引起新领导人的思考。

如前所述，苏联的社会主义模式形成于20世纪30年代，战后得到了进一步巩固但趋于僵化，并且在很长一个时期被其他社会主义国家所效法。姑不论在20世纪20—30年代苏联党内对于社会主义究竟怎么搞就有不同意见和争论，其实，在第二次世界大战刚结束，苏联理论界也就有学者讨论过扩大企业权限、完善经济核算制和加强物质刺激等涉及经济体制改革的问题。显然，在当时的条件下，这些变革思想是不能被最高领导所接受的。

斯大林逝世之后，情况开始发生变化。在赫鲁晓夫倡导下，以苏共二十大（1956年2月）为主要标志，苏联进行了一场准备虽不充分、但在某种程度上涉及经济、政治和思想领域的改革。这是苏联历史上第一次改革尝试，取得了足可留给后人借鉴的经验和教训。可惜改革不成功。勃列日涅夫时期在柯西金主持下，以1965年提出比较系统的经济体制改革方案为起点，又一次实行主要表现在经济方面的改革，延续了多年，时起时伏，依然没有成功。以戈尔巴乔夫为首的领导试图发动的这一场改革，被称为是第三次改革，是带有全面性的、根本性的改革。戈尔巴乔夫不能不考虑前两次改革的经验和教训。

赫鲁晓夫时期的经济体制改革，大致分为三段。第一阶段，从1953年斯大林逝世至1956年苏共二十大召开，这期间突破某些理论禁区，提出贯彻物质利益原则，首先在农业方面试行改革。当时提高了农产品收购价格，取消农产品义务交售制，实行统一的国家收购制度。在提出尊重集体经济的自主权的同时，放宽发展私人经济，以促进畜牧业的发展。在工业方面也有某种改革措施，如把一些企业下放给地方，减少企业计划指标，扩大企业经理的权限，等等。第二阶段，苏共二十大批判对斯大林个人迷信之后，思想进一步解放。1957年对工业和建筑业的管理进行改组，由部门为主的管理原则改为以地区为主的管理原则，撤消25个联盟和联盟—共和国工业部，全国成立105个经济行政区，将各部所辖企业下放给经济行政区所设的经济委员会管理。1958 年又改组农业机器拖拉机站，将农机卖给集体农庄。第三阶段，1961 年苏共二十二大进一步提出了经济体制改革原则，如扩大企业权限，加强经济刺激，充分利用各种经济杠杆等。在赫鲁晓夫支持下，1962 年《真理报》发表了经济学家利别尔曼关于对企业实行利润刺激原则等建议，在全苏就经济体制改革展开了将近两年的热烈讨论。这是一场影响深远的讨论。但不久，赫鲁晓夫就下台了。

赫鲁晓夫时期的改革向人们提供了若干经验教训。从总体上说，他的改革思想在战后苏联历史上起着某种开拓者的作用。1965 年的经济体制改革方案也是在赫鲁晓夫时期开始酝酿的。特别是，反对个人迷信（尽管做法中有错误），打破教条主义，克服思想僵化等方面，对后来的影响是积极的。应该指出，那时的经济体制改革是不全面、不配套的，特别是没有触动到过度集权的苏联模式的根本弊端。加之缺乏思想理论准备和干部群众基础，章法也较凌乱，搞了什么工业党和农业党，存在唯意志论，改革不可能深入，更不会彻底。一度片面强调的地区管理原则，实际上是由中央集权变化为地方集权，助长了分散主义和地方主义，导致国民经济的混乱。还应该指出，赫鲁晓夫的改革没有把经济体制改革同政治体制改革结合起来。尽管批判个人迷信涉及政治体制改革的范畴，但没有从体制上找出产生个人迷信和长期存在的严重官僚主义的病根，没有解决民主化的问题，结果过度集权的赫鲁晓夫本人亦被新的官僚集团所推倒。

勃列日涅夫和柯西金时期的改革，拉的时间很长，基本上进行了两段较大的改革。第一段改革是 1965 年推行的新经济体制。其主要内容是：撤消各经济行政区及其国民经济委员会，恢复部门管理原则；扩大企业自主权，减少下达给企业的计划指标，扩大企业的利润留成；建立经济刺激基金，由企业生产经营状况决定其数额，实行生产基金付费制度和企业固定刺激制度；提高信贷作用，加强银行对企业的监督；发展生产企业与用货企业之间的长期直接联系，提高经济合同的作用；调整工业品批发价格；等等。1965 年的改革，由于利用经济方法管理经济有某些进展，所以在最初几年取得了一些积极效果，使工业增长速度不断下降的趋势有所扭转。但是从 1969 年起情况又趋恶化。原因是，改革毕竟没有从根本上触动过度集权的管理体制，更没有同政治体制改革结合进行。改革措施仅具有修补性，有限的扩权未能相应地提高企业的责任，也未能有效地刺激企业加速科技进步和提高生产率。加之从 1968 年起，由于国内一些学者提出价值规律是生产的调节者，要求加强利用市场机制，国际上出现“布拉格之春”，这些使得当时的苏联领导忧心忡忡，反过去动员舆论工具不断批判所谓“市场社会主义”和“无政府工团主义”，致使苏联的改革出现停顿和倒退。

进入 20 世纪 70 年代后，可称为第二段，苏联的经济体制继续有过一些局部性的改革，如建立联合公司、推行某些试验等，但在高度集中思想不变的条件下，步子不可能迈开。1979 年 7 月苏共中央通过决议又一次提出对经济体制进行较为全面的改革。内容主要包括改进集中的计划控制，建立以五年计划为中心的长短期计划结合的计划体系；通过加强某些经济杠杆的作用，刺激生产效率的提高，特别是加速科技进步和提高基本建设的效率。但是，由于改革方案本身存在很大局限性，根本未触及利用市场和企业间竞争的问题，对指令性计划指标、物资供应和价格体制都没有重大改革，更没有把经济改革同社会民主化以及干部制度的改革结合起来，结果仍然流于形式。老一套管理方法产生的严重后果，在 20 世纪 70 年代末和 80 年代初表现为经济停滞和处于“危机前状态”。

上述两次改革的优劣点，我们可以从戈尔巴乔夫初期的做法中看到烙印。

农业管理改革初步尝试

农业历来是苏联的薄弱环节。中国的改革从农业开始取得巨大成效，苏联人看在眼里。但是苏联农村的情况（城乡人口比例、人均土地面积、机械化程度、管理办法等）与中国不尽相同。苏联新领导在构思经济改革之初，也还是先想到农业问题的。1985 年 11 月苏共中央和苏联部长会议通过《关于进一步完善农工综合体管理》的决议，便是一次尝试。

这项决议主要是着眼于调整机构，加强管理。决定撤消苏联农业部、苏联果品蔬菜部、苏联肉品和奶品工业部、苏联食品工业部、苏联农村建设部和苏联国家农业生产技术保障委员会等六个部委，并在此基础上建立苏联联盟—共和国国家农工委员会。

苏联长时期以来农业及其有关部门的计划和管理不统一、不协调，这是造成农业落后、在保障国家食品和农业原料方面困难的重要原因之一。以往在苏共中央和苏联部长会议领导下，由若干个部和主管部门负责对农业的管理，主要是苏联农业部，另有苏联土壤改良和水利部、农村建设部，国家农业生产技术保障委员会、采购部，它们独立地领导所管辖的部门和企业。此外，与农业有关的部门不断增多，使用农产品的部门达到80多个，为农业提供生产资料的部门超过90个。部门林立和各自为政，产生了种种弊病：破坏各单位之间平等、经济上互利和相互负责的原则；它们从本位利益出发，不能协调一致地共同解决农业及其有关部门综合发展的问题；各部门发展比例失调，造成农产品在运输、储存、加工和销售过程中大量损失；对国家和农业企业有益的措施得不到贯彻执行；有的单位还试图凌驾于农业企业之上，强迫它们接受自己的条件；等等。

勃列日涅夫时期也曾试图改变农业管理中的这种混乱状况，例如1981年制定的经济和社会发展基本方针中第一次把农业及其有关部门作为一个整体来计划，“发展农业”变为“发展农工综合体”；1982年苏共中央五月全会决定对农业及其有关部门实行四级管理，把农业和与农业有关的部门作为一个统一整体进行计划和管理。但由于各部委自成系统，实际上并没有真正解决问题。戈尔巴乔夫在1985年苏共中央四月全会上再次强调提出“应该实施那些有助于把农工综合体作为各级的统一的整体来进行管理、计划和拨款的措施”。这次全会撤销了6个部委，建立了苏联国家农工委员会，其目的主要在于通过完善农工综合体管理的组织结构，保证其计划和管理的统一，提高效率，增加生产，减少损失，可靠地解决国家对食品和农业原料的需求问题。

这时的苏联国家农工委员会，是苏联部长会议领导下的国家对农工综合体进行管理的中央机关，主席由苏联部长会议第一副主席兼任，委员会2名第一副主席均为正部长级。与该委员会有关的10个部委的部长和主席，以及苏联国家计委和国家科技委员会第一副主席、财政部第一副部长等，均为其成员。该委员会管辖范围涉及农业和与农业有关的所有部门。它对增加生产、完成农产品采购计划以及对食品加工和扩大其品种负责，集中力量解决与加速农工生产科技进步有关的基本问题，保证计划工作、拨款和资源供应。委员会还在计划、拨款和保障农工综合体物质技术资源方面拥有相应的权力，在它职权范围内作出的决定，所有部委和主管部门以及机关、联合公司、企业和组织都必须执行。全苏列宁农业科学院保证和协调农工综合体的研究工作，该院院长领导苏联国家农工委员会的科技委员会。

苏联国家农工委员会的建立，反映了新领导扭转农业局面的愿望，试图消除部门分散、计划和管理不统一的现象，减少平行重复的管理机构和多余的中间管理环节，精简管理人员，节约开支以及拉平农工综合体中不同部门企业经营的经济条件。当然，后来的实践表明，这些办法远未达到预期效果。

领导核心渐成另起炉灶

戈尔巴乔夫担任苏联最高领导人，是经过安德罗波夫和契尔年科两个短暂时期的辗转过渡之后，苏联两代人权力交接的重要标志。然而，中央领导层并不齐心，年龄也老化，需要加以调整和健全。1985 年 4 月和 7 月两次中央全会的重大人事变动，以及同年 10 月国家和政府主要领导人的更迭，党、政、外交和克格勃的主要领导人都是由一些 50—60 岁的人担任，从而基本完成了权力过渡的第一步。这是进入改革时期在组织上的准备。当时人们更多地看到的是事情的积极方面。

戈尔巴乔夫上台之初的中央人事变动，有它的特点。这为后来一步一步地清除自己的反对派，作了初步探试。

（1）分步实行，进度很快，这是第一个特点。四月全会是戈尔巴乔夫担任总书记之后的第一次全会，立即补充政治局、书记处的成员 5 人，从而也为七月全会搞掉他的主要对手罗曼诺夫作了组织准备。七月全会提升谢瓦尔德纳泽为政治局委员以便由他任外长，这位格鲁吉亚人后来在苏联政治生活中的负面作用是很特殊的。会上增补 2 名中央书记，其中扎伊科夫接管军工，吉洪诺夫年高，势在速退，但不放在七月中央全会上解决，以区别于罗曼诺夫。半年多一点时间，分三批进行，牵动 12 人之多，进度是很快的，而且比较顺乎自然，震动不大。这时的中央领导班子尚不完全符合戈尔巴乔夫的心意，政治局和书记处中还留有一些老人，如格里申、库纳耶夫等，留待下一步解决。

（2）对于人事变动的解释，主要是强调从新时期的需要考虑，这是第二个特点。可以说，增选的一些政治局委员和中央书记，在当时都是拥护戈尔巴乔夫的政策主张的，比较有开创精神。搬掉罗曼诺夫，看来主要也是因为他怀有二心。这一点，戈尔巴乔夫曾经在列宁格勒讲话时有所暗示。他说："谁不愿意转变，甚至阻挠新任务的解决，他就干脆应当让路。"葛罗米柯在担任 28 年外交部长之后，这时改任最高苏维埃主席团主席，既是戈尔巴乔夫对他的报答，也便于新外长工作更加顺手，更加能按照新领导的外交意图行事。主管经济的中央书记雷日科夫出任部长会议主席也是出于同一考虑。

（3）坚持专业化、知识化，力求年轻化，这是第三个特点。这时政治局和书记处 24 名成员中，除格里申从两个中专毕业外，其余都是大学毕业，学有专长。如戈尔巴乔夫学过法律、农学，利加乔夫是学航空的，雷日科夫是搞焊接的，切布里科夫是学冶金的，谢瓦尔德纳泽和阿利耶夫都是历史系毕业生。政治局、书记处成员中有 11 人当时 50—60 岁。同中央相适应，中央和政府各部、加盟共和国和州的领导干部也在继续年轻化，如接任格鲁吉亚党中央第一书记的帕季阿维利这年 46 岁。《真理报》9 月 23 日发表长篇通讯，表彰俄罗斯联邦沃洛达州委第一书记德雷金（中央委员，71 岁）主动提出退休的风格，称赞这是"得不到奖金的特殊勇敢行为"，"将永远受到人民的尊重"。

（4）改变党和国家最高职务兼任的形式，这是第四个特点。戈尔巴乔夫不再兼任最高苏维埃主席团主席，改变了勃列日涅夫从 1977 年开始的、安德罗波夫和契尔年科继承的兼职做法。戈尔巴乔夫也没有回到赫鲁晓夫当年兼任部长会议主席的做法。集权的表面形式不存在了，但也不是什么新"三驾马车"。戈尔巴乔夫亲自过问内政外交，实际上还是以国家最高领导身份开展对外重大活动。而且，后来的事实证明，这种不兼职仅仅是他上台初期的一种姿态，行之不久，就又变回去了。

戈尔巴乔夫的人事调整之所以比较顺利，主要原因看来是抓住了人们希望变革、要求领导班子更新的心理。初期的领导集团的人事更动，为后来更大幅度的、频繁的人事调整试探了可行性，积累了经验，这对于研究戈尔巴乔夫当政6年多时间内的“人事组织问题”是有参考意义的。

苏共二十七大富有特点

苏共二十七大是苏共新领导上台之后，经过精心准备，试图作为一次显示发展宏图的壮举出现在世界面前。大会是苏联在国内面临经济发展缓慢、人民生活水平提高不快，国际上同美国争霸处于较前不利，经济上很快将落在日本、西欧后面这样的背景下召开的。以戈尔巴乔夫为首的苏共领导看到问题的严重性，急于尽快扭转这种局面。二十七大确定的总路线和总任务，用戈尔巴乔夫的话说就是国内“加速发展”，国际“加强和平”，其实质是“加强世界和平”的前提下创造有利的国际环境，争取时间加速发展经济，提高综合国力，改善和增强自己的国际地位，着眼于21世纪同美国等世界强国进行新的较量。

这次大会同苏共前几次代表大会有所不同，强调苏联正处于转折时期，必须进行革新和变革；思想比较活跃，在一定程度上揭露矛盾，在国内一些问题上批评气氛较浓；注意总结历史教训，力图统一思想和行动。

经济建设和改革是二十七大的中心议题。大会确定了加速发展经济的战略，提出了改革经济管理的设想和一些措施。同勃列日涅夫以来的前几任领导相比，戈尔巴乔夫所下的决心、迈出的步子较大。

大会提出了关于经济发展的目标和速度，要求从此次大会到20世纪末15年内苏联国民收入和工业总产值翻一番。大会规定，届时国民收入差不多增加一倍（1985年国民收入为5670亿卢布），工业总产值增长不少于一倍（1985年工业总产值为8080亿卢布），劳动生产率将增加1.3—1.5倍，人均实际收入增加60%—80%（1985年职工平均月工资为190卢布），每个家庭有独套住宅或独户房屋。据计算，要达到上述国民收入和工业总产值增长速度，每年要递增4.7%。第十二个五年计划（1986—1990年）同上一个五年计划相比，年平均农业产值增长14%—16%（即每年递增2.7%—3%）。这些指标之高，当时曾引起轰动，人们寄予希望，也怀疑其可行性。

大会的一个非常鲜明的特点，是要求思想上实行变革。大会提出了要抛弃一切陈旧、过时的思维和管理模式，要以“新的眼光”来看待某些理论观点和概念。这对苏联多年来在思想理论领域里存在的教条主义束缚，是有一定程度上的突破，当然仍有它的明显局限性。会议提出的理论问题，主要有以下几点：

（1）重新认识苏联社会所处的历史阶段。大会仍说苏联“进入了发达社会主义阶段”，但总任务的提法则是“有计划地和全面地完善社会主义”，这就否定了赫鲁晓夫的20年内基本上建成共产主义的口号和勃列日涅夫的建成了发达社会主义的论断。

（2）批评生产关系自动适应生产力的看法。第一次公开承认苏联现行管理体制基本上是在粗放发展条件下形成的，现已过时和开始丧失刺激作用。还提出必须打破那种把经济机制的任何改变都看做是背离社会主义的偏见，比以往任何时候都更强调对经济管理不是进行局部改进，而是必须“根本改革”。这个时候的“根本改革”，还不同于后来的根本摧毁。

（3）提出对社会主义所有制关系也应不断调整。强调要大力扶持和发展合作社所有制，认为它的能力“远未全部发挥出来”。指出社会主义所有制具有丰富内容，处于经常的运动过程中，要对它包含的“一套复杂的关系”进行经常的调整。这为后来推行所有制多样化开了个头。

（4）提出要重视利用社会主义基础上正常的商品货币关系的积极作用，克服对它的作用估计不足和存有偏见。这个提法跳出了斯大林《苏联社会主义问题》中有关论断的框框，当时相当引人注意。

大会初步提出了一些改革措施，目的是要给苏联经济注入新的活力。这些主要措施是：用经济定额来代替某些指令性指标；进一步扩大企业自主权，使其转向完全的经济核算，自筹资金，自负盈亏，自行处理超额产品；合理发展大、中、小企业，尤其是注意中、小企业的作用；改革价格体系，使之具有更大灵活性，考虑更广泛利用限定价格和合同价格。在农业方面，要“坚决转折”，“创造性地”运用列宁农业税思想，实行五年一次固定的产品收购计划，使农业企业自行处置全部超计划产品及部分计划内产品；广泛实行作业队、作业组承包制和家庭承包制（包括根据合同期限向它们提供含土地在内的生产资料）等等。其中某些措施已在苏联部分地区进行试验，结果尚不明朗，这次大会加以肯定和倡导，表明苏共领导改革决心的程度，也可以看出是在吸取苏联认为能够采纳的其他社会主义国家的某些经验。

二十七大虽然对社会主义经济的一些重要理论问题有所触及和突破，但是改革的基本指导思想仍偏重于集中的计划经济，没有涉及市场机制问题，也未超出两种所有制。这些问题在1987年苏共中央六月全会之后开始有新的变化。

苏联社会所处发展阶段

苏联对本国社会主义发展阶段的认识，有一个十分曲折的过程。戈尔巴乔夫担任最高领导人之后，认识上有不小变化，但也存在一定的模糊性。本节综合性地谈谈这个问题。

1986年2月苏共二十七大所通过的苏联共产党纲领修订本指出，十月革命以来经过几十年的奋斗，“苏联社会在发展生产力、经济关系、社会关系、社会主义民主和文化方面，在造就新人方面取得了巨大的成就。国家进入了发达社会主义阶段”。该文件在叙述苏联的建设历程时，还写道，“苏联人民的顽强劳动，在经济、社会和政治领域、科学和文化方面取得的巨大成就，使我国达到了揭开发达社会主义阶段的新的历史水平。”总之，进入了发达社会主义阶段，或者叫处在发达社会主义这个漫长历史阶段的起点，这是一个基本结论。

可是，在苏共二十七大上，包括苏共纲领修订本和戈尔巴乔夫的政治报告，以及后来苏共中央全会文件和领导人讲话，都把今后的任务规定为“在加速国家社会经济发展基础上有计划地和全面地完善社会主义”，而不再称“完善发达社会主义”。那么，苏联当时究竟处在什么发展阶段？

(1) 关于“完善社会主义论”的来历。

人们知道，赫鲁晓夫当政时期曾经提出全面展开共产主义建设的任务，在他主持下制定的、苏共二十二大（1961年）通过的苏共纲领，被宣布为“建立共产主义社会的纲领”。其中提出了诸如在十年内（1961—

1970年）在按人口平均计算的产量方面将超过美国；第二个十年（1971—1980年）结束时将建立起共产主义的物质技术基础，苏联将基本上建成共产主义社会。赫鲁晓夫的这个“建立共产主义论”完全落空了。勃列日涅夫在接任党的最高领导人的中央全会上，批评了赫鲁晓夫的主观主义和唯意志论，提出“要实事求是地、科学地估计社会主义建设的问题和前景”。时隔3年，也就是在十月革命50周年的时候，他提出在苏联建成了发达社会主义社会的论断，以此代替“建立共产主义论”。勃列日涅夫的这个“发达社会主义建成论”，延续到他逝世，历15年，结果被新任苏共中央总书记安德罗波夫所否定。安德罗波夫长期担任国家安全委员会主席，谙知苏联社会内情，明确提出苏联仅仅处于发达社会主义这个漫长历史阶段的“起点”而不是“建成”。戈尔巴乔夫延续着安德罗波夫的路线和主张，以苏共二十七大为标志，进一步否定和批判了“建成论”，从一般意义上保留了“发达社会主义起点论”的基调，但又向现实方面作了进一步后退，即在原则上保留“苏联进入了发达社会主义阶段”的提法，而作为党和国家当前的总任务则采用“有计划地和全面地完善社会主义”的提法。很明显，既然社会刚跨进发达社会主义阶段，那么完善就只应当是对整个社会主义而言。由此可见，“完善社会主义论”是几经演变而来的。

（2）关于“发展中的社会主义”概念。

戈尔巴乔夫1985年10月在全苏高校社会科学教研室主任会议上首次提出要从理论上研究“发展中的社会主义”，在实际工作中“完善发展中的社会主义的社会关系”，后来在1987年1月苏共中央全会上严厉批评70和80年代交替时期的工作，总结历史教训时，又着重从理论上谈到“发展中的社会主义以及它的推动力和矛盾的辩证法……没有成为深刻的科学研究的对象”。

在苏联谈“发展中的社会主义”，其含义同党纲、党章中依然保留“苏联进入了发达社会主义阶段”的概念，以及同提出的“完善社会主义”任务之间的关系，只能作这样的理解：

“发展中的社会主义”是对“发达社会主义建成论”的进一步否定，同时也使“发达社会主义”概念本身更加淡化。从苏共二十七大以来，从领导人讲话到报刊文章，一般很少谈论发达社会主义问题，其主要原因是长时期以来宣传中的发达社会主义，“曾作为对解决共产主义建设任务的途径和期限的轻率概念的反应而加以散布”，解释发达社会主义的重点“往往只是把事情归结为成绩”，这种做法“成了为缓和解决业已成熟的问题进行辩解的某种理由”。现在提出的要从理论上研究发展中的社会主义，在实际工作中完善发展中的社会主义的社会关系，显然是由“有计划地和全面地完善社会主义”引申出来的。

发展中的社会主义是一个比较广泛、灵活的概念，在作解释时暂且不排斥苏联“进入了发达社会主义阶段”的论断。苏联领导之所以保留“进入了发达……阶段”的论点，后来又使用“发展中的社会主义”说法，看来主要用意是：①不愿意、也认为不应该否认或低估苏联的历史成就，即使以“进入……阶段”这样的低调也要继续表明苏联仍走在社会主义各国的前列。这既有利于在一定程度上保持苏共领导在理论、政策上的某种继承性，又可以在国际上维护苏联的超级大国形象。②发达社会主义提法有经典可循，“发达社会主义阶段”并未脱开和超越，而是从属于整个社会主义历史时期。“发展中的社会主义”这一概念可以包括、容纳发达社会主义阶段，两者不一定抵触。③这时谈的“发展中的社会主义”，也可译作“发展着的社会主义”，它强调社会主义应该是不断发展、不断更新和不断上升的，而不应该是停滞、僵化和固定不变的。“发展中的社会主义”是与苏共二十七大提出的经过社会改造建立“完整的社会主义”、“继续向共产主义迈进”的口号相衔接的。④“发展中的社会主义”是对现实社会主义所下的理论性定义，不等于说苏联自认为是一个发展中的社会主义国家。苏联领导人和学术理论界从未说过苏联是一个发展中的社会主义国家。苏联既认为自己进入了发达社会主义阶段，又明白自己还不那么发达，更怕过多地宣扬发达社会主义会在国内助长业已根深蒂固的惰性；在国际上，十分担心不久的将来会落在日本后头而降为世界第三经济大国。所以，他们选用“发展中的社会主义”的新说法，反映了这种矛盾心态。

到了 1988 年 6、7 月间召开的苏共第十九次代表会议，又提出了“民主的人道的社会主义”概念。但这不是指社会发展阶段而言，而是一种奋斗目标，后来则集中地反映在 1990 年 7 月苏共第二十八次代表大会通过的“走向人道的民主的社会主义”的纲领性声明之中。

苏共二十七大加速战略

所谓加速战略，是将加速国家的社会经济发展作为经济战略的核心，要求的是高速度。

其实从赫鲁晓夫以来，历届领导都提出过经济发展的高速度，但是成效都不怎么样。赫鲁晓夫赶超美国的空想早已成为世人的笑谈。勃列日涅夫时期几次党代表大会提出的一会儿“巨大发展”和“稳定的高速度”，一会儿“迅猛”、“按比例”发展，一会儿“稳定而一往直前”发展，等等，都没有能挽回生产增长率下降的颓势。党纲修订本批评了 20 世纪 70 年代至 80 年代初这段时期“没有及时地、恰当地评价经济形势的变化和在生活的各个领域深入进步的必要性，没有在求得这一进步方面表现出应有的坚忍不拔精神”，结果“阻碍了前进”。安德罗波夫上任后，竭力扭转苏联的经济状况，并初见成效，但他只开了个头。契尔年科未能显出多大作为。戈尔巴乔夫则继续了安德罗波夫的一套做法，把工作重点放在“加速发展”苏联经济的战略任务方面。

苏共二十七大提出的“加速发展”苏联经济的战略目标是：在到 20 世纪末的 15 年内，“确保过渡到具有全面发达的生产力、成熟的社会主义生产关系以及协调的经济机制的组织程度和效益很高的经济”，使生产潜力提高一倍。展开来说，是要使国民经济提高到崭新的科学技术以及组织经济水平，使国民经济转到集约化发展的轨道，使社会劳动生产率、产品质量和生产效益达到世界最高水平；确保国家统一的国民经济综合体具有最佳结构和平衡性；大大提高劳动社会化和生产社会化水平；使集体农庄合作社所有制同全民所有制接近。到将来使这两种所有制融合起来；国民收入几乎增长一倍，劳动生产率提高 1.3—1.5 倍，用于满足人民需求的资源增加一倍。

二十七大提出的实现加速发展的设想主要是依靠以下三方面的因素，当时给人们的印象是提法比较全面，但是其可行性难以令人置信。

（1）强调要实现生产集约化和加速科技进步。

要使苏联的生产从粗放发展过渡到集约化发展的方针，是勃列日涅夫

20 世纪 70 年代初提出的，但是一直进展缓慢。从 20 世纪 60 年代后期起，苏联领导人认为世界进入科技革命时代而不断强调要加速科技进步，后来并将此作为向集约化发展过渡的重要条件。但由于管理体制弊端和扩充军备等因素，民用工业的技术发展受到很大限制。

现在戈尔巴乔夫又一次把对国民经济实行新的技术改造和使国民经济转入集约化发展轨道列为苏共的经济战略目标。他要求把实现集约化和加快科技进步“置于整个工作的中心”，要在这方面取得“决定性的转变”，“在短期内占领最先进的科学技术阵地”。苏共纲领修订本把加速科技进步作为实现国民经济集约化的主要战略杠杆提到首位。

那么，为实现生产集约化和加速科技发展应采取哪些措施？二十七大文件列举的措施很多，例如：加快发展机器制造业以及作为加速科技进步真正催化剂的整个信息业；提高工程技术人员的作用与威信，加强对他们劳动的物质刺激和精神刺激；加强价格对加速完善技术设备和扩大生产高效产品的作用，对生产技术用途的产品实行两级鉴定标准，对达到高标准的给予批发价格补贴，对一级标准的实行批发价格折扣；鼓励试制新产品，将试制任务列入企业生产计划，并把试制费用列入产品销售中；鼓励出口，提高出口产品的批发价格，不允许上级和其他单位收回企业得到的外汇提成；奖励企业领导人推动科技进步，当企业完成供货合同、科技进步和产品质量等指标，相当大部分产品达到世界先进水平，增加产品出口和提高产品的技术水平时，领导人都可以得到一定数量的奖金；等等。“加快发展机器制造业”使得本来畸形的产业结构更加畸形，这一点倒是“立竿见影”的。此外的许多合理措施却没有一种保障机制来加以贯彻实施。

（2）提出要坚定不移地完善经济管理体制。

二十七大上把完善生产关系、管理体制和经营方法看做是加速经济发展的“必要前提”，但是定下了许多框框。例如片面强调加强和扩大生产资料公有制，把加强和扩大生产资料公有制称作是今后苏共的“注意中心”，并将通过发展农业生产力、跨单位合作和农工一体化促使集体农庄合作社所有制同全民所有制进一步接近并在将来融合在一起。有的领导人称，苏联“不会胡乱偏向私人经营活动”。还在各尽所能、按劳分配原则口号下，强调根除“与社会主义格格不入的获取财富的种种形式”，结果造成对被称作非劳动收入的其他经济成分的严重打击。此外，依然强调要提高管理和计划工作的效率，而扩大联合公司和企业的经营自主权和责任仅仅停留在口头上。

这些措施的片面性是显而易见的。按照这些框框，经济立法以及调整和完善经济管理组织结构的办法，主要内容是要建立和完善大型国民经济综合体以及与之相联系的同类部门联合体的管理机构；取消介于部和联合公司（企业）之间的全苏工业联合公司，过渡到两级管理体制。在企业内部实行作业承包制，虽作了试验，但推广甚慢。

（3）提出重视人的因素，其中核心就是干部大换班。当时的说法是，要使人们了解面临的经济困难及其产生原因，认识完善经营管理体制的必要性和重要性，作好在新条件下工作和向集约化与质量的根本转折的心理准备；调整各级领导干部，保证现行路线和政策的贯彻执行，整顿和改变作风，要求多做实事，反对说空话和不负责任，努力消除官僚主义、因循守旧和本位主义；设法越来越广泛地吸收劳动群众参加生产管理过程，发挥他们的主动性和创造性；等等。以上除去干部大换班能够落到实处外，其余诸点往往成为空谈。

苏共二十七大国际战略

二十七大所体现的国际战略，是要为实现国内经济发展创造良好的外部条件；同时也表明要在加强世界和平的旗帜下，尽量保持在世界各地区的既得利益，以直接的或迂回的手段继续与美国抗衡。对局势的分析表现出“原则坚定性”，这就是把主要矛盾始终对着争霸对手美国；而在处理国际关系问题上，则在多方面表现出一定的“策略灵活性”。后者在国际上引起的反响尤为强烈。这种灵活性在若干年后变成对西方的无原则妥协。

同苏共过去几次党代表大会相比，二十七大对时代的分析，内容有所调整，调子有所改变。过去强调“两个对立社会体系斗争的时代”，现在改为“两个世界社会政治体系进行历史性竞赛的时代”。在分析当代世界基本矛盾时，有些新的说法。戈尔巴乔夫在报告中列举了四类矛盾，即：两个体系、两种社会形态的国家之间的矛盾；资本主义世界本身内部的矛盾；帝国主义同发展中国家和人民之间的矛盾；涉及文明社会存在基础本身的全球范围的矛盾。他将社会主义与资本主义两大体系之间的矛盾称作“最重要的矛盾”，实质上仍然坚持“两极论”。在分析资本主义世界的内部矛盾时，指出帝国主义形成美国、西欧和日本三个主要中心，它们之间充满了明显的和潜在的矛盾。根据这一论断，今后苏联将进一步利用西欧、日本与美国的矛盾，加强开展多边外交，为两极斗争服务。

从大会文件看，在涉及苏美关系问题时，态度比以往要克制一些。大会上提出了一些建议，包括要召开安理会五大国领导人圆桌会议讨论加强和平问题，要建立无所不包的国际安全体系，保持低水平的军事平衡；表示要采取“新的态度、方法和形式”，即以对话和相互谅解代替对抗，通过和平竞赛和和平竞争、以政治手段解决复杂问题，作出相互可能接受的妥协。看得出来，这时仍然把美国作为创造外部和平条件的主要障碍；在涉及可能打破苏美均势的问题上没有作出让步，在看准而又不冒大风险的情况下决不放弃进取机会；还准备选择时机发动针对美国的和平攻势。

大会对中国继续作出友好姿态，希望改善对华关系。但是，戈尔巴乔夫在报告中阐述苏中关系时，并没有表示要在三大障碍问题上有所松动。试图绕过或设法按照自己的方式消除三大障碍来同中国改善关系，是办不到的事情。他们真正明白这一点，那是到了 1989 年 5 月戈尔巴乔夫访问中国的时候。

大会在涉及国际共产主义运动问题时，较明显地表现出尊重其他党的姿态，这是一个进步，也有他们自身的需要。戈尔巴乔夫报告和党纲修订本以相当大的篇幅谈到各党活动形式的多样化和独立自主原则，认为各党完全一致是不可能的，存在分歧是正常现象。与以往几次党代会不同，这次的政治报告中未指名攻击其他党或涉及争议问题，强调各党的一致“与一些党干涉另一党的事务、与某个党力图垄断真理毫无共同之处”，还避免谈论别国党敏感的“无产阶级国际主义”。这些得到一些与会党的好感。上述情况说明，苏共在处理党与党关系的具体做法上，较前有一定灵活性。不过，苏共内部显然是有分歧的。例如党纲修订本草案中强调：当事关马克思列宁主义革命实质、现实社会主义的本质和作用的时候，苏共要“从原则立场出发对机会主义和改良主义、教条主义和宗派主义给予回击”。大会最后通过的党纲修订本删去了这四顶帽子，降低了调门，但是仍声称“将坚定地捍卫原则立场”。所谓原则立场，无非是在它认为必要的时候，还要采取干预别国党的做法（这一点在1989年东欧事务中有新的表现形式）。何况，苏共向来言行不一。例如1985年9月初，戈尔巴乔夫同法共总书记马歇联合声明中肯定了党与党之间关系的独立自主等原则，而几乎与此同时，苏共就在干预一些党的内部事务。对东欧大家庭国家执政党，大会承认社会主义世界的多样性，同时又强调社会主义发展的普遍规律具有巨大意义；继续强调“一体化”，把各党的“相互协作”称之为“政治合作的灵魂”。苏共仍然强调各党应当在和平、裁军问题上同它“全面合作”，这说明要国际共运为其对外政策服务的宗旨没有怎么变。

国内政治问题重在继承

苏共二十七大通过的党纲修订本，如果说在经济、外交等方面变化较大的话，那么在涉及国家和党的性质、结构、作用等国内政治主要问题上，明显地继承了赫鲁晓夫时期以来的遗产。研究这一点很重要，可以从中看到后来形成的人道的民主的社会主义在政治上的一个来源。这里的继承性有两种表现：一是基本上接过原党纲的说法；二是沿袭苏共二十二大（1961年）之后历次党代表大会对原党纲内容的发展和调整。党纲修订本身在某些方面也有所发挥。这里侧重分析几点。

（1）坚持“无产阶级专政完成了历史使命”和苏联成为“全民国家”的说法。

“全民国家”一说，是苏共二十二大首先提出的。大会通过的党纲认为在社会主义取得了“完全的最终的胜利”之后，无产阶级专政就完成了自己的历史使命，因而苏联已变为全民的国家。同全民国家论相联系，党纲还谈到社会主义国家组织将逐渐发展成为社会的共产主义自治机构，“苏维埃、工会、合作社以及劳动者的其他群众团体将联合在这个机构里面”。

苏共二十二大之后，除二十三大在一定程度上清算赫鲁晓夫的错误而外，其他几次代表大会均谈到“全民国家”，说它“代表全国人民的利益与意志”，表现了“深刻的民主”。在国际上对全民国家论提出异议的情况下，苏斯洛夫等人曾对这一说法作过某些小修补，如说“全民国家继续着无产阶级专政的事业”。

现在的党纲修订本保留了原党纲的基本思想，即随着剥削阶级被消灭，无产阶级专政的镇压职能逐渐消失，主要任务是建设；无产阶级国家发展成为全民国家，并把全民国家称作“完善社会主义的主要工具”。关于社会主义自治，修订本继承了原党纲的基调和安德罗波夫任总书记期间再次提出的探索“人民的真正的社会主义自治”的思想，强调要建立在党领导下的、包括苏维埃国家、工会、共青团、合作社组织和其他团体的“人民的社会主义自治体系”。

（2）仍提出无阶级的社会结构将在社会主义历史范围内形成，同时也肯定研究社会主义社会矛盾的必要性。

苏共纲领曾着重说到工、农、知识分子在政治上和思想上“牢不可破的一致”，认为城乡之间、脑力劳动和体力劳动之间对立消灭了。赫鲁晓夫在二十二大上的报告说工农之间的差别“在具有决定意义的和主要的方面已经消除”。以后的几次苏共代表大会一般也是强调工、农、知识分子“牢不可破的联盟”。二十六大还首次提出了“无阶级的社会结构主要地和基本上将在成熟社会主义历史范围内建立起来”的设想。

从二十二大纲领到二十六大，都没有谈及社会主义社会的矛盾问题，没有对一直流行到上世纪50年代的否认社会主义社会存在矛盾的“无冲突论”作出反应。安德罗波夫1982年11月接任总书记后，沿用了二十六大关于无阶级的社会结构在发达社会主义历史范围内形成的提法，但又针对苏联的实际现状和面临任务，明确提出存在矛盾的问题。他说，现阶段苏联社会既有困难又有矛盾，“不重视就其实质来说并非对抗性的矛盾，这类矛盾就可能演变成为严重的冲突”。他提出要正确利用社会主义矛盾，“把矛盾看做是社会主义向前发展的源泉和动力”。

现在的修订本，继承了从二十二大党纲以来关于工、农、知识分子彼此接近的思想，认为这是“现阶段社会关系发展的重要规律”；继承了二十六大的论断，认为工农之间差别的克服，无阶级的社会结构在苏联确立基本上将在社会主义阶段的历史范围内形成；又接受了安德罗波夫关于社会主义社会存在矛盾的论点，提出“对社会主义客观矛盾进行科学分析，制定出解决这些客观矛盾的有根据建议以及可靠的经济预测，这是社会科学在当前发展阶段的一项刻不容缓的任务。”

（3）将苏共二十四大概括民族关系的论断纳入修订本。

苏联民族问题是一个复杂问题，矛盾很多，但是许多年来苏共领导都把处理民族关系方面的成绩说得过好。苏共纲领称苏联的民族关系进入了一个新阶段，其“特征是各民族进一步的接近和达到完全的一致”。苏共二十四大将这种状况归纳为一个体现各民族融合的总概念，叫做“形成了人的新的历史性共同体——苏联人民”。这一概念自此沿用下来，并被写进苏联宪法。党纲修订本在叙述历史进程部分使用了“形成了人的新的社会和族际共同体——苏联人民”这个提法，多保留了一点“族际”关系的痕迹。

（4）沿用“全民党”提法，综合了从原党纲以来的各种解释。

苏共二十二大首次使用“全民党”的概念。同“全民国家”说法一贯性不同，后来几次党代表大会在阐述“全民党”时略有差异。党纲的提法是：“由于社会主义在苏联的胜利，由于苏维埃社会一致性的加强，工人阶级的共产党已经变成苏联人民的先锋队，成了全体人民的党，在社会生活的各个方面扩大了自己工人阶级和全体劳动人民的政治领导者的指导作用”。二十三大未提“全民党”。二十四大称苏共是“工人阶级和全体劳动人民的政治领导者”，工人阶级要在党的社会成分中“占主导地位”。二十五大则说“全民党”“绝没有失去自己的阶级性”，就其性质而言，“苏共过去是，现在仍然是工人阶级的政党”。二十六大笼统称“党是苏联人民的先锋队”。这些不尽一致的表述，一定程度上反映了苏共内部对这个问题的意见分歧。现在的党纲修订本综合了原党纲和后来的党代表大会、特别是二十五大的提法，以折中的手法写成这样：“由于苏联建立社会主义和各阶层劳动人民过渡到工人阶级的地位，由于苏联社会的社会政治一致性和思想一致性的加强，苏联共产党就其阶级实质和意识形态来说依然是工人阶级的政党，同时也成为全体人民的党。”最后一句话是更本质的内容，实际上成为后来拆除党的理论基础。

戈尔巴乔夫上台之初以革新家的姿态出现，唯独在国家性质、社会结构、党的性质和作用问题上表现了很大的“继承性”，这从一个方面为我们研究他的民主社会主义渊源提供了基础。

第三章　主改革初试牛刀

以苏共中央四月全会（1985 年）为起点，以苏共二十七大为标志，由戈尔巴乔夫率领的苏联走上了改革之路，接着便是如何在进一步统一思想的基础上制定改革的实际措施。1987 年苏共中央一月全会的重点是整顿和配备干部，六月全会通过经济体制改革的方案，同时，在此前后，新思维开始系统化，其中指导国际活动的新政治思维一时间成为世界范围内的热门话题。总之，改革开始试航。

干部队伍率先进行整顿

改革路线确定之后，干部将起决定性作用。这个论断看来是可以持久成立的。

改革是新生事物，在新事物面前，有的干部自觉地紧跟形势，有的干部犹豫观望，也有的干部抵制反对，这几乎成为一种规律性现象。为把改革事业推向前进，首先必须配备、整顿好各个层次的干部队伍，这在社会主义国家几乎无一例外。戈尔巴乔夫从担任总书记之日起，与当年安德罗波夫的做法类似，把整顿干部队伍放在十分重要的位置。1987 年苏共中央一月全会则集中力量抓了干部队伍的建设和整顿问题。关于苏共中央领导核心在改革中的变动情况，上面已经谈过，这里着重从总的方面讨论苏联改革伊始的干部队伍整顿问题。

首先是确定选择干部的标准。戈尔巴乔夫称，干部对待改革的态度（不是口头上的态度，而是实际行动中的态度）“是干部政策的决定性标准，是干部政策的一种定音器”。理由是改革能否成功，将在决定程度上取决于干部能够多么深地认识改革的必要性，能够以多大的创造性目标明确地实现党的路线。因此，对于那些不想改变工作方式，尤其是阻挠解决新任务的人，就请他们“靠边站，别再碍事”。

问题是，在新形势下如何保证造就和配备这么一批干部？如何从过去的干部政策中吸取应有的教训？苏共中央 1987 年一月全会上指出了最近几年干部政策的偏差和由此产生的消极现象。概括说来，这些教训是：(1) 必须及时解决成熟的干部问题，保证领导的继承性，经常吸收新鲜力量，用以充实直至党中央和部长会议在内的各级领导机关。(2) 不允许轻视干部的政治和理论培养、思想和道德锻炼，尽快克服技术至上的工作作风。(3) 干部政策中并存着两种对立的不良倾向：一方面是上层领导人员停滞不变，另一方面是毫无道理地、匆忙地更换基层领导人员。(4) 要加强干部的工作责任心，提高纪律性，创造一个彼此严格要求的环境，不应该使不称职的人长期留在领导岗位上。(5) 长期以来对民主原则贯彻不力，降低了经选举产生的机关的作用，同时党和国家监督机关工作中存在着严重的失误。总之，苏共领导把整顿干部队伍当作是加深社会改革不可缺少的手段，而吸取上述几点教训，则是改革时期完善干部政策、确定整顿干部队伍方针的“最重要的一项任务”。

更重要的是采取整顿干部的措施。苏联改革之初，苏共依据上述干部标准和干部工作中的教训，不断调整干部队伍，加强干部队伍的建设。当时主要是这么做的：

(1) 以各种形式撤换不称职的干部。所谓不称职，包括：反对和抵制改革的干部，贪赃枉法和渎职犯罪的干部，工作成绩平庸而不求进取并贻误工作的干部，缺乏现代管理经验而又安于现状的干部，以及年迈退休的干部。据不完全统计，前三年当中，部长会议正副主席基本上更新，解除部长 60 多人，加盟共和国和州一级干部更换 35%—40%。据官方公布，仅 1986 年就有 20 万各级党政干部因滥用权力、贪污受贿、违反合同等原因受到惩罚。从做法上看，撤换干部采取的是调离、落选、退休等方式，对中下层干部主要借助完善选举制度逐步更换。总之，做法比较顺乎自然，尽量避免伤害人的感情，使人感觉不出是在清洗干部。

(2) 加强对干部的管理和监督。用苏联领导人的话说，就是“任何党组织和任何工作人员都不能不受监督”。从正在改革之中的现行监督体制表面情况来看，可分为群众监督和上级机关监督两大方面。这既是对各级组织的监督，又是对干部的监督。群众监督包括：工会组织中的常设生产会议，共青团组织中的“探照灯”，基层居民组织中的“人民监督岗”，特别是正在大力推广的公开性即社会舆论监督，强调批评无禁区，严格纪律性，加强干部的责任感。在各个生产、科技、文教和其他行政单位，党的基层组织有权对它们执行党和政府的指示及守法情况进行监督。上级机关的监督则包括党政和苏维埃常设的监督机构和监察机关。1987 年中，苏联最高苏维埃还通过了针对公职人员侵犯公民权利的非法行为向法院起诉的程序法，试图从法律上保证对公职人员的行为监督和保障人民的民主权利。

（3）更新干部的政策。前面提到，以对待改革的态度和业绩作为衡量干部的决定性标准，给领导干部补充新鲜力量，重视干部的理论修养和思想品德。此外，还提出要对领导干部和专家实行鉴定制度；实行干部轮换制，在中央和地方干部中进行适当交流；对企业各级干部实行选举制，还要扩大党和国家机关干部的选举制，办法包括差额选举、无记名投票和空缺职务竞选制，等等。还提出要重视从非党人士中选拔领导干部。

以上关于整顿干部队伍中的主张，很难说不合乎道理，关键在于如何执行。

干部队伍建设和整顿是政治体制改革的组成部分，也可以称之为改革系统工程中的一个重要环节。这是一项复杂而敏感的工作，难度甚大。改革最初一个时期，苏联领导人在这方面的做法虽然大刀阔斧，但也还小心谨慎。我们可以从中看到不少问题。这些问题，尽管有些是难以避免的，但是不能不在相当大的程度上阻碍改革的进程。例如：

（1）干部对待改革知难而退的情绪有增无减。选拔干部的首要标准，是他们对待改革的态度。不少干部是真心实意拥护改革而被遴选上去的。然而，在他们担任厂长、经理等职后，要遵循自筹资金、自负盈亏等原则进行工作，担子加重，比往日用旧方法完成计划的风险要大得多，于是打退堂鼓者屡见不鲜。这实际上构成了改革的新阻力。更何况，反对改革和怀疑改革是一股强大的势力，把握干部标准仅是相对而言，口是心非者大有人在，难以鉴别。而且，过于频繁的干部更迭对工作亦不利。所以实质上持保守态度却又占据要害岗位的干部，仍不在少数。

(2) 对于各级干部的监督，并没有充分发挥应有作用。所谓群众监督，社会监督，往往有名无实。基层党组织在监督行政活动时，行政领导反过来指挥党组织工作的现象严重。反之，在上层，党的监察机关扩大活动范围，“越来越集中注意党的经济政策和社会政策的关键问题”，往往直接插手具体经济问题，干扰行政工作，形成以党代政局面。另一方面，监督机构无事可做的情况也存在。选举机构对于执行机构的监督作用下降，权力过分集中于执行机构，致使领导干部犯错误也无人敢过问或者发生对其屡次警告无效的情况。这些现象削弱了党的干部工作的民主基础，增加了干部政策失误的几率。

(3) 对民族干部的调整至为棘手。苏联的民族问题复杂而敏感。1980年底撤换哈萨克党中央第一书记库纳耶夫而改由俄罗斯人科尔宾担任，报道称“在民族主义分子挑唆下”引起一场大骚乱，就是突出的例子。

可见，苏联领导人宣称的“任何党组织和任何工作人员都不能不受监督”等等，实际上仅仅是一种口号。

障碍机制受到严厉批判

“障碍机制”这个名称是苏联新一代领导人最初对苏联模式的弊端进行反思之后所作的一种概括。它比较形象地说明了苏联几十年来形成的管理机制的消极作用。

戈尔巴乔夫曾对苏联管理体制和经济机制做过初步剖析。他在1986年的提法是，不深刻地改造经济机制，不建立能更充分地发挥社会主义潜力的完整、有效和灵活的管理体系，就不可能解决经济方面的新任务。他还说，要改造经济体制，首先得改变思想，抛弃老一套的思维和实践模式。于是得出结论：目前的生产关系形成、经营和管理体系基本上是在经济粗放发展的条件下形成的。它们渐渐地过时了，开始丧失刺激作用，而某些东西已变成障碍。他还批评有人保守，把经济机制的任何改变几乎都看做是背离社会主义原则。

1987年苏共中央一月全会是使党中央在改革必要性问题上取得统一认

识的一次关键性会议。戈尔巴乔夫在报告中列举改革目的的第一条，便是“打破障碍机制，建立加速苏联社会的社会经济发展的可靠而有效的机制”。

那么何谓“障碍机制”呢？苏联理论家有一个解释，说障碍机制包括一大批相互联系的问题：经济本身变形，比例失调，资源短缺，平均主义分配，形式主义，行政命令式领导作风，等等。有的苏联学者将障碍机制称作是社会历史上形成的、行政和官僚对阶级统治的曲解机制的副产品，它是僵化的经济形式、陈腐的政治组织制度、无效的领导方法和管理杠杆的总和。可以概括地说，障碍机制其实就是造成经济上低效益和虚假现象、政治上缺乏民主以及思想上僵化的一种陈腐的机制。

障碍机制有其产生的社会政治、经济和思想基础。主要表现在：（1）职务上的等级制度和对经济活动及社会生活的高度集中领导系统，党政不分，行政领导阶层总揽一切。（2）等级制度保护下的本位主义和官僚主义，人民群众无法实现真正的民主政治，不能成其为国家的主人。（3）在高度集中管理体制之下，所有制成为空壳，分配与人没有现实的利害关系。（4）强调所谓社会各阶层根本利益一致的思想，忽视各社会集团和阶层利益的差别。

苏联领导人认为，障碍机制只能靠行动来打破，应当用公开性取代，应当激起群众的改革愿望和管理部门内的改革努力；还要在干部政策方面采取新做法，要清楚地理解改革所要达到的模式。为此要有勇气、耐心和坚定性，要经历一个困难的过程，不是一两年能做到的。总之，目的是要对苏联社会进行全面的改造，以灵活有效的加速机制取代障碍机制。

苏联领导人和理论界对障碍机制的分析和批判，在当时是有新意的。但在后来的实践中，是打破障碍机制，还是全盘否定苏联的社会主义历史，这个问题我们在下面还要讨论。

经济体制改革方案出台

1987年6月25—26日召开苏共中央全会，中心议题是解决经济管理问题。会议通过了《关于根本改革经济管理的任务的决定》和《根本改革经济管理基本原则》，修改了《国营企业（联合公司）法》草案并已提交随后召开的最高苏维埃会议批准。按照当时苏联领导人的说法，这是一次“把改革思想引向实际行动”的会议。当然，会议的种种决定后来并没有认真地付诸实践。尽管如此，我们仍然可以历史地剖析一下这次会议的特点和新意。

全会文件提出，“国家经济管理根本改革的实质是：各级都要由以行政领导方法为主转向经济领导方法，转向利用利益管理利益，转向管理广泛民主化和调动人的因素”。改革蓝图的特点是从改革企业管理入手，搞配套全面改革。首先从扩大企业自主权开始，加强企业的权力和责任，给企业创造最好的经济环境。改革中央经济管理部门的职能和机构，今后由中央集中决定的将是整个国民经济的战略速度、比例、平衡等重大问题，中央不再干预企业业务经营活动。组织机构作相应调整，合并或裁减机构，精简人员，同时减少中央直接管理的工业企业（从三万七千个减少为数千个部门联合公司）。

修改后的企业法首次确认企业具有社会主义商品生产者的经济地位，进一步扩大了企业自主权。其框架是：（1）企业有权占有、使用和支配一部分全民财产——固定基金、流动资金以及物质资源和财政资源，有权转让、出售、交换、租赁固定基金（房产、设备、工具等）。（2）企业实行完全经济核算和自筹资金原则，所谓自筹资金，即企业必须用自己挣得的资金补偿包括劳动报酬在内的一切日常费用，来实现扩大再生产和企业自身的社会发展。完全经济核算的基本含义是企业自负盈亏，即企业应当对自己活动的成果承担完全的经济责任，企业职工的报酬直接取决于企业活动的最终成果；国家不对企业的债务负责，企业也不对国家、其他企业和组织以及机关的债务负责；在企业长期亏损、无偿还能力、其产品无销路以及采取的扭亏为盈措施不见成效的情况下，可予改组或关闭。（3）企业同国家的财务关系建立在长期稳定经济定额的基础上，即企业对其使用的生产基金、劳动力资源、自然资源按定额向国家付费。在这些付费和偿还银行贷款利息之后，国家对留给企业支配的利润（收入）征税。（4）企业根据控制数字、国家订货、长期经济定额和限额以及用户和物资技术供应机关的直接订货，自主地制订和批准五年计划和年度计划，也就是说计划权全部下放给企业。(5) 企业的管理实行集中领导和劳动集体自治相结合的原则，企业领导人实行选举制，实行一长制，吸收劳动集体和企业党、工会及共青团组织参与重大问题的决策，并监督其执行，企业领导人对企业工作结果向国家和劳动集体负责。(6) 企业可以开展对外经济活动。(7) 企业有权抵制上级主管部门超越权限发出的指示。

为了给企业搞活创造条件，对计划工作、价格、物资技术供应、财政信贷、管理组织结构等几个方面也将进行根本改革。这也就是通常所说的配套措施。

在计划工作方面：(1) 国家计划改行十五年远景计划和五年计划的配套体制。首先制订今后十五年国家和社会发展战略构想，然后在战略构想的基础上，制订十五年国家经济和社会发展基本方针，以具体数字和任务使发展战略具体化。分年度制订的五年经济和社会发展计划是实现基本方针规定的目标和任务的主要形式，它明确表示国民经济结果、比例和效率的最重要指标。对企业只下达五年计划控制数字，不再批准年度计划。(2) 改革的中心因素是，国家不再按行政系统自上而下地层层下达指令性指标；在控制数字、长期稳定的经济定额、国家订货和限额的基础上，企业活动的计划工作转向经济方法。控制数字反映社会对企业所生产的产品的需求，不仅在数量上是有限的，而且不具有指令性，只为企业指出发展方向。长期稳定经济定额规定企业与国家预算的关系（利润分配定额）和企业内部各项基金形成的比例。国家订货由上级机关分配给企业，保证满足首要的社会需要，并在竞争的基础上进行分配。下达给企业的限额规定国家集中投资、建筑安装和承包工程以及集中物资技术供应的最高数额。

在价格方面：(1) 对整个价格机制（批发价格、收购价格、零售价格和收费标准）进行相互联系的综合改革。(2) 价格改革的原则要保证价格反映产品生产和销售的社会必要消耗、产品的使用性能和质量以及有支付能力的需求；增强价格在加速科技进步、产品更新和提高质量以及节约资源方面的刺激作用。(3) 扩大企业定价的权限，缩小集中定价的比重，只有最重要的产品才集中定价，扩大企业间合同价格的范围，提高用户在定价方面的作用。(4) 新价格体制要保证减少价格补贴。(5) 建立国家统一的价格监督系统。

在物资技术供应方面：从集中调拨物资和为用户规定供货者的做法向批发贸易过渡。（1）生产资料批发贸易通过以下三种形式进行自由买卖来实现：生产者和用户直接签订合同；与中介人、首先与供销机关所属企业签订合同；通过直属商店。（2）供销组织改组成实行独立经济核算的企业，根据代理原则进行有偿服务。（3）在四五年内完成向批发贸易过渡，首先使生产消费品、供应农业、建筑业和机器制造业以及发展个体劳动合作社所必需的某些生产资料向批发贸易过渡。（4）组织执行和保证国家订货的系统。

在财政信贷方面：（1）财政信贷作为一个重要工具保证把商品货币关系纳入有计划管理经济和提高经济效率的机制。（2）制订从金融上使国民经济健康化的专项纲要，使货币周转量同物资周转量相符合，消除在商品最终销售之前获得收入的可能。（3）把企业对其所利用的资源的付费变成预算收入的基本来源。（4）确定一套对合作社和个体劳动活动进行财政信贷调节的措施，调整对居民的税收。（5）恢复信贷基本原则，区分预算资金和信贷资金，消除利用发行货币主行信贷的做法，把贷款变成加强苏联卢布的工具。（6）加强财政信贷机制对提高对外经济联系的效率和扩大对外经济联系的作用。（7）改组现有的银行，全国形成六个独立的银行，除苏联国家银行外，还有对外经济活动银行、工业建设银行、农工银行、住宅—公用事业和社会发展银行、劳动储备和居民信贷银行。

根据全会的规定，在1987年年底之前就改革中央、共和国和地方管理机关工作以及计划、价格、财政、信贷、物资技术供应等工作通过11个文件（全会已基本同意的）；从1988年起实施国营企业法；到本五年计划末（1990年）实现计划工作、价格形成、财政信贷等改革，基本上完成向生产资料批发贸易过渡（1991年、1992年全部完成）。称1991年开始的下一个五年计划时期将是根本改革经济管理体制的“决定性阶段”，计划将完全按新的经营管理机制编制。

不存偏见地说，这是一幅周密的经济体制改革蓝图，但它又好在哪里？

经济体制改革构想新意

苏共中央六月全会在经济改革方面有一些实质性的新内容和新构想，这些都表现了苏联人的智慧。新鲜的、可取的思想为什么成为昙花一现而不能变成持久的行动，不能导致改革的成功，这正是教训之所在，值得深思和认真总结。这里将六月全会经济改革方面的一些新的、曾经令人感兴趣的内容概述如下。

（1）实际上取消了指令性指标，代之以长期经济定额，这是最大的突破。根据文件的要求，今后计划体制将发生根本性变化，将形成新的两级计划体制，即中央计划、企业计划。从道理上讲，国家控制数字已不是指令性指标，而是一种反映社会需求的信息来源，经济定额已成为今后领导经济的杠杆和主要手段。

（2）对市场的看法有新意，类似有计划的社会主义商品经济的提法，称作“商品货币关系是有机地列入社会主义经济系统的”。政府总理在报告中还提出要建立生产资料批发市场。企业法的定本与原先的草案有一重要差别，在物资供应渠道中把“批发贸易”换到了第一位，“集中供应”放到了第二位，这些都说明了实际上是倾向商品经济。所谓批发贸易就是从集中的计划供应转变到“保障企业用自己挣的钱购买生产所需产品，进行建设和改建以及解决社会问题所需的一切”。这不同于想象中的自由购买和自由销售。调节、监督批发贸易的职能最终将留给国家。企业实行自负盈亏、自筹资金和自治，这“三自”标志着试图将资源分配从按行政方法过渡到按市场分配。要求中小企业面向市场生产，实际上是要求按市场规律办事，一定程度上说明是承认市场的调节作用。同时又提出反对垄断、发展“竞争力”。过去苏联只讲“劳动竞赛”，现在提出企业“经济竞赛”，鼓励企业生产廉价优质产品。可以看出，按照上述思路走下去，苏联将是以计划为主体，以商品货币关系为刺激因素的一种模式，也就是在计划经济中引进了市场规律。如坚持贯彻推行下去，本来最终是有可能走向商品经济的。

（3）提出“根本改革价格机制”，在《企业法》定本中指出“合同价格和自定价格可以不断扩大”。过去苏联经济学家对中国的价格改革十分担忧，现在苏联不仅是批发价格要动，而且零售价格也要动。全会提出要在本五年计划未完成价格改革，后来当然落空了、变形了。

（4）对集中领导的方法要“根本改革”，这与二十七大提出的要提高集中领导的效率，1987 年苏共中央一月全会提出的集中领导的“最优化”有很大区别。

（5）规定长期亏损而无偿还能力、产品无销路以及整顿仍不能提高效益的企业可以关闭。这实际上是允许破产。还规定要根据部门、跨部门或地区部门原则将企业组织合并，使之联合起来，这实际上包含着不同部门企业“横向联合”的意思。

六月全会上提出的一些重要的思想和论断，也值得注意和回味。例如：

（1）全会比以往明确得多地提出了各利益集团（包括个人、集体、各阶级、大小民族、社会集团和职业集团的全盘利益）的矛盾和以新的方式加以协调的问题。经济管理改革的重点虽然在企业，但改革的关键实际上是如何处理国家与企业、企业与职工的关系问题。为此，全会上提出要实行“三个转变”：从主要以行政方法管理转向主要以经济方法进行管理，加强利益管理机制；管理的广泛民主化，实行自治；发挥人的因素的作用。其中最为主要的是要调节各方面的利益。

（2）全会还强调经济改革要配套进行，提出了对部门管理进行大的改革，中央国家机关职能变化的设想是，将职能部门改成两种，一种是搞经营核算的部门，另一种是计委等掌握预测和发展方向的部门。要求今后国家对部门是指令性关系，部门对企业不许用指令，只能用定额。这是从改变机构职能上进行配套。苏联全部改革的主导模式是承包制。国家与企业的关系是承包，企业内部班组之间也是承包。长期定额是承包的主要形式，是解决国家与企业之间关系的杠杆。完成订货情况是考验企业的主要标准，利润是企业活动的综合指标。另外，在价格、财政、信贷、金融、物资技术供应等方面都提出了改革的任务和明确的时间表。这一切都显然是为了搞活企业创造的良好的环境。

（3）全会也提到要从抓人民的基本需要入手，使群众尽快得到改革的实惠。例如全会报告中批评“对切实满足人们最普通的需求的工作做得少”，强调了解决食品、住房、消费品和生活服务问题的重要性，要求改革首先在于“带来实际成果”。可惜，在这个问题上做得太差了，不禁使人想起“语言的巨人，行动的矮子”这个比方。

苏共中央六月全会通过的文件和提出的构思，由于执行时遇到困难而扭转了改革的方向，终于使这次全会产生的成果付诸东流。

新政治思维引广泛关注

“新政治思维”，是以戈尔巴乔夫为代表的苏联领导对当代世界一系列根本性问题，诸如时代、战争与和平、资本主义和社会主义两大社会体系的内部变化和相互关系、解决当代各种矛盾和冲突的手段等问题，所作的重新思考、重新认识和重新研究解决的办法。“新政治思维”是通常笼统称的“新思维”的一大方面，即国际方面，它包括外交，但比外交范围更为广泛。

戈尔巴乔夫担任苏联最高领导人之后使用“新政治思维”这个术语，首先出现在1986年1月15日他本人《关于彻底销毁核武器的声明》中。那里说，“要采取新的大胆的态度，进行新的政治思维，敏感地认识到对各国人民命运所负的责任”，并把当年赫尔辛基最后文件称作新思维的“具体的和摸得着看得见的例子”。但是在他上台之前，亦即1984年12月，他几乎同时提出了“现代经济思维”和“新政治思维”的概念。他于1984年12月18日在英国议会上的讲话称：“核时代必然使人们有一种新的政治思维方法。目前世界上所有人们关心的一个最尖锐和最迫切的问题就是防止核战争的问题。”这里的说法和他后来的论调是同一个意思，也就是在所谓核时代人类的生存利益高于一切，并在此认识基础上形成了对外战略——谋求“国际关系人道主义化、民主化”，国内战略——建立“人道的民主的社会主义”。

这里顺便说一个情况，“新思维”的理论前提——核时代的人类生存观，早在20世纪50年代初，物理学家爱因斯坦就提出过。例如他说：“人类必须有新的思维方式，这样才能生存下去，才能向前发展。……今天的原子能已从根本上改变了世界，人们正处在一种新的形势下。因此，人们的思维也必须适应这一新形势。”① 赫鲁晓夫在20世纪50—60年代提出了类似的论点（这个问题我们在讨论戈尔巴乔夫“新政治思维”的继承性时还要详细谈到）。这些都是戈尔巴乔夫“新思维”的渊源。但是也应当承认，戈尔巴乔夫在新的历史条件下提出关于“新思维”的一套，要更加完整和系统，一时影响也更大。

“新政治思维”的最初提出，是为了适应苏联改革的需要。当时在国内问题上的改革思想和在国际问题上的新政治思维，可以说是孪生的。苏联要实现加速社会经济发展的战略，要实行以经济体制改革和社会民主化为核心内容的全面改革，必然要在国际战略和对外关系方面作相应的调整。那时苏联大力宣传对外政策是对内政策的继续，强调其国际政策比以往任何时候更取决于国内政策，这恰恰反映了国内问题与国际问题两方面“新思维”的本质联系。

关于什么是“新政治思维”，戈尔巴乔夫曾经做过各种解释和说明，用他的原话归纳起来有以下几点：

（1）新政治思维是要把文明提高到一个崭新的阶段。它不是立场的一次性调整，而是处理国际事务的方法论。

（2）新政治思维使人们能够对客观形势进行严格的分析并制定负责任的和有效的政策。它不是玩弄新名词，不是权宜的想法，而是理论上和政治上必须遵守的最高原则。

（3）新政治思维的基础是一种明确具有深刻人道主义的思想。它的核心是承认全人类的价值高于一切，承认人类的生存利益高于一切。它的基本原则很简单：核战争不可能成为达到政治、经济、意识形态及任何目的的手段。这个结论与传统的关于战争与和平的概念彻底决裂。

（4）新政治思维不仅仅是声明和口号，而且是行动的哲学，也可以说，是生活的哲学。它同世界客观进程一起继续发展，它要求承认种种现实和利益均衡的原则，放弃40年前西方领导人制定的、把国际关系仅仅建立在西方高度发达国家的利益之上的理论。

---

① 《核时代新思想》，第1页。

这些定义曾经使人感到有点莫测高深，其真谛也是逐步暴露而被人们所认识的。

戈尔巴乔夫在下定义时还说过，新政治思维是以列宁的帝国主义理论为基础的，帝国主义的本质从来不会变“好”，对此不应抱任何幻想。然而，后来他对帝国主义的顺从态度，表明这些话是不能令人信服的。

新政治思维批判与继承

新思维不是凭空而来的，并非戈尔巴乔夫个人的独创。前面谈到在他之前出现过类似的思想，当然，戈尔巴乔夫把它更加系统化了，宣传的声势也不是以往能够相比的。

我们从苏联历史比较的角度，可以看出新政治思维有明显的批判性和继承性。它主要是批判了勃列日涅夫时期的一些旧东西，但也不是说没有一点继承。它主要是继承了赫鲁晓夫时期的一些思想、观点，但应该说又有发展。同时，又将安德罗波夫没有来得及体现和发挥的思想比较充分地表达出来并系统化了。广而言之，它还吸收了其他国家包括西方国家的一些观点。这里我们着重讲苏联国内的批判与继承关系。

对勃列日涅夫时期的批判和继承，主要表现在两个方面，一是思想方面，一是缓和的特点方面。这里讨论的是苏联解体以前的情况。苏联解体、戈尔巴乔夫下台之后，当另作别论。

首先，思想方面。当年我们曾经对勃列日涅夫主义概括为“五论”，这里不妨拿来同戈尔巴乔夫的情况作一比较。（1）有限主权论。那时说要保卫社会主义利益，保卫最高主权，宣称苏联可以决定别国的命运，包括它们主权命运在内。正是有限主权论，导致了1968年对捷克斯洛伐克的武装入侵。现时戈尔巴乔夫公开表示否定有限主权论，肯定各国独立自主的原则；不过干涉原大家庭国家的形式和方法有所变化。（2）国际专政论。勃列日涅夫讲过，要以军事援助兄弟国家来消除对社会主义制度的威胁。还歪曲引用列宁的话，说历史的发展把无产阶级从一国的专政变成对整个世界政治有绝对影响的国际专政。直到1979年入侵阿富汗时，仍坚持这一理论。（3）社会主义大家庭论。那时鼓吹社会主义大家庭是不可分割的整体，必须加强社会主义大家庭的统一行动，强调经济一体化、军事一体化、外交一体化和意识形态一体化。在这个问题上有批判、有继承。提出新思维时大家庭依然如故，华约组织、经互会还存在，一体化还强调要搞。不过，在处理大家庭内部关系上的一些作法在变化。后来经互会和华约组织解体，虽不是推行新思维者的本意，却又是新思维促使东欧和苏联先后剧变的后果。（4）国际分工论。勃列日涅夫时期不仅在东欧和蒙古一些国家搞国际分工，而且还把国际分工扩大到亚非拉国家，认为亚非拉国家只有同苏联合作，才能建立独立的民族经济。对于苏联来讲，这种合作可以为更广泛地利用国际分工的优越性提供更多的可能性。随着世界经济的发展，在相互依存、相互联系越来越多的情况下，某些国际分工、互通有无仍是不可避免的，何况还要"加深一体化"。所以，不能说国际分工论已经被否定了。（5）利益有关论。勃列日涅夫时期是比较器张的，说苏联具有世界大国发展的广泛国际联系，对于虽然地理上比较遥远，但涉及到他们及其朋友安全的那些事情上，他们从来就不能消极对待。当年苏联海军司令有句名言："我们舰队航行在我们安全利益所需要的一切地方"。在戈尔巴乔夫新思维里，并没有说要放弃苏联超级大国的特殊利益，看来有些东西在一定时期内还会保留。

其次，从缓和的特点来看，现时与勃列日涅夫时期也有不同。勃列日涅夫时期有三个口号，一叫以军事缓和补充政治缓和。这是针对欧安会之后，搞了一些协议，军备控制没有什么变化而提出的。1987 年年底苏美中导协议的签订比 20 世纪 70 年代的缓和有了一步进展。这是自从有核武器以来第一个有点实质内容的成果，尽管消除的数量仅占美苏核武库中的 4%—5%。二叫缓和物质化。勃列日涅夫时期苏联是想通过缓和引进技术和资金。戈尔巴乔夫实际上继承和发展这一点，其势头一点儿也没有减弱。三叫缓和不可逆转。欧安会不几年，特别是进入 20 世纪 80 年代以后，苏美关系又紧张起来了，用苏联人的话说，"出现了爆炸性危险"。看来，苏美关系起伏不定，双方可能会导致较长一个时期有限的缓和。

同赫鲁晓夫相比，继承的东西更多一些。当时的"三和"，即和平共处、和平竞赛、和平过渡，现时被戈尔巴乔夫继承和发展了。和平共处问题，赫鲁晓夫当时的调子就很高，称作外交政策总路线。戈尔巴乔夫又拔高了，认为和平共处不仅有必要性，而且有必然性，叫做一个世界，相互依存，不可分割，同等安全。赫鲁晓夫那时称和平共处是阶级斗争的一种形式，现在不这么说了，而称作共存的条件。关于和平竞赛，赫鲁晓夫幻想通过竞赛可以消除同资本主义之间的矛盾。现在增加的新内容是把和平竞赛从双边关系发展为全球战略思想，提高到时代的内容，认为现时代是两个体系竞赛的时代。关于和平过渡问题，赫鲁晓夫时期比较倾向于议会道路，但也还讲不排除在必要的时候采取暴力革命。现在实际上是和盘否定暴力革命。

在对待战争的看法上，同赫鲁晓夫时期更相近。赫鲁晓夫讲人类共同生活在“诺亚方舟”上，现在讲人类生活在同一条船上，生死与共，这是一脉相承的。赫鲁晓夫称世界战争不是不可避免的。现在新思维进一步强调核战争可以绝对避免。赫鲁晓夫宣扬的“三无世界”（没有武器、没有军队、没有战争），现在又变相提出，还加了“没有暴力”和“没有仇恨”。所以，在重大国际问题上，现在更多的是继承了赫鲁晓夫，并在新条件下又有发展。

此外，也应该提到与安德罗波夫的关系。安德罗波夫是第一个站出来否定和批评苏联“发达社会主义建成论”的，可以说他首先用新的眼光评价了苏联的发展阶段和其他一些重要理论与实践问题。由于他在位只有15个月，也有他的局限性，在国际问题上还没有来得及作更多的反思和阐述。但是，他在分析国际形势时所说的当代的战争与和平问题赋予国际共产主义运动以崭新的内容，他在谈到同其他社会主义国家关系时表现出一定程度的自我批评，给人的印象是深刻的。这些都不同程度地在戈尔巴乔夫新政治思维中有所体现。

新政治思维矛盾与可疑

新政治思维刚出台之后，人们被一种与勃列日涅夫时期的气氛截然不同的新鲜感所吸引，更多注意的是新政治思维的合理成分，并没有透过现象看本质。如果说在实践中越来越暴露出新政治思维的谬误那是后来的事情的话，那么从一开始仅从道理上也可以悟出新政治思维的矛盾性与可疑性。不妨举几个例子。

新政治思维没有触及苏联的大国沙文主义，更不用说霸权主义错误。赫鲁晓夫当年还曾被迫公开承认对其他社会主义国家的大国沙文主义错误，而今的戈尔巴乔夫却没有达到这个境界。他在《改革与新思维》一书和其他场合若明若暗地有过一点自我批评（其实是讲前人的事情），例如承认在同中国、南斯拉夫、阿尔巴尼亚这些国家关系中“有过严重的教训”，“有自己的一份责任”。这些话也只能说是带有一点自我批评的味道。他更多是在通过正面阐述新思维，试图改变过去的一些认识和做法，而公开认错的勇气是远远不够的。这个问题涉及到超级大国的形象及其既得利益，所以没有能做到像对国内问题那样来批判国际问题上的错误。可以说在国际问题上的态度往往是暧昧的，有那么点想悄悄地“立”，而不敢公开大胆地“破”。

新政治思维强调利益的均衡，首先指的是苏美利益均衡高于一切。它不想搞军备竞赛的思想贯穿在新思维里头，但军备竞赛实际上很难停下来。按照新政治思维的理论，一方面提出足够实力论，说要把军备仅仅发展到足够防御的水平，另一方面又说它不允许对手美国占有军事优势。不允许对方占有优势，这本身就潜伏着继续军备竞赛的危险，实际上是变相军备竞赛的思想基础。这种军备竞赛的重点将是立足质量，并向外层空间发展，向提高综合能力发展。新政治思维多少体现了对世界多极化趋势有所认识，例如在《改革与新思维》这本书中把世界政治格局分成了三个大部分：“相当数量的一批历史不长却走过了很长一段进步发展路程的社会主义国家；很大一批有着各自的利益、历史、忧虑和问题的发达资本主义国家；以及由最近三四十年获得政治独立的上百个亚洲、非洲、拉丁美洲国家组成的汪洋大海一般的第三世界”。这种划分依然意味着，苏联既是社会主义国家的“头”，又是“第三世界”的“天然盟友”，所以在灵魂深处，由苏美两家决定世界命运的战略思想并没有放弃。

新政治思维宣传要建立一个无所不包的世界安全体系，建立一个没有武器、没有战争、没有军队、没有暴力的世界，这很好听，迎合人心，对害怕核战争者有吸引力，但显然带有宣传性，其实做不到。为了取消暴力革命，宣扬的逻辑是暴力会引起战争，一旦打仗就是爆发核战争，就是人类毁灭。由此得出结论说战争不再是政治的另一手段的继续。这个结论掩盖了帝国主义这个战争的根源，也抹煞了依然层出不穷的局部战争的事实。

新政治思维宣扬人类的生存利益高于一切，人类的利益高于阶级的利益，乍听起来不无道理。其实，它是将人类利益与阶级利益分割甚至对立起来，否认阶级和阶级斗争的客观存在，结果模糊了人民群众的阶级意识，为帝国主义反动势力对社会主义国家的和平演变大开方便之门。

新政治思维提出不同社会制度国家和平共处不再是阶级斗争的特殊形式，然而，新思维的提倡者却忘记了，帝国主义反动势力曾经在和平、缓和与和平共处的旗号下对社会主义国家和广大第三世界国家大搞颠覆破坏活动。东欧国家的剧变和苏联的解体，从外因来说，难道帝国主义反动势力不也是把和平共处作为“阶级斗争的特殊形式”了吗？

对外政策随之调整趋势

随着经济改革总体方案的出台，苏联的对外政策也不断地进行调整，显示了引人注目的灵活性。很自然，这时在国际上，特别是理论界，非常关心这种政策调整的性质：是策略性的，还是战略性的？是一时权宜之计，还是打算放弃霸权主义？戈尔巴乔夫担任总书记最初几年的情况足以说明，苏联的对外政策处在微妙而复杂的调整过程之中，已有的调整源于战略动因，表现为较大的策略灵活性，具有相当明显的战略含义。“策略灵活性”这一点是国际舆论所公认的，那么为什么说苏联对外政策调整具有明显的战略含义呢？

（1）苏联的对外政策与对内政策是有机联系着的，对内政策的战略性变化不仅从策略方面，而且逐步明显地从战略方面反映到对外政策中去。

苏联在对内政策方面发生的重大变化，无疑是战略性的，根本性的。从当时的情况看，这体现在：重新估计苏联社会所处的发展阶段；严厉批判几十年来形成的僵化的经济体制和一系列理论；严峻地总结 20 世纪 70 年代以来，特别是在 70 和 80 年代交替时期造成经济增长率下降的教训；比较清醒地认识到苏联的综合国力尤其是科技发展方面同美国乃至某些其他西方国家的差距。在此基础上，确定了以根本改革（不仅在经济领域，而且在政治、思想、文化和精神领域）为核心内容，以20世纪末使国民收入翻番为基本目标的加速社会经济发展的战略方针。为实现这一宏图，苏共领导急切地提出了必须创造“良好的外部条件”的战略要求。

苏联竭力使对外政策适应对内政策的需要，看来根本目的是要致力于国内的建设，实行根本性的变革；加速社会经济的发展，减轻军备竞赛的压力和负担，提高综合国力，着眼于21世纪，以便在更加强大的实力基础上同美国展开新的较量。所以戈尔巴乔夫讲，经济能否搞上去，这关系到苏联的“历史命运”和“在当代世界上的地位”；并且强调指出“苏联目前的对内政策和对外政策之间，苏联进行的改革与力求使国际关系健康化的愿望之间的深刻联系”。

（2）苏联对外政策调整有其思想理论基础，对一些重大问题的新认识，即所谓从“科学和现实”立场出发的新思维，具有某种不容忽视的战略性质，尽管存在原则性错误。这里不妨再从大的方面看一看：

关于时代——过去称两个对立的社会体系斗争的时代，现在改为两个社会政治体系进行历史性竞赛的时代。认为在今天这个核宇宙时代，世界大战已不再是政治通过另外一种手段的继续；苏美任何一方都既不能赢得核战争，也不能赢得军备竞赛。

关于世界——过去强调社会主义世界和资本主义世界之间尖锐对抗，势不两立，都想吃掉对方；现在则认为双方是对立统一，长期共处，互相依赖，不可分割，同等安全。还认为，资本主义世界存在美国、西欧和日本三个力量中心，资本主义还具有经济增长和掌握新科技方向的潜力；西方资本主义的发展未必会变成对苏联的军事威胁，彼此进行合作的可能性在增加。对于社会主义世界，承认“表现出鲜明的多样性”，而不应拘泥于一种固定不变的模式。

关于革命道路——不再并行地宣传革命理论中的非和平与和平两种手段，而是避谈暴力革命，认为在核宇宙世纪暴力革命将导致人类毁灭。强调阶级利益应当服从全人类利益，这就是说，工人阶级不能为了本阶级利益去进行暴力革命冒险，否则会“葬送自己”。

应当说，在这种对全局性重大问题新思维基础上产生的对外政策，不能不产生战略性质的变化。

（3）苏联在对外关系具体做法上的策略灵活性，在有些情况下是不能完全同战略性分割开来的。

马克思主义关于战略和策略相互关系的基本观点是：它们作为革命政策的两个方面，既有区别，又有着有机的联系，其界限往往不是绝对的；而作为一种科学和艺术，则要求它们有两位一体性。苏联对一些重大问题的做法，策略运用之中包含着明显的战略因素。突出的例子是苏联对美国和对东欧大家庭的做法。苏联同美国的斗争，特别是军控谈判，目标、手段和方式较之过去均有较大变化。苏联把控制军备的意义提到战略高度，认为它“将导致国际关系本身性质的根本变化”。据此，苏联从自身的需要出发，在同美国谈判欧洲中程导弹问题时，立场一再调整、后退，从坚持要同美国星球大战计划挂钩，到同意脱钩，到接受欧洲中导与短导零点方案，以至提出全球零点方案。经过双方讨价还价，终于导致美苏中导协议的签订，并且还在裁减战略武器等方面采取后续行动。这些做法和结果，符合苏联创造“良好的外部条件”的战略要求。

几年来苏联对东欧大家庭一些国家的控制也明显放松，如开禁允许它们分别同欧洲共同体建立双边关系，更多地各自与西方国家发展科技联系；还学习东欧一些国家的经验，并准备应东欧国家的要求改革经互会合作体制。特别是，承认社会主义多样性，强调任何党都无权垄断真理和在社会主义世界中追求特权。这些表现了在社会主义国家相互关系方面认识上的某种突破。至于后来不惜牺牲东欧国家的利益去谋求同西方的妥协，那是走向了另一个错误极端。

（4）从总体上看，苏联的对外政策这几年尚未完成根本变化，而是处于转折过程之中。

根本变化，主要是指战略动因和根源、战略目标和构想、战略对手和盟友、战略格局和态势等方面的变化。苏联这时还说不上根本变化。这是因为多年来（严格说是勃列日涅夫当政时期开始）苏联为谋求在世界范围内的战略利益，形成了一个同美国争夺世界霸权的全球战略。这种全球战略构想在戈尔巴乔夫上台之后还没有来得及改变。尽管苏联的对外政策表现了较大灵活性，在许多方面呈收缩趋势，但是把美国作为抗争的主要对手，双方都觊觎世界霸权，均以实力为后盾，表现为既对抗又对话的基本格局和互有攻守的僵持态度，这些仍未从根本上发生变化。

与此紧密相关，从苏联现领导的言行可以看出，他们在实质上并未放弃两大社会体系分别以苏美为首的两极思想。前面谈到，他们开始意识到世界向多极化发展的趋势，比起僵固的两极论在认识上有所前进，但不等于摒弃了两极论。可以说，是否彻底抛弃两极思想，这是戈尔巴乔夫全球战略和对外政策能否发生根本变化的最重要标志之一。

戈尔巴乔夫 1987 年称，现时“正在经历一个艰难的过程——从理解现代世界需要什么样的政策到制订这种政策本身。我们恰恰是处在这一阶段。”这句话比较符合当时的实际。综合苏联现领导的政策主张和公开言论，从表面看，当时正处在这样一个转折阶段：从两极论转向两极多元论；从对抗决胜论转向相互依存论；从军事优势论转向足够实力论；从国际专政论转向国际关系民主化论；从有限主权论转向独立自主论；从共运中心论转向各党平等论。这在当时显示过积极的趋势。然而，对照其行动，仍有不少自相矛盾之处。这不仅表明了苏联对外政策调整的局限性，而且暴露了它的言行不一甚至言而无信的痼疾。

戈尔巴乔夫上台之初，在酝酿国内改革的同时，也在调整对外关系方面作准备。开始也许由于将主要精力用于抓国内问题，在对外政策方面虽然有点新意，但方寸较乱，还看不出有通盘考虑。

对美国，抓缓和旗帜，在暂不作实质性让步的前提下，谋求打破苏美关系僵局。苏美之间紧张僵持状态已久，军备竞赛愈演愈烈。里根的“星球大战”计划若付诸实现，将迫使苏联与之抗衡而造成苏联经济难以承受的负担。戈尔巴乔夫为了振兴经济，力图避免这种情况。他上台后涉及国际问题的讲话，重点都是谈苏美关系。他声明苏联不谋求单方面的军事优势，要美国“能予理解”。他认为，苏美之间的对峙是反常现象，没有必要继续下去；改善两国关系不仅极其必要，而且是可能的。苏联还单方面宣布暂停在欧洲部署中程导弹。总之，戈尔巴乔夫明确表示希望松动两家关系，并愿意同里根会晤。然而，在实质问题上苏联并未让步，而着力离间美国与西欧的关系。第一阶段日内瓦谈判以无进展而告结束后，苏联对美国的谴责有所增加。戈尔巴乔夫在 1985 年 4 月中央全会报告中指责美国仍想取得军事优势，首先要对紧张局势负责。但同时仍表示希望美国改变立场，说苏联准备与之达成相互可以接受的具体协议。看得出来，苏联千方百计要在同美国关系上取得某种突破，打掉或者至少推迟里根的“星球大战”计划，试图重建类似20世纪70年代的缓和局面，为壮大本国经济实力创造有利的国际条件。但这并不取决于苏联单方面的意愿。戈尔巴乔夫在1987年4月26日华约首脑会议上说，如果美国继续准备“星球大战”，苏联除了采取对应措施，“别无选择”。

在对华关系方面，多次作出要改善两国关系的姿态，但在三大障碍问题上态度仍然僵硬。戈尔巴乔夫在1985年就职时的苏共中央非常全会上讲了希望同中国的关系能有“认真的改善”。他在同年苏共中央四月全会上又表示苏联将“目标明确地和坚持不懈地”同“包括中国在内的其他社会主义国家加强相互联系和发展合作”。讨论苏中贸易经济问题的消息首次见诸报端。苏刊反华宣传有所收敛，华语广播也停用指责语句。苏联许多人士还不时试探恢复中苏两党关系的可能性。戈尔巴乔夫和葛罗米柯的几次谈话仍表明，苏联的根本意图是从所谓“两极”出发，要拉中国共同反美。中苏第六轮磋商也说明，苏联在印支问题和阿富汗问题上都想按照苏联的方式和日程表来解决障碍问题。

苏联对东欧大家庭国家加强内部协调，但大框框没有放松。戈尔巴乔夫仍把维护和巩固苏联同这些国家的关系称作“第一戒律”。苏联同它们进一步协调经济关系，例如给隔阂较深的罗马尼亚一些好处，以换取其政治上对苏联的支持。与此同时，苏联仍强调加深一体化，宣扬“共同规律”是所有兄弟国家发展的基础，只有巩固大家庭的团结才能维护各国的民族利益，“要把国家利益和国际主义的利益有机地结合起来”；说经济方面可以进行实验，但计划管理是根本准则，等等。1985年4月26日华约首脑会议签署了使条约延长20年并可顺延10年的议定书。这固然是为了对付美国和北大西洋公约组织，但这本身同时也是试图继续加强对东欧一些国家实行控制。

以上是苏共新领导掌权伊始，外交活动在几个大的方面的表现。可以比较研究一下，这些方面在后来都发生了哪些重大的变化。

第四章　遇难题理念嬗变

苏共第十九次代表会议（1988年6月28日—7月1日）是在经济改革受挫的情况下，改革发生转折性变化、逐步走向斜路和险境的起点。这次会议的中心议题是政治体制改革。苏共领导的目的是总结三年来改革的经验教训，制定政治体制改革的总体方案，“保证改革的不可逆转性”。殊不知，会议之后的政治改革如脱缰之马，一发不可收拾，从而脱离社会主义自我完善轨道，越走越远。

洋洋大观似是而非理论

戈尔巴乔夫曾经强调指出，在改革过程中政策的每一步都离不开理论的指导。苏共第十九次代表会议仍然重视理论。但是，实践一再证明，理论脱离实际是苏共新领导人的一大特点。当然，我们仍不妨历史地客观地回顾一下苏共第十九次代表会议提出的一些理论观点，这对于研究问题依然是有帮助的。

从这次代表会议可以看出，二十七大以来苏共领导的改革思想已有不少变化。这主要表现在以下几个方面：

(1) 从将改革作为实现“加速战略”的要素之一，到将其置于首要的、主导的地位。在二十七大前夕和二十七大上，苏共主要文件和领导人讲话都是把完善、改革经济管理体制，同以加速科技进步为战略杠杆的集约化、加强劳动纪律以便有效地利用生产潜力，三者相提并论，作为实现“加速战略”的几大要素。后来认为改革是根本性和决定性的因素，因为没有改革就谈不上加速科技进步，而依靠加强纪律挖掘生产的表面潜力毕竟是有限的。于是口号相继变成“加速、改革”和“加速、改革、民主化”，甚至在速度不得不有所放慢的情况下，“改革”成了高于一切的总的口号和任务。

（2）从提出“完善”、“发展”政治体制，到“根本改革”政治体制。二十七大政治报告和党纲修订本中，分别只用了“完善”和“发展”政治体制的提法，报告中并且说明，二十七大只能就完善民主、国家制度和政治体制“拟定一个总的框框和主要的轮廓”。此后两年多来，提法逐步发展，例如谈改革是全面的，不仅指经济，而且包括政治体制等社会生活一切领域，或者说改革包括经济体制和政治体制。不过，这时谈到的政治体制改革，仍有较大的局限性，强调改革政治体制不是改变现有的体制，而是使这个体制有崭新的结构和成分，赋予它新的内容和活力。第十九次代表会议则称十月革命后形成的政治体制“严重变形”，并提出“根本改革政治体制”的理论依据和实践措施。

（3）从对改革经济管理和完善、发展政治体制的平行叙述，到强调改革政治体制是整个改革的关键。二十七大之后在两年多过程中，从没有说清楚政治体制改革与经济改革之间的关系。这次党代表会议则强调政治体制改革是整个改革不可逆转的极其重要保证，认为，假如政治体制仍然不动，整个改革的任务就无法实现，从而把改革政治体制置于整个改革的首要地位，导致经济改革的停顿和遭到冲击与破坏。戈尔巴乔夫在党代表会议之后还说：“我可以开诚布公地说，我们并不是一下子就理解到政治体制改革的必要性、甚至不可避免性。是过去的教训、生活本身以及改革最初阶段的经验使我们理解了这一点的。”

（4）从批判粗放经营，到将经济、政治和对外政策中的错误都归咎于高度集权的行政命令体制。二十七大在总结经济停滞原因时，开始接触对管理体制的批判。当时称，苏联现在的生产关系形式、经营管理体制基本上是在经济粗放发展的条件下形成的，它们开始丧失刺激作用，而某些东西已变成障碍。这之后，对管理体制的批判越来越升级，例如批判造成思想僵化、政治不民主和经济低效益的“障碍机制”，批判与官僚主义、教条主义紧密相联的“行政命令的管理体制”、“过分的集权制”等等，从而将对管理体制的批判从经济领域进入思想政治领域。这次代表会议又前进一步，将这种批判延伸到对外政策领域。会议认为，在吸取过去的教训时，不能不承认“行政命令方法也遍及对外政策领域”，在政治体制改革方面需要建立一个“能认真而高水平地讨论国际政策问题的有效的有宪法全权的机制”。

(5) 从提出“完善”社会主义，到“变革”社会主义。二十七大明文规定，有计划地和全面地完善社会主义，是党的基本任务，也是党纲修订本的使命。所谓“完善”社会主义，无非是要“锦上添花”。经过两年多的不断总结和反思，认为苏联这个社会主义搞得很不成功，至20世纪70年代末80年代初已处于“危机前状态”。这次代表会议进一步作出论断：苏联几十年形成的社会主义“扭曲变形”，因而就不只是“完善”的问题，更重要的是要“变革”。

(6) 从保留“进入了发达社会主义阶段”，到不再提及，甚至批判苏联社会主义严重变形，而未出现取代这一论断的、反映社会发展阶段的相应概念。

(7) 从确定社会民主化原则，到具体提出在经济、政治和意识形态领域建立民主机制。发展社会民主化的思想，在二十七大已占有相当突出的地位，会上阐述了发展社会主义人民自治、加强公开性原则和人民监督等问题。后来逐步将社会民主化和党内民主化作为政治体制改革的核心。对于民主化的内涵，也在不断加以发挥。至第十九次代表会议前夕和会上，进一步提出了“社会主义多元论”，要求在经济、政治和意识形态领域建立民主机制，包括所有制多样化、党政分权化和意见多元化，并且规定了相应的实际措施。这为后来民主化的泛滥和政治多元化与多党制的形成，奠定了理论基础。

(8) 从沿用“一切为了人，一切为了人的福利”口号，到提出建立“真正的现实的人道主义制度”。二十七大文件说社会主义旗帜上写着“一切为了人，一切为了人的福利”，并称马克思列宁主义意识形态是真正人道主义的。第十九次代表会议不仅强调经过改革所要达到的社会主义是真正的、现实的人道主义制度，从社会的经济到精神思想领域目的都在于满足人的需求和人的全面发展，而且宣称苏联的对外政策也是要促进国际关系民主化和国际关系人道主义化。苏联内外政策的实质统一在民主化和人道主义之中，这终于成为戈尔巴乔夫基本路线的核心内容。

苏共领导的不断“再认识”所得出的结论，其严重后果在后来才被人们逐渐察觉。

人道民主社会主义露头

戈尔巴乔夫在苏共第十九次代表会议上提出，“社会主义制度是一个真正的现实的人道主义制度”，它要通过改革“塑造社会主义新形象”，使苏联达到“崭新的社会状态”。他认为这种“崭新状态”有7点基本特征。它们是：（1）真正的现实的人道主义制度，社会的整个发展都是为了满足人的需求和人的全面发展。（2）有效而活跃的经济制度。公有制和个人所有制以及多种形式的生产组织是这种经济的基础，对经济实行计划管理的出发点是使中央在解决结构问题中的作用同作为商品生产者的生产单位的自主性有机地相结合，这些生产单位为市场而工作。（3）社会公正的制度，始终不渝地实行按劳分配原则，铲除平均主义和寄生现象，对人的才能和贡献给予应有的评价和鼓励。（4）具有高度文化素养和道德的制度。（5）真正的民主政治制度，克服人民与政权的隔阂，实行人民自治、民主化、法制化、开放性和公开性。（6）各民族真正平等的制度，各民族社会与精神繁荣和互相充实的制度。（7）在本质上和利益上渴望和平的制度，在各国和各国人民之间建立正常的和文明的关系。这一切构成苏联社会的崭新状态，总言之就是“人道的民主的社会主义”。这也就是说，7点当中的第一点是本质和核心，其他各点是由此派生出来的。

苏共二十七大上就曾经使用过“崭新状态”的概念，这次代表会议的提法与二十七大提法的比较，可以看出内容有了重大调整。

经济方面，二十七大通过的党纲修订本强调要使集体农庄合作社所有制同全民所有制接近，到将来使这两种所有制融合。这次代表会议则强调公有制和个人所有制以及生产组织的多种多样的形式是“崭新状态”经济的基础，亦即社会所有制多元化。党纲修订本中没有、当时也不可能谈到计划与市场的关系，而在代表会议提出的有效而活跃的经济制度中，认为对经济实行计划管理的出发点是要使中央的作用同作为商品生产的生产者单位的广泛自主性有机地结合，后者实行经济核算和自主原则并为市场而工作。这在当时看上去是要将计划与市场结合。

社会方面，党纲修订本提出在“崭新状态”意思是基本上建立无阶级的社会结构（这还是苏共二十六大时的论点），强调消除三大差别和使得“社会和族际共同体——苏联人民”更加团结；而第十九次代表会议未再提及无阶级的社会结构，着重谈到要保证各集团的需求和利益，各民族之间的关系是相互充实和情谊。这实际上指的是利益多元化和社会结构多元化。

政治方面，党纲修订本中一般性地提到通过民主途径发展社会主义人民自治，而第十九次代表会议首先指出的则是真正的现实的人道主义制度，真正的民主政治制度，十分强调人道主义、彻底的民主化、法制化、开放性和公开性，并提出要克服人们与政权的隔阂（即异化）。

精神生活方面，这次代表会议除重申党纲修订本的内容如社会主义道德原则和人的全面发展等之外，还强调在社会的“崭新状态”要继承和扩大人类精神发展的优秀成果，否定消费主义、精神颓废和文化原始主义。

对外方面，党纲修订本所说的“崭新状态”中未涉及；而第十九次代表会议关于“本质上渴望和平”的提法，体现了戈尔巴乔夫非常强调的内外政策之间的有机联系和对外政策越来越取决于对内政策的思想。

戈尔巴乔夫关于人道的、民主的社会主义的论点，在第十九次代表会议上尚较朦胧，后来，特别是通过实践，它同科学社会主义存在着的原则性的差别开始显现。

区分党政职能基本原则

党政不分一直是困扰着几乎所有社会主义国家的一大弊端。在苏联，从赫鲁晓夫时期以来，历届领导无例外都谈到党的机关不应取代苏维埃国家机关的职能，但都未见成效，用戈尔巴乔夫的话说是“年复一年越来越坏”。其根本原因是没有触动、更不用说打破过度集权的体制模式。这次党代表会议确定的政治体制改革方案中，将区分党和国家机关的职能作为一项主要内容。然而，也只有后来的实践才弄清楚，这种所谓的职能区分，实质上是取消党的领导的第一步。

明确区分党和国家机关的职能，这本是解决党政不分的基本出发点。按常理说，苏联进入综合改革的新阶段，如再不注意这个问题，整个改革将无法深入。这次代表会议为克服党包揽一切的现象，主要作了如下规定：（1）肯定党是政治先锋队，处于政治领袖地位。因此党的职能应主要是抓理论、战略、政策、意识形态、干部和群众工作。各级党组织均不应取代属于苏维埃和各级政府职能范围之内的工作。（2）各级党委不得通过对国家机关、经济机关和社会组织发出直接指令的决议。（3）取消不属于党的职能、且与国家机关重叠的部门，要在1988年底以前完成党的机构调整。党主要通过在国家机关和经济机关、社会组织和劳动集体中的党员，来贯彻执行自己的政治方针。会议作出这些规定的意图，是要“恢复党的政治先锋队的地位”，又便于“重建苏维埃”，并建立法治国家。这在当时被认为是对党政关系理论的发展，说是要打破不经过党的机关任何重大问题都解决不了的传统观念。

第十九次代表会议提出了要加强苏维埃作为“国家生活中心”的作用。代表会议一方面批判了苏联过去社会生活过分国家化的现象，要求通过改革使苏联国家制度达到完全的全民性；另一方面强调把政权机关的全部职能和权力归还苏维埃，并作出一系列相应规定。其中重大措施有：新设国家政权最高代表机构——苏联人民代表大会，由地区代表、民族地区代表和党组织与各社会组织代表各1/3组成；代表大会解决国家生活中最重要的宪法问题、政治问题和社会经济问题。同时仍然建立由联盟院和民族院组成的最高苏维埃（及其主席团）作为常设的立法、执行和监督机构。增设“享有足够广泛权力”的最高苏维埃主席，并推荐同级党委第一书记经选举担任各级苏维埃主席。对于这项“兼职”，代表会议上意见并不一致。戈尔巴乔夫称，党的书记兼任苏维埃主席，这将使国家政治体制的两个关键力量——党和苏维埃“固有结合”，否则将“一事无成”。人们对这种兼职存在疑惑，是由于苏联历史上有过几种不同形式的兼职，这些兼职缺乏制衡因素和监督保证，都产生过个人集权的弊病。现在的兼职虽然须经党和苏维埃双重选举，又有任期两届的限制，但“兼职”本身不完全排除导致个人集权。

第十九次代表会议还例行地提出要加强党的自身建设，认为这是保证党发挥政治先锋队作用的重要条件。这次代表会议剖析了党的领导体制的弊端：党的民主集中制被官僚主义的集权制所取代；党内同志关系逐渐变成命令与执行、首长与下属关系，党的机关和干部脱离了党员群众的监督；干部轮换进程受到抑制；选举机关的作用被削弱；等等。代表会议规定的改革措施有：改进苏共中央的政治活动，在中央设立有中央委员在其中长期工作的委员会，研究内外政策等重大问题；恢复选举机关的威信，使党的工作机构和领导班子置于其监督之下；各级党委实行差额选举和无记名投票选举，取消职务终身制，选举和任命的各级干部都只能连任两届（10 年）；等等。一般认为，取消职务终身制和实行差额选举，比较引人注目。

以上涉及党政关系理论、国家理论和党的建设理论。问题刚刚提出、尚未付诸实施时，人们还难以对它们的理论意义和实践意义作出完整的评价，而到后来，人们才逐渐意识到苏共第十九次代表会议对于导致苏共不幸命运的“历史意义”。

组织上削弱党精心部署

苏共第十九次代表会议确定的苏联政治体制改革总体方案中，一个重要任务是在党政职能分开的口号下改组党的机构。1988 年 7 月苏共中央全会通过《关于党的机构改革基本方针的决议》，9 月又召开一次全会，随后党的机构改组工作自上而下逐步推开，并于同年底基本完成。

机构改组是从中央开始的，为的是既要起表率作用，又要为各级机构的改革划定框架。中央机构改组的实质是削弱中央书记处和职能部门的作用。具体情况是这样的：

（1）中央委员会内设立专门委员会。

苏共中央九月全会确定，在中央委员会下面成立 6 个常设委员会，即党的建设和干部政策问题委员会、意识形态委员会、社会经济政策问题委员会、农业政策问题委员会、国际政策问题委员会和法律政策问题委员会。各委员会主席均由苏共中央政治局委员或候补委员并兼中央书记的人担任。十一月中央全会确定了 6 个委员会的成员名单。在 131 名委员中，政治局候补委员 3 人，中央委员 77 人，候补中央委员 35 人，中央检查委员会委员 11 人，非中央委员会和中央检查委员会成员的共和国党中央第一书记 5 人。

从 6 个专门委员会的职能来看，它们取代了原先书记处的工作，但基本上起咨询和秘书处的作用。它们的职能是在十一月中央全会上规定的，这就是：在政治局的直接领导下，为中央委员会制定实现党的政治方针及其代表大会和代表会议各项决议的建议；分析研究如何执行党的各项决定，预先研究党和国家生活中的重大问题、考虑各种方案，根据讨论结果将文件草案和分析材料提交中央政治局会议或中央全会讨论；并对提交全党或全民讨论的决议草案或其他文件草案以及有关社会发展的原则性问题作出结论。各委员会在工作中依靠的是苏共中央与之相应的部以及党的学术机构和教学机构。

苏共历史上曾有过中央委员会下设类似委员会的个别例子。如 1958 至 1961 年有过苏共中央意识形态、文化和国际共产党关系委员会，1961 至 1965 年有过苏共中央意识形态委员会。它们当时的任务主要是起草决议草案或领导某一部门工作。现时成立的几个委员会，阵容要比过去大得多，但并不领导某个部门的工作；中央书记处的一些职能实际上由各委员会行使，书记处本身的作用则大大缩小。中央书记利加乔夫后来说过，从 1988 年起，书记处的会议都不召开了。

（2）改组苏共中央各部。

苏共中央原有 20 个部，这时精简为 9 个部。撤销了与政府机构重叠的 7 个经济职能部，即化学工业部、建筑部、重工业和能源部、轻工业和日用消费品部、机器制造部、商业和生活服务部、运输和邮电部。这些部大多是在斯大林时期根据十七大关于按生产部门原则建立党的机构的决定设置的，也有的是在赫鲁晓夫和勃列日涅夫时期设置的。从精简机构的意义上讲，这是一个进步。现在的 9 个部包括将原有 10 个部合并、改组成的 6 个部，即在组织和党务工作部、国外干部部的基础上建立了党的建设和干部工作部；在宣传部、科学和学校部、文化部的基础上建立了意识形态部；在社会主义国家共产党和工人党联络部、国际部的基础上建立了国际部；经济部改组为社会经济部；农业和食品工业部改组为农业部；行政机关部改组为国家——法制部。原来的办公厅和总务部保留，国防工业部依然存在。6个新部分别配合对应的各委员会进行工作。从各方面的材料看，部和委员会的关系并没有理顺，特别是委员会，逐渐便瘫痪了。

（3）改组党的地方机构。

1988年10月中旬后，苏联各加盟共和国党中央、俄罗斯联邦各州委、边疆区委机构改革相继铺开。首批作出决议并开始进行调整的有乌克兰、拉脱维亚、哈萨克、立陶宛、白俄罗斯、格鲁吉亚和摩尔达维亚等加盟共和国党中央以及莫斯科、列宁格勒市委和州委。阿塞拜疆和亚美尼亚两共和国因境内局势动荡，行动较慢，于12月底才着手此项工作。调整后，共和国一级党的机构基本仿效中央机构的设置，规模略小，设立与苏共中央各委员会对应的5个委员会，不专设国际政策委员会（但亚美尼亚多设一个族际关系委员会）。将原来的13至17个部减为7个部，即5个与委员会相应的部加上总务部、办公厅。此外，保留监察委员会。莫斯科市委机构大体与共和国党中央类似，但有细微差别：设立国际政策部，未设农业部。州一级党的机构设置与共和国中央大致相同。州委之下的市委和区委，精简后仅设组织部、意识形态部和总务部。

（4）人员裁减及其安置。

随着机构的撤销与调整，各级党的机关工作人员数量大为减少。裁减的大致比例是中央机关40%，共和国党中央、莫斯科和列宁格勒市委30%，州委30%（有的共和国，如哈萨克，州委中有一类为30%，另一类为20%，还有一类为10%）。据苏联人士说，精简之后，党中央机关干部人数大约为600人（不包括行政后勤部门），各共和国党中央机关人员数额不等，如哈萨克党中央机关由268人减至188人，乌克兰党中央机关减员后为320人。从当时材料看，州委为50至70人。各共和国党中央书记和州委书记的人数都在原基础上减1—2人。

裁减下来的人员，除到年龄退休者外，一部分充实下级党组织，一部分充实苏维埃和经济部门。各级党的机构都在精简，政府机构也将调整，难以容纳很多人。苏维埃机构虽将扩大、加强，但本着“机构设置要精干”的原则，容纳的人数也有限。因此，如何妥善安置从党的机构中裁减下来的人员，是此次党的机构改革工作中一项复杂和困难的任务，遇到的阻力也比较大。

从工作进展情况来看，除个别共和国因故推迟外，各级党的机构在1988年年底基本上突击改组完毕。实践表明，党组织的战斗力并没有因此而得到加强，反而潜伏着新的危机。

中央领导核心大幅变动

1989年9月19日、20日，苏共中央召开全会，中心议题是讨论通过《关于党在当前条件下的民族政策》纲领和确定苏共第二十八次代表大会提前4个月于1990年10月下半月（后来实际上是7月上半月）举行。但全会对政治局和书记处大幅度调整影响之大，甚至超过会议主题。

戈尔巴乔夫担任总书记以来，苏共中央人事变动引起较大反响的几次是：1985年四月全会雷日科夫、利加乔夫等5人进入政治局和书记处；七月全会罗曼诺夫被解职以及谢瓦尔德纳泽由政治局候补委员转为政治局委员、扎伊科夫等人进入书记处；十月全会吉洪诺夫被解职；1986年二月全会格里申被解职；1987年六月全会雅科夫列夫、斯柳尼科夫等5人递升为政治局委员或进入政治局、书记处；1988年九月全会葛罗米柯、索罗缅采夫等5人被解职、梅德韦杰夫等5人分别当选为政治局委员、候补委员和中央书记；1989年四月全会葛罗米柯等110名中委、候补中委和中检委申请解职被批准；24名候补中委递补为中委。而这次中央政治局和书记处的调整，则是历来中央领导核心人事变动规模最大的一次。

这次中央全会以"申请退休"或"已退休"为由，解除了3名政治局委员（其中2名兼中央书记）和2名政治局候补委员的职务，增选或递升了2名政治局委员，增选了2名政治局候补委员和4名中央书记。被解除职务的人员是：政治局委员兼中央书记尼科诺夫（主管农业，利加乔夫和他分任中央农业政策委员会正副主席）、切布里科夫（主管政法，兼任中央法律政策委员会主席），政治局委员谢尔比茨基（乌克兰党中央第一书记），政治局候补委员索洛维约夫（原列宁格勒州委第一书记，未当选人民代表，七月已被免职）、塔雷津（曾任主管经互会事务的部长会议副主席，新政府组成时已被排除在外）。

增选人员是：政治局委员克留奇科夫（克格勃主席，65岁，俄罗斯人）、马斯柳科夫（部长会议第一副主席兼计委主席，原政治局候补委员，52岁，俄罗斯人）；政治局候补委员普里马科夫（苏联最高苏维埃联盟院主席，60岁，俄罗斯人），普戈（中央监察委员会主席，52岁，拉脱维亚人）；中央书记斯特罗耶夫（原州委第一书记，52岁，俄罗斯人）、马纳延科夫（原州委第一书记，53岁，俄罗斯人）、乌斯曼诺夫（原州委第一书记，57岁，鞑靼人）、吉连科（原州委第一书记，53岁，乌克兰人）。

这次苏共中央领导核心的人事变动有以下主要特点：

（1）人事变动与改革形势密切相关。苏共第十九次代表会议之后这一年，苏联国内各种矛盾迸发，改革形势严峻，戈尔巴乔夫一再提出要撤换不称职的人。据认为切布里科夫“思想保守”，先被解除克格勃主席要职，现在政治局委员一职由新任克格勃主席克留奇科夫取代，以便在按照戈尔巴乔夫新思维推进“改革”的同时加强对政局的控制。尼科诺夫从1985年苏共中央四月全会即任主管农业的中央书记，农业没搞好，直接影响食品和消费品的生产与市场供应，自然难以推脱责任。索洛维约夫和塔雷津的原任具体职务被免，这次被解除政治局候补委员势所必然。新提拔的人中，马斯柳科夫主管计委，并任苏中经济技术贸易合作委员会苏方主席，岗位重要，又最年轻。国际问题专家普里马科夫几个月前还是科学院世界经济和国际关系研究所所长。此人是戈尔巴乔夫的智囊人物之一，表现活跃，4月刚由候补中委递升为中委，6月当选为苏最高苏维埃联盟院主席，他的上升在相当大程度上体现从内政、外交多方面对苏维埃作用的重视。至于几位少数民族的人进入政治局和书记处，显然是从有利于解决复杂尖锐的民族问题考虑的。

（2）勃列日涅夫时期的中央领导成员基本上已更新。谢尔比茨基71岁，1971年即为苏共中央政治局委员，历时18年之久，早已传说他该下台，这次终成现实。至此，勃列日涅夫时期的中央领导人只剩下1978年进入中央领导班子的戈尔巴乔夫和谢瓦尔德纳泽2人。这次中央全会撤换的其余4人，则是戈尔巴乔夫上台后提拔起来的。这表明苏共领导在调整干部时，是以贯彻其方针路线是否得力作为主要标准的。

（3）这次人事变动有助于加强戈尔巴乔夫的地位。从4年多来的情况看，每次人事变动的目的都在于巩固戈尔巴乔夫本人的地位。这次人事变动也是按照他的愿望行事的。尽管他处境十分困难，由于经济改革成效不显著，政治改革产生较大副作用而威信明显下降，但他仍具有驾驶全局的力量，地位尚未受到来自领导核心内部的直接挑战。

不过，后来的实践证明，在路线和政策变异的情况下，中央领导核心的人事变动并不能使戈尔巴乔夫摆脱困境。这次苏共中央全会补充之后形成的领导班子，基本上维持到翌年的苏共二十八大。由于苏共的地位和作用严重削弱，新的领导班子在这一年内如果说不是毫无作为，也可以讲作为不大；而它的消极作用则突出地表现为戈尔巴乔夫错误路线在组织上的保证。

党放弃领导地位吞苦果

苏共地位变化，经历了一个过程，可以从 4 个方面来说。

（1）党的地位和作用的变化有了明确的规定。苏共第十九次代表会议提出将党的职能和国家机关职能分开的原则，要求“使党从直接管理一切事务的核心的国家系统中彻底摆脱出来”，“党回到自己最初的使命上去，即成为社会的先锋政治力量，为社会制定并提出长远发展方针，通过国家机构和社会机构的共产党员努力实现各种方针”。为了克服“党包揽一切的现象”，代表会议还对党的地位和作用作了具体规定，如前面谈到的称党是“政治先锋队”，其职能是抓理论、战略、政策、意识形态、干部和群众工作；各级党组织均不应取代属于苏维埃和各级政府职能范围之内的工作；党主要通过在国家机关和经济机关、社会组织和劳动集体中的党员来贯彻执行自己的政治方针；等等。

（2）根据上述规定，党的机构从中央到地方都作了相应调整。党中央原有 20 个部，精简为 9 个部，根据新情况增设了一个社会政治组织工作部。与此同时，地方党组织的机构也作了相应改变。

（3）修改宪法第六条关于苏共领导作用的条款。现行宪法（1977 年制定）第六条规定：“苏联共产党是苏联社会的领导力量和指导力量，是苏联政治体制以及一切国家机关和社会团体的核心。”经过在苏共内外几个月的酝酿、讨论和争议之后，1990 年 3 月苏联第三次非常人民代表大会通过决定，将上述条文删去，改为："苏联共产党、其他政党以及工会、共青团、其他社会团体和群众运动通过自己选入人民代表苏维埃的代表并以其他形式参加制订苏维埃国家的政策，管理国家和社会事务。"在人代会上有人建议将上述"共产党其他政党以及工会、共青团……"（这里总还是强调了共产党的地位）改为"所有政党和社会团体……"其用意分明是不再突出共产党，这个建议未获通过。宪法第六条的改动，如塔斯社所承认，"实际上为苏联正式实行多党制奠定了基础"。至于修改宪法的理由，说法是很多的，其中之一是说列宁当年的第一部宪法并没有党对国家和社会领导地位的规定，甚至斯大林时期 1936 年的宪法也没有这样规定，而只是称共产党"是劳动者在为建设共产主义社会斗争中的先进部队，是一切劳动者组织、社会组织和国家组织的领导核心"。

（4）国家权力中心逐渐转移到苏联最高苏维埃和总统委员会，实际权力主要归到总统委员会。这当中有一个"过渡"阶段。1990 年 7 月召开苏共二十八大前的苏共中央政治局，仍然讨论、议决国家各项重大问题。不过在报道中不再像过去那样突出党的作用，而是着重宣传苏联最高苏维埃和总统的决定与命令。二十八大后，政治局的职能和构成均发生变化，可以说国家权力的转移基本"到位"。

苏共地位和作用的变化，就其实质来说，是主动放弃领导地位，逐步削弱执政地位，为实行多党制和最终打倒自己创造了条件，其严重消极后果当时直接表现在以下几个方面。

（1）党内有派，党外有党。苏共内部由于对改革持不同态度，加之由于改革没有取得预期成效而引起意见分歧，因而产生了各种派别。这种现象导致党的团结削弱和威信下降。苏共的派别大致分为三类：通常所说的主流派即苏共行动纲领派（以戈尔巴乔夫为代表）、民主纲领派即所谓激进派（以叶利钦为代表，此人后来宣布退出苏共）和马克思主义纲领派即所谓传统派（以利加乔夫等人为代表）。这三派既有区别，在一定时期又有结合点。它们的行动纲领先后在党报《真理报》上发表。它们之间的区别，简单来说在于：所谓传统派（有时称稳健改革派）赞成逐步改革，但希望保留苏联更多传统的东西。另外，苏联确实有一股强大的保守势力，抵制改革，这种势力同传统派有联系又有区别，属于一个“极端”，通常被称作保守派而不列入传统派之内。所谓激进派，顾名思义，希望改革的步子迈得更大更快，但其中有一种严重倾向是主张全盘否定苏联历史，甚至否定列宁，要求效法资本主义，走西方社会民主党的道路，搞议会党。这被称作又一个“极端”。所谓主流派其实是积极主张改革的，希望尽量打破苏联传统中的旧东西，但要保住列宁和十月革命的选择，希望更多吸取社会民主党的经验，但不搞私有化，不放弃民主集中制原则（尽管重点放在“民主化”方面）。这三大派（两种“极端”除外）存在着结合点，而主流派与激进派的思想体系共通之处要多一些。主流派在反对“两个极端”中求平衡，长时期来一直将“保守主义”这个“极端”作为打击重点，有时也要压一下激进派的另一“极端”。三派之间有合作有斗争，这种状况在苏共二十八大上表现得尤其明显。

党外有党的趋势也日益发展。这里所指的不是苏联常说的“非政治组织”（这样的组织至 1990 年年中已有 9 万个），而是具有政党色彩的党、组织和运动，当时尚无确切统计，但全苏肯定数以百计。它们可以分类为：①新建立的党。如社会党（莫斯科）、自由民主党（全国性）、俄罗斯社会民主党、格鲁吉亚民族独立党、乌兹别克意志民主党等等。②分裂而成的党。如立陶宛、拉脱维亚并立存在的又一共产党等等。③由政治性组织转化而成的党。如乌克兰共和党，其前身是一个人权组织——乌克兰赫尔辛基联盟。④旧党复辟。如立宪民主党，它是十月革命前唯一的资产阶级保皇党；又如格鲁吉亚社会民主党，其部分成员于 1921 年逃往国外，1950 年以前一直在暗中活动，现在公开举行了代表大会。

（2）苏共的威信下降。各种民意测验抽样调查表明，对于共产党能否领导改革取得成功，持怀疑态度的占大多数。讽刺党和领导人的政治笑话日渐增多，有点像赫鲁晓夫后期的风气。更说明问题的是，退党人数不断增多。据苏联官方公布的统计数字，1988 年退党人数为 1.8 万，1989 年为 14 万。1990 年 1 月苏共党员数为 1922.28 万人，至 6 月底即二十八大召开前夕党员数约为 1800 多万人。据苏共中央监察委员主席普戈宣布，在 1990 年头 6 个月，退出苏共的有 37 万人，被开除出党的有 25 万人，脱离苏共队伍的大约有 27 万人（其中 12 万人去世）。几个数字加在一起（不包括死亡人数），共计 77 万人离开了党的队伍，而同时期入党的只有 12.5 万人。另据报道，莫斯科市 1989 年有 23,000 人退党，1990 年上半年多了一倍，平均每个月有几千人退党，其中 50% 是工人，25% 是知识分子，还有 25% 是退休人员。苏共中央监委主席在谈到党员人数减少的原因时称，许多共产党员“是为了向上爬才入党的”。莫斯科市委第一书记答记者问时说，目前苏联社会上流行一个说法：60 年代如果想升官就应该入党，90 年代想升官必须退党。各地区情况不一样，有些地区几乎没有人退党，而有些地区退党现象相当显著。中监委主席认为，退党“数字没有大到谈论党内形成灾难和非常状况的程度”，“还没有达到令人非常担忧的程度”。由于苏共威信下降，有不少人乘机提出将苏共改名为社会民主党、社会党或别的党的主张。1990 年 3 月苏共中央全会讨论这个问题时，戈尔巴乔夫曾表示，这种主张的实质是从苏联共产党的名称中取消从苏共最终理想和长远任务中得出的共产主义定义，“如果这个建议成为现实，将严重打击苏共的思想基础，使许多共产党员和支持苏共这个具有崇高目标的党的非党人士失望”，其国际后果“会对那些在困难条件下仍然捍卫共产主义思想的政党的工作造成消极影响”。可是，这里所指，不恰恰是戈尔巴乔夫后来所为吗？

（3）党的联邦化趋势严峻化。加盟共和国的党已成为自主的党，而且要求以民族特征划分党的呼声日高。戈尔巴乔夫 1990 年 3 月在苏共中央全会上就此作出回答。他说，有人建议过渡到按联邦原则建设苏共，即建立加盟共和国共产党联盟，还打算按规定各共和国共产党有权以共和国全体共产党员投票的方式退出苏共。他认为，“这将造成按照民族特征来划分苏共，使党的统一政策成为不可能，使苏共不能在社会中起到协调作用，也不可能使苏维埃联邦和苏维埃社会主义共和国联盟得到巩固”。苏共中央这次全会虽然没有采纳按民族特征划分苏共的建议，但是问题并没有得到解决，苏共的联邦化趋势随着苏共中央作用的削弱、加盟共和国主权独立思想和分立主义倾向的发展而滋长。

（4）干部更换频繁，干部队伍不稳定因素增多。几年来，苏共将对待改革方针的态度和改革中的实绩，作为衡量干部优劣的首要标准。由于改革不断失误，政策多变，造成人心惶惶，或者虽然被安置在领导岗位，干部也无从工作或不积极工作。以边疆区、州、直辖市这一级委员会书记的干部更迭为例，苏联的6个边疆区、142个州和2个市（莫斯科和基辅），戈尔巴乔夫上台以来这150个单位的书记已更换92.5%，只12人未更换（其中3人是20世纪70年代任职的少数民族自治区的干部），1988年以后更换的占60%。干部这样大幅度的更迭，造成的矛盾是很多的。在改革失利的复杂情况下，下台干部的怨气和台上干部的畏难情绪结合在一起，成为对中央领导的强大冲击力量。当年赫鲁晓夫实际上就是被他大批更换上来的干部搞下去的。

（5）工农在中央委员会的比例大大缩小。苏共党员的社会成分，按照1986年的统计数字，工人党员占27.6%，农民党员占7.6%，职员和其他职业占41%，军队占7%，其余为家庭妇女和无业人员。从文化程度看，受过高等教育的占34.6%，受过中等教育的占57.8%，受过小学教育的占7.6%。工人和农民党员在党内占35.2%。但是，苏共二十八大之前的最新一届中央委员中，工农只占11%。出席苏共二十八大的代表经过竞选产生，结果几乎没有工农代表。于是中央政治局决定，邀请350名工农代表参加代表大会，以弥补工农代表太少的缺陷。

苏共领导赞社会民主党

苏联重新走上改革之途以来，除了总结自身的经验教训外，还注意研究其他社会主义国家改革的情况，也在吸取别国的经验。在改革遇到巨大挫折、内部在改革问题上分歧越来越多、而民主纲领派的影响日见其大的情况下，苏共领导把更多的注意力转向研究西、北欧社会民主党的经验。先是在认识上，继而在行动上，社会民主主义的色彩逐渐多了起来，尽管苏联人仍强调他们同社会民主党有区别。

苏共领导对社会民主党认识上的重大变化，是以戈尔巴乔夫1989年11月26日发表在《真理报》上的长篇文章《社会主义思想与革命性改革》为标志的。为了说明问题，这里引用几段有代表性的话。他说："存在着我们能够赖以决定我们发展目标的世界社会主义经验。今天我们对社会主义的认识比不久以前更广、更深、更现实。我们认为社会主义是一个世界性进程，在这个进程中，除了处于社会经济和政治发展不同阶段的社会主义国家以外，占有一席之地的还有世界其余部分社会主义思想的各种流派，以及内容和动机都不同的社会运动。”

这段话的意思很清楚，社会民主党所奉行的社会民主主义，也是世界社会主义的一部分。

他接着写道：“社会主义也和生活本身一样，其表现是多姿多彩的。因为这是千百万人民群众生机勃勃的创造，所以甚至在每一个单独的社会中，社会主义发展的多种方案性也是不可避免的。这在整个世界大家庭范围内尤其是正确的。多方案性是社会生产力发展水平不同，每个国家的人民的历史、民族和文化传统的独特性所决定的。”

这是说，社会主义存在多样性，甚至在一个国家内也可能有多种方案，以此说明苏联国内存在改革的不同方案是自然的。

戈尔巴乔夫接着说：“我们对社会民主党的经验也是从这样的观点来看的。我们看到它长期以来对发展社会主义价值观念、对进行有助于提高西方许多资本主义国家劳动人民的福利和社会保障的社会改革所作的贡献，并给予应有的评价。我们感兴趣地研究社会民主党所积累的丰富的、多方面的经验，尽管情况有所不同，也努力利用其中适合我国社会条件的经验。”

这里明确肯定了社会民主党成功的经验，并表明要如何向社会民主党学习。

戈尔巴乔夫这篇文章，据说是经过相当长时间的酝酿和准备写成的。它对苏联的改革实践具有指导意义。事实上，从1989年年底以来，苏共在许多根本问题上采取了新的立场：从反对多党制到肯定多党制；实行议会民主，建立类似西方的三权分立；积极准备并实行市场经济；总的口号是“走向人道的民主的社会主义”。在采取了这一系列措施，特别是1990年2月和3月苏共2次中央全会之后，人们注意研究苏联改革进程中的社会民主主义倾向，提出他们的民主社会主义与西方社会民主主义的异同问题，是很自然的。戈尔巴乔夫为1990年3月发刊的国际性刊物《未来社会主义政治论坛》创刊号所写的专稿《未来世界与社会主义》再一次承认：“我们着手改革，是要通过它走向真正的社会主义，在这种社会主义中包括着原来就为社会主义运动其他流派所赞同的基本价值观”；“随着改革过程的深化，我们对于社会主义的观念正在发展和丰富……认识社会主义为我们开拓了新的理智的视野。”在苏联领导人看来，在改革过程中学习社会民主党的经验，是天经地义的。

面对苏联领导的这种认识和实践，我们可以得出几点初步看法。

（1）他们自认为学习社会民主党的经验是一种进步，是在寻找摆脱改革困境的出路。

（2）学习社会民主党的经验，走上社会民主党的道路和社会民主党化，是三个程度不同的判断。苏联国内外对第一判断没有分歧，对第二判断有不同意见，对第三判断争议更大。我们比较研究苏共领导的做法同民主纲领派的主张之间的联系与区别，比较研究这些做法同西方社会民主党的异同，特别是联系到1991年7月苏共中央全会通过的新党纲草案以及戈尔巴乔夫在这次全会上的讲话（下面还要详细介绍），可以看出，苏共领导在社会民主党的道路上步子越跨越大。

（3）当今国际上，特别是在欧洲，出现了各种思潮：民主社会主义、社会民主主义和现代资本主义等。加强对这些思潮的比较研究，有助于进一步认识苏联的民主社会主义的性质。

两种经济改革药方较量

面对日益恶化的苏联经济政治形势，如何扭转经济颓势，出现了两种改革方案，实际上也就是不同政治势力的斗争和较量。

苏联政府于1990年5月下旬向最高苏维埃提出《关于国家经济形势和向可调节市场经济过渡构想的报告》以及《关于零售价改革基本原则和居民社会保护措施》文件草案。由于向市场经济过渡是从价格改革开始，当即引起人心惶惶，抢购成风。苏联最高苏维埃没有通过政府的报告，由最高苏维埃各委员会在对政府计划进行修改后，6月上旬再提交议会通过。6月13日苏联最高苏维埃作出了《关于向可调节的苏联市场经济过渡的构想》的原则性决议，又责成政府在9月1日前提出“过渡”的具体工作纲领。二十八大上，再次确定了向市场经济过渡的原则，同时批评这一过渡从提高价格开始“是荒谬的”；强调向市场经济过渡的“首要措施”是今天就开始搞国营企业股份化，将小企业和商店出租，把住房、股票和其他有价证券及一部分生产资料纳入买卖的领域，等等。

苏共二十八大后，进一步筹划向市场经济过渡。以部长会议主席雷日科夫为首的政府，对原计划积极进行修改，并且成立了以阿甘别吉扬院士为首的专门委员会，以对大约 90 种过渡方案进行研究鉴定。政府领导人称，政府仔细计算过市场经济过渡的两个方案。一个方案是激进的方案，立即实行自由价格，取消国家订货，为生产者提供最大限度的自由。头两年，生产、就业率和生活水平会大大下降，但再过 3 年，会惊人地出现指标猛升，国民收入会激增 38%—41%。这也就是通常说的“休克疗法”。另一方案是较温和的方案，生产、就业率和生活水平的下降较平缓，但摆脱危机也将较缓慢，到 5 年结束时，国民收入会上升 10%—15%。“政府经过动摇和怀疑才选择了第二方案”。8 月 17 日阿甘别吉扬院士代表上述专门委员会向苏联部长会议主席团汇报向市场经济过渡纲要的制定情况时称，委员会既否定了旨在拯救命令体制的建议，也否定了具有“市场极端主义”毛病的建议，也就是旨在立即实行市场关系的建议，认为“较好的是国家起调节作用的向市场过渡的方案”。委员会建议把重点放在社会领域，加快所有制关系的改造，其中包括允许私有制，最重要的是在价格改革之前把重点放在财政信贷领域的稳定上，这是同苏联部长会议建议的在保持国家对价格监督的情况下提高价格的区别。

正当苏联政府忙于修订向市场经济过渡方案的时候，以叶利钦为倡导者的俄罗斯联邦政府准备了一份向市场经济过渡的计划，规定在 500 天内（所以称“500 天计划”）在广泛私有化和价格自由化基础上实行迅速彻底改革。“500 天计划”经过宣传，当时产生的影响比较大，因为它迎合了人们希望尽快改变现状的心理。这个计划包括四个阶段。头 100 天为第一个阶段，政府宣布保障苏联和外国的法人及公民对财产（包括生产资料和土地）的所有权后，这期间将对固定生产基金、住房、黄金储备、内债、外债作出估算。100 至 250 天为第二阶段——私有化阶段，取消补助和补贴，取消和合并部门，封存或以某种方式处理（出卖或租赁）未完工建设项目。所有制非国有化计划规定：一次性收买，分期付款或收买，先租赁后收买，分股份和外国投资。直属政府管辖的只有供电企业、铁路和管道运输、邮电以及国防综合体的一系列下属部门。国家订货只包括根据苏联长期的国际或双边条约属出口的商品，出口的许可证制度将废除。只有当采取私有化措施使国家获得2000亿卢布并计划“原则上取消国家对价格的监督”后，才能向第三阶段（250至400天）过渡。这是结构性改革阶段，基础经济部门的生产可能下降，“生产效率最低”的一系列企业可能关闭。第四阶段即最后一个阶段，应实施稳定了的计划。

由以上可见，叶利钦计划实际是同政府方案“对着干”，可以说是一种准休克疗法。主持两种方案的双方在争夺优先权、合法权，争斗十分激烈。在这种情况下，苏联总统于该年8月4日发出指示，成立一个“起草作为联盟条约基础的向市场经济过渡联盟纲领构想工作小组”，任命包括总统委员会成员沙塔林院士在内的13人组成，通称“沙塔林小组”，由总统戈尔巴乔夫和俄罗斯最高苏维埃主席叶利钦直接监督，这个小组随后拟定的向市场经济过渡方案是以俄罗斯500天计划为基础的。叶利钦声称这个方案是唯一的选择，而雷日科夫则宣布政府的方案才是合适的。叶利钦认为两个方案原则上不相容，雷日科夫表示要吸收另一方案中好的东西。俄罗斯不断制造舆论，要雷日科夫辞职。戈尔巴乔夫虽对两个方案都作了不同程度的赞扬，但倾向于“沙塔林”计划。至于要政府辞职的问题，戈尔巴乔夫说是还在“犹豫”。总之，制订和通过方案难，实施起来更难。苏联的经济改革除向市场经济过渡已无其他选择，更无退路。但是如何过渡，争论不休，确实到了“白刃战的阶段”，因而引起举世瞩目。

艰险处境抛出内外政策

至1990年年中，戈尔巴乔夫倡导的改革已进行5年。这时，政权已“归还”国家，党由法定的领导地位降至“政治先锋队”地位。多党制搞起来了，总统制也实行了。总之，除“政党法”、“联邦法”尚未出台外，戈尔巴乔夫最初设想的和由于国内各种力量制约几经变化而来的政治改革，已基本如其所愿。然而，形势的严峻，矛盾的尖锐，问题的复杂，却达到空前的地步。这突出地表现在经济极其困难，民族关系至为紧张，社会秩序十分混乱，党面临分裂的现实危险。其中最基本的还是经济问题。对人民的许诺、局势的发展和改革的日程表，已把包括价格改革这一大难题在内的整个经济改革推到首位，再无回旋余地。而这个时期苏联的社会经济环境，人们的心态和党的信誉，都要比1987年制定经济改革方案时恶劣得多。

苏共二十八大前夕，要确定由政府提出的向可调节的市场经济过渡的文件，特别是将价格改革的方案交付全民讨论，这更引起人心慌乱，抢购成风，经济政治形势越发动荡。经济改革将牵一发而动全身。戈尔巴乔夫真正最艰难的时候临近，于是竭力寻求摆脱困境的出路。

（1）在经济改革方面使新招。

戈尔巴乔夫1990年年中通过政府提出了“向可调节的市场经济过渡”的方针。“可调节的市场经济”，同该年二月全会“行动纲领”中的“计划市场经济”相比，更突出了市场的作用，将计划仅仅作为调节的一种手段。4个月前把1990年至1991年向市场过渡称作“狂妄的建议”、认为这会“导致难以设想的深刻危机”的部长会议主席雷日科夫，态度也骤然改变，不得不主持拟就《关于国家经济形势和向可调节市场经济过渡构想》以及《关于零售价改革基本原则和居民社会保护措施》等文件，提交苏联最高苏维埃会议讨论。这些文件的要点包括：

“战略意图”是要将经济措施和行政措施结合，不断缩小国家对经济的直接控制，扩大市场关系范围，并且规定，这样做还不能使通货膨胀失控、生产大大下降和人民生活水平急剧降低。

“步骤”分为三个阶段。将1989年年底人代会规定的深化改革的措施提前实施。1990年底以前为准备阶段，形成市场经济的法律和标准基础，采取组织措施，特别是准备实行价格改革和建立居民社会保障的广泛系统。1991—1992年为市场关系形成阶段，为市场发挥作用创造主要前提，特别重视发展竞争和经济非垄断化的任务。从1991年初即开始对价格形成进行改革，实行新的税收制度，提高银行利率，建立有价证券、劳动力和生产资料市场，根本改变计划机关和各部门的职能，放宽对外经济联系，逐步实现卢布的可兑换性以及通过反垄断法。1993—1995年为市场关系迅速发展阶段，要大大缩小在经济中使用行政方法的领域，提高非国家所有制形式的比重（计划在今后几年内把近60%的国家财产变成股份形式或转为个体所有），创造竞争的有利条件并加强对外联系。

实行“价格调整”和“居民社会保障”。定价方法是：60%由国家定价，25%为可调节价格，15%为自由价格。提价比例大体上为：食品价格水平平均提高1.1倍，非食品类提价25%—50%，某些生活设备和市政公用设备（住房除外）提价40%—100%不等。居民社会保障措施是给予补偿金，数额为工资的15%，最低保证额不少于每月40卢布。

雷日科夫1990年5月24日在最高苏维埃会议的有关报告和5月29日的总结发言，引起了强烈反响。会上绝大多数人对向市场经济过渡不加反对，分歧集中在过渡的形式和时间上。最高苏维埃各委员会在对政府计划进行修改后，6月上旬再次提交议会通过，然后交全民讨论。如前所述，在苏共二十八大之前采取这项措施，风险很大。要实行价格改革而不使通货膨胀失控、不大幅度降低生产和人民生活水平，是很难的。价格改革已不容再拖延，而现在的时机又很差，看来领导当局别无选择，不得不又一次仓促行事。即使议会和人民通过物价改革方案，苏联的经济仍将有一个相当长的混乱时期。这已为后来的事实所证明。

（2）民族政策步步被动。

这个时期，苏联的民族关系可以称之为全面紧张。波罗的海沿岸的立陶宛、拉脱维亚和爱沙尼亚自行宣布独立，使民族矛盾上升到联邦还能否完整存在的严重地步。戈尔巴乔夫明白，承认一个加盟共和国独立，则会引起连锁反应。因此戈尔巴乔夫所持的方针是，对立陶宛、拉脱维亚、爱沙尼亚三个共和国的独立采取不承认主义，强调它们违背苏联宪法而无效，并给予经济制裁。后一段时间矛盾稍有缓解，但仍处于僵持局面。

从1990年9月苏共以“革新”民族政策为主题的中央全会以及后来戈尔巴乔夫等领导人的讲话来看，总的方针是维系联邦制，但要“充实新内容”，即给加盟共和国和自治共和国以更多的自主权。联邦条约正在拟定中，看来新的联邦构想比起以往将要松散得多，联邦中包含邦联，即苏领导人所说的“同一个共和国可能形成邦联关系，同另一个共和国则可能形成联邦关系，同第三个共和国则可能形成又一种关系”。戈尔巴乔夫本人也说，如果爱沙尼亚不脱离苏联，“可能考虑给予该共和国邦联地位”。

这期间俄罗斯人当中滋生一种思潮，即主张波罗的海三国独立出去，好扔掉“包袱”。戈尔巴乔夫有时也流露这种念头。他曾说过，“原则上不反对立陶宛脱离苏联”，但是“谈判和立陶宛退出苏联需要花几年时间”。国际上有人认为这也可能是他的一种缓兵之计。

显然影响苏联民族关系前景的主要因素是，国内经济形势如果好转，政治局面则将趋于稳定，因而民族分立主义的势力也会削弱；反之，经济困难会同民族矛盾相互推动，相互影响，恶性循环。当然，经济愈发展，民族意识会愈强，这个因素在多民族国家苏联的作用也不可低估。但现时还谈不上这一点。总之，即使保留苏联的联邦体制，也不会再回到从斯大林到勃列日涅夫那个时期的模式。

(3) 从对外关系中找出路。

几年来的事实表明，戈尔巴乔夫的改革步步受挫，当经济改革不行的时候，转向政治改革上做文章；国内事情办得不行的时候，指望在国际上搞些名堂。给人的印象是“经济不足政治补，国内不足国际补”。现在国内改革遇到特别巨大困难和阻力了，于是更加注意改善同大国和周边国家的关系，对外战略收缩趋势愈益明显。几个主要事实是：

戈尔巴乔夫同美国总统布什会晤，签署了多项协议，包括战略武器条约的协议框架以及关于苏美两国贸易正常化的协议。苏美关系又有一定程度的新的发展，但是在苏联国内外引起的反响远不及1987年底的中导协议。这主要是由于苏联人乃至国际上的注意力放在苏联国内问题特别是经济问题上。苏美在两德统一后加入北约问题以及立陶宛独立问题上存在严重分歧，后者实际上成为美国给予苏联最惠国待遇的障碍。尽管如此，戈尔巴乔夫仍着重宣扬这次苏美首脑会晤的成就，认为两国“从对峙，经过竞争走向伙伴关系”。而布什为了稳住戈尔巴乔夫这个比较好打交道的对手，在立陶宛等问题上还没有逼之太甚，口头上说给苏联最惠国待遇只同苏联犹太人移民问题有关。在两德统一后德国军事地位问题上，苏联也表现出了迎合西方的意向。

中苏关系的正常化，也符合戈尔巴乔夫的需要。他上台以来，逐个处理中苏关系中遗留下来的问题，没有制造新的事端。这是世人有目共睹的事实。焦点在边界问题上，他试图找到一条中国方面能够接受而在苏联国内不致承受太大压力的折衷方案。鉴于中苏双方的共同努力，两国关系在朝着互利的方向持续发展。

这个时期苏联对外关系中，最麻烦的事出在欧洲。东欧国家的剧变，戈尔巴乔夫既有不可推脱的责任，也造成自己的处境被动。统一的强大的德国，从一定意义上说将成为苏联在欧洲的劲敌。华约名存实亡，戈尔巴乔夫对此并不十分担心，而是在既成事实面前乘势竭力推行“全欧大厦”构想。经互会萎靡不振，戈尔巴乔夫也并不以为忧，因为东欧国家今后按国际市场价格以硬通货偿付燃料原料，仅此一项就可使苏联每年增收100亿美元。

苏联通过裁军和压缩军费开支，使自己的军事实力保持在“合理足够”的水平，以便腾出手来，经过艰难的军转民，尽快把经济搞上去，在科技方面追赶上去。问题是这一切很难行得通。于是，苏联又陷入新的内外交困之中。

非意识形态化制造混乱

戈尔巴乔夫于1987年11月撰写《改革与新思维》一书，提出“争取实现国家关系非意识形态化”。此后，有的苏联学者将国家关系非意识形态化、广义上的国际安全问题和真正的全球性合作，并称为新政治思维面临的三类特别重大的问题。然而，苏联领导层和学术理论界在阐述这个问题时却出现了两个概念并用的情况：国家关系非意识形态化和国际关系非意识形态化。

国家关系非意识形态化与国际关系非意识形态化，其实有本质性差别。苏联人之所以产生混乱，一方面是由于理解上的不同，另一方面更重要的是，苏联主要领导人虽然口头上讲的国家关系非意识形态化，实际上做的却是推行国际关系非意识形态化，即混淆了两种社会制度、两种意识形态和由此产生的价值观之间的根本差别。人们（包括当时苏联高层领导人外交部长）将国家关系非意识形态化说成国际关系非意识形态化，其实是符合新政治思维的精神及其产生的后果，是自由化思潮泛滥的自然现象。

苏联学术理论界，包括个别领导人，使用的概念混乱，可从两个方面举例。

较多的学者着重论述国家关系非意识形态化的必要性和可能性。其代表性论点是：(1) 看不到意识形态的对抗危害了国家间关系，就不是现实主义者。(2) 国家间关系可以而且需要非意识形态化，这是核-宇宙时代生活本身要求在意识形态鸿沟上架起一座桥梁，以求得共同的生存，但不是说要实现某种趋同或建立某种无所不包的意识形态。(3) 这不是说要让社会主义和资本主义牺牲自己的意识形态来保持和平，而是说在制度对立的国家之间建立关系方面，在军事政策、安全政策的各种方面，不要掺杂意识形态的因素。(4) 在战争与和平的各种问题上要超越意识形态的分歧，使自己的理想和价值观完全符合各国人民和世界各国的共同利益，符合保护人类文明的利益和国家安全的根本利益。(5) 国家间关系走向非意识形态化，就是使马克思主义者和他们的对手在现实的世界发展中，从而也在政治中，把阶级原则和全人类原则结合起来的问题成为世界性的实践。

有的学者则使用国际关系非意识形态化的概念，认为“各国间的和平共处意味着国际关系非意识形态化”。其解释是：现在把各国之间意识形态的分歧纳入世界政治的领域是极其危险的；不论是社会主义还是帝国主义，都必须抛弃“敌人形象”的僵化思想，代之以“竞争者形象”。特别要指出的是，作为当时苏联主要领导人之一的谢瓦尔德纳泽也在许多重大场合宣传国际关系非意识形态化，这当然不是偶然的。1988 年 9 月他在联合国大会上的发言称，苏联尊重各国人民追求民族的自我确认，摆脱经济束缚和政治依附的意志，主张“国际关系非意识形态化”，主张把意识形态分歧的部分排除出对外政策和外交活动。《真理报》所载谢瓦尔德纳泽 1988 年底在日本国际问题研究所的讲话又说，“我们认为，向着成熟的国际关系过渡的前提是国际关系民主化、人道主义化和非意识形态化。”谢瓦尔德纳泽在这里的说法，分明是把非意识形态化同国际关系连在了一起，这恰恰反映了当时苏联领导层的本意。

戈尔巴乔夫却又批评国际关系非意识形态化的提法。1989 年 1 月 6 日，他在同科学和文化界人士的谈话中批评了国际关系非意识形态化的说法。他这样做，是因为这个说法影响甚大。可是这种影响更大程度上又是戈尔巴乔夫的实践造成的。在戈尔巴乔夫当政的岁月里，这种矛盾现象可谓层出不穷。为尊重事实，这里不妨列举一下他当时的基本观点。(1) 确认国家间关系非意识形态化，与确认人类的利益和价值优先、确认自由作出社会政治选择（这种选择排除对别国事务的干涉）等等，共同构成新政治思维的基础。(2) 国家关系非意识形态化成了新阶段的要求。苏联不放弃自己的信念，自己的哲学和传统，也不号召别人放弃自己的这些东西。正当的意识形态之争不应搬到国与国之间的相互关系中，否则简直不可能解决任何一个世界问题。(3) 新政治思维要求国家关系非意识形态化，“决不像某些人解释的那样是国际关系非意识形态化。国际关系非意识形态化就是不承认现实情况，不承认存在着以不同所有制、不同意识形态为基础的社会制度”。两种社会制度之间存在深刻差别，但这不是国家武力对抗和冲突的理由。戈尔巴乔夫还表示，苏联科学界“在研究全人类价值与阶级利益相互关系的辩证法方面落后了”，从而造成对某些问题的不理解乃至“指责我们放弃了社会主义阵地、放弃了阶级态度和民族解放运动的利益”。这里不难看出，他意识到了有人批评他们在人类利益与阶级利益相互关系问题上放弃了社会主义原则；同时也不难看出，他在这里为他们实际做法所作的辩解是苍白无力的。

苏联其他个别领导人也有过配合戈尔巴乔夫上述讲话的表示。例如中央政治局委员、中央宣传部长梅德韦杰夫在 1989 年 4 月纪念列宁诞辰的报告中说，现在从多方面用新的方式提出关于意识形态在国际事务中的作用问题。一方面，应当使国家关系摆脱意识形态争论，因为核时代的和平是十分脆弱的，以致使得各国以宗教战争的方式来解决意识形态的分歧。另一方面，在战争因素相对削弱的条件下，论据的力量变得比力量的论据更有分量的时候，社会生活的意识形态进程便加强了。

有些报刊在这个问题上讲出不少道理。既然是历史事实，这里也不妨引用几点：(1) 根本不能把国家间关系或一些国家间的关系同体系之间的关系相提并论。那些被称之为“体系间”关系的东西，完全是属于意识形态、理论和政治原则领域的东西。意识形态差别是同当代社会和社会集团及基本阶级生存条件、利益和立场密切联系在一起的。任何人都无权取消来源于社会、民族和宗教的各种意识形态引起的彼此永久性争论。问题仅仅在于这一争论是否应该导致不可调和的对抗。(2)国家间关系非意识形态化，显然不是意味着国际关系的非意识形态化。国际关系的概念要比国家间关系的概念更为广泛。国家间关系仅仅是整个国际关系体系的一部分，后者包括社会和政治运动、政党等，它们不可能"超越意识形态"。根本不能禁止人们、阶级、政党、国家去同情和帮助与其亲密和相同的力量，这方面根本谈不上非意识形态化。

可惜这些可取的见解已无法扭转人们思想混乱的局面，更难以成为现行政策的核心。国际关系非意识形态化，实际上成为苏联领导人宣扬的人类利益优先于阶级利益以及所谓国际关系人道主义化的重要内容，是导致人们精神崩溃的一副药剂。

苏联领导认同东欧剧变

1989年下半年，东欧一些国家由于种种错综复杂的原因，先后在不长的时间内发生了剧变。有目共睹的状况是，那里的现政权领导人基本上都否定了社会主义制度。这里姑且不去谈论剧变的内部原因，问题在于苏联领导人及其政策在这种变化中起了什么作用？因为这个问题是同苏联后来自身的变化有着不可分割的联系。

一位苏联副外长说过，"新思维"对于东欧的剧变起了"催化作用"。苏联主要领导人在这个问题上的态度却是多变的，这又说明什么问题呢？不妨回顾一下戈尔巴乔夫1989年当年的言论。

8月1日，这位领导人在评论美国总统布什出访波兰和匈牙利时，称访问是自然的事情，然而要"防止想利用另一种制度的国家改革的复杂进程，使这两个国家离开它们自己所选择的道路的做法，这样做肯定会使整个欧洲造成消极后果"。就是说，这位领导人心里明白西方国家企图改变东欧社会主义国家的制度。他在同一次谈话中还表示"不存在任何通用的社会主义模式，任何人都不拥有对真理的垄断权；每个国家的人民都不能以任何借口从外部进行干涉，把自己关于其他国家政策的观念强加于人"。言下之意，应该说，包括"新思维"，都不应该强加给别的国家和人民。

10 月 6 日至 7 日，这位领导人参加民主德国国庆的活动。他在讲话中表示他“不认为民德目前形势存在危险”，说“危险只威胁那些对尖锐的生活熟视无睹的人”。他一方面表示对发展形式的选择，是各国人民独立自主的事情，但又强调“需要交流经验和讨论，也需要联合行动”。这里的“需要联合行动”，不能不说是试图干预的同义语。

10 月 17 日，这位领导人在会见社会党国际主席、德国社会民主党名誉主席勃兰特时称，西方有某些人士希望把社会主义国家中目前发生的事情看成是社会主义和这种思想本身的崩溃。戈尔巴乔夫的这个说法，至少表面看来还是不否认社会主义及其思想的。

11 月 17 日，这位领导人在会见联邦德国和法国议长时说，“东西方正在理解时代要求的影响下，经历着深刻的变化”，“东方民主化进程应当同维护稳定相结合”。他的评价是，“变化一方面具有极其积极的意义，另一方面却又使大量问题表面化”。这时的“民主化进程”、“极其积极的变化”，开始成为他们的基调。

11 月 21 日，这位领导人在会见访苏的加拿大总理时进一步肯定“东欧的深刻变革”，说根据新思维，认为这些进程“最终会使各国人民更加接近”，“有利于和谐一致”，是朝着“全欧大厦”迈进时“东西方相互适应的时期”。他在这里表明“全欧大厦”的构想是以“东欧的深刻变革”为前提的。

12 月 2 日和 3 日，这位领导人在马耳他同美国总统布什举行非正式会晤时称，“苏联和东欧国家的变化，是由历史进程本身客观决定的”；“对于东欧所发生的进程的方向性，应当表示欢迎”。他认为东欧国家、苏联和西方国家都在变，“政治、经济、社会领域、一体化进程都在发生本质变化”，“总趋势可以说出现了相互迎合”。这里再清楚不过地说明，他们希望的变化是东西方“迎合”！

12 月 4 日，这位领导人在会见捷共中央领导人时说，许多欧洲社会主义国家业已开展的进程“无论看来多么矛盾，可是这些情况是由需要深刻变革这一点派生出来的”。他还把东欧社会主义政权的丧失形容成是“社会主义思想正在发放出新芽”，“在克服困难中表现出它的生命力”。

12 月 6 日，这位领导人在基辅同法国总统举行工作会晤时在记者招待会上说，他认为欧洲进程处在“发展的新阶段”，前景“令人鼓舞”。9日他在苏共中央全会上谈到东欧形势时说，“东欧改革的最明显特征就是民主化和社会主义革命，它是社会主义国家发展到一定阶段合乎规律的结果”。这里他将问题提高到规律性的高度加以赞扬了。

此后，这位苏联领导人还说过一些类似的称赞东欧剧变的话，这里就不去一一引用了。由上述言论可以看出，这位苏联领导人对待东欧剧变的态度经历了这样一个过程：第一，抱有某种疑虑；第二，肯定与存疑各半；第三，总体肯定；第四，倍加赞扬。还可以看出，他们之所以赞扬，是把东欧剧变与其“全欧大厦”构想密切联系在一起。而所谓“全欧大厦”，内涵则是在东欧向西欧融合的基础上实行所谓欧洲一体化。当年苏联领导人为促进东欧的剧变以实行这种一体化，是采取了实际步骤的。原民主德国一些领导人在各种回忆文章和谈话中叙述过前苏联领导人是如何对之施加压力促其“变革”的。这里引用几段原民德统一社会党总书记克伦茨2011年4月23日接受《中国社会科学报》的访谈。他说：“昂纳克在监狱手记就写过，在1987年他已经从白宫得到消息，就是苏联以某些条件为代价放弃东德。”“我们从1987年至少犯了三个错误。第一，在1987年我们应当直接去和苏联来谈这件事情。如果我们当时跟苏联开诚布公地来讨论整个事态，或许还可以说服戈尔巴乔夫不往那条道路发展。第二，我们没有在华约的框架内同华约国家谈这个事情。第三，在1987年的时候，我们应该带着自己的理念、构想去和科尔面对面直接对话，而不是成为大国博弈中的一个傀儡。”他在另一场合还说：“当然，民主德国的消亡有客观原因，也有主观因素。民主德国的许多国民，包括我，对苏联总统戈尔巴乔夫背着我们与联邦德国做交易心怀怨恨。民主德国终于落入联邦德国手中。”

关于苏联领导人在东欧剧变中的特殊作用，西方国家是很明白的。不妨看看他们的评论。美国总统布什说，戈尔巴乔夫“使苏联和东欧在政治上和经济上发生具有历史意义的重大转变”。英国前首相撒切尔夫人说：“要是没有戈尔巴乔夫的勇气和远见，东欧的民主是不会蓬勃发展的，戈尔巴乔夫为欧洲的变革创造了条件，这种变革是我们过去不敢奢望的。”德国总理科尔说：“我们应感谢戈尔巴乔夫，他的改革政策和苏联外交政策中的新思维，是使德国和欧洲的深刻变化成为可能的条件之一。”匈牙利总理安托尔·安瑟夫访美期间对美国前总统里根说：“是你的军事和经济政策最终使苏联处于让东欧、中欧获得解放的境地”。里根则说：“在东欧、中欧解放方面，戈尔巴乔夫至少起了同样大的作用。”1989 年 11 月 25 日《日本经济新闻》的一篇报道称：“从背景来说，苏联促进东欧改革的意图发挥了很大作用也是不可忽视的。苏联和东欧受到苏共总书记戈尔巴乔夫的改革风暴的影响，可以说，波兰、匈牙利实行民主，取得了苏联的同意则不必说，就连东德、保加利亚和捷克斯洛伐克旧政府相继倒台，背后也有苏联的意图。”对于这些话，看来用不着再作过多解释了。

第五章 走邪道大局失控

苏共第十九次代表会议至苏共二十八大的两年，是苏联改革一步步离开社会主义自我完善轨道、国内政治经济形势日益恶化而不能自拔的危险时期。改革的不可逆转性变成了方向错误的不可逆转性。苏联共产党变得软弱无力，人们思想十分混乱，经济状态每况愈下，民族分立主义难以遏制，煤矿工人罢工不断，形形色色的政治组织蜂起，这一切交织成一片灰网，笼罩着原苏维埃大地。这是进入误区之后令人痛心的失控局面。

再显模棱两可改革论说

苏联第十九次代表会议之后，苏联改革处于胶着状态，难以前进，人们思想活跃却又混乱。苏联领导人解决问题的办法之一是不断说教，理论脱离实际和出尔反尔的现象十分突出，许多观点模棱两可。从苏共第十九次代表会议之后的一年多时间内，仅戈尔巴乔夫本人的报告、讲话、会谈和电函，据不完全统计就有 180 篇左右。内容集中到一点，就是竭力推进国内的改革和贯彻执行以“新政治思维”为基础的对外政策。这里将其带有理论性的内容归纳为四个方面。

（1）认为苏联正处在“过渡时期”或称“历史转折阶段”。

戈尔巴乔夫认为，苏共中央四月全会（1985 年）以来，苏联进入以改革为标志的“过渡时期”。如果用最简明扼要的方式说明这个时期的内容和政治面貌，那么所谓过渡就是：从认识 20 世纪 80 年代中期前形成的形势、周密思考政策并提出一整套改革构想的阶段，过渡到各种思想日益具有政治原则和法规性质，而采取行动重新安排生活的事被提到首位上来的阶段。他说，这是一个历史性的转折，是着手一项复杂而宏伟的革命性工作。改革作为一场和平革命，新的革命，革命中的革命，它是相当长时期的事业，是社会主义发展中的一个历史性过渡时期。具体论点是：

①苏联这种转折时期，是作为国际社会组成部分的命运的转折时期，是方兴未艾的世界秩序民主化的一部分（这里所说的世界秩序民主化的含义，其实就是后来表现出来的与资本主义打成一片）。苏联需要加以思考和解决的问题，是由于国内社会向更高水平发展的需要以及社会主义世界目前进入的现代化和革新总进程的要求而产生的。整个世界和社会主义世界都处在转折阶段。也可以说，苏联正在经历一个困难而有意义的时代。最重要的是作出正确决定，不要在道路的选择上犯错误。

②苏联现在已有了改革总方针，确定了改革立场。但是，现在和将来都没有适合所有人和每一种情况的现成公式和做法；只有在沿着改革的道路前进的同时，才能使新的做法固定下来，对既定的方针进行修改、充实和发展。任何人对现实生活提出的问题都没有现成的答案。人们当然非常希望改革会尽快改变一切，然而距离宣告停滞现象已告结束还很遥远。转折仅仅是开了个头，正在为国家走上健康发展的道路创造必要的政治前提和经济前提。

③改革每前进一步都产生大量的各种事实和现象，从中可能得出各种结论，包括最悲观的结论。目前形势的复杂性和尖锐性同过渡时期这些现象的不可避免性及工作中的失误都有关系。如果按照大政方针标准来判断，那么这个进程正朝着唯一可能的方向发展。改革已成为全民运动，任何人也不能使它停下来。国家任何时候也不会再像过去的老样子，回到有人朝思暮想的“美好时代”。人们尽管看法不同，见解各异，但绝大多数苏联人都认为，不改革，不在社会主义价值观念基础上改善和革新生活，就不可能设想国家的未来。

④苏联目前出现某种悲剧局势和某些失误，是处在特殊时期。局势得到控制但还没有完全控制住。作为社会先锋力量的苏共，能够确保向崭新的社会主义民主模式过渡。社会为此会付出代价，但不会发生危险的破坏性剧变。相信改革会成功。

以上这些说法，结果成了乌托邦。

（2）阐述苏联的改革构想和应建立的模式。

戈尔巴乔夫认为，对于苏联改革来说，极其重要的恰恰是从构想开始。苏联不仅提出了通过改革要达到崭新状态的目的，而且已经勾划了这种社会的轮廓，也就是制定并将继续制定社会主义新面貌的构想。无论如何也不能离开既定的道路。戈尔巴乔夫还强调说，社会主义不是在真空中发展，而是在现实中、在具体历史条件下发展的。不能说苏联没有改革的战略和策略，但也不能说已拥有全面细致的改革理论和政策，更不可断言已掌握为之前进的那种社会的全貌。何况进行深刻的变革很不简单，它受到自己的过去习惯和其他时期形成的概念的有力束缚。

关于苏联社会通过改革应该达到的模式，戈尔巴乔夫提出以下论断：

①主要仍然是改革生产关系。不进行社会主义所有制关系的根本改革，就不能前进，不可能达到既定目标。苏联经济是建立在生产资料公有制基础之上的，拥有实现计划经济的丰富经验，取得了可观的社会效果，但是，这种经济模式及其效率水平不符合社会主义经营体制的内在潜力以及现阶段发展的要求。问题不在于社会主义本身，而在于不善于通过经济核算制、租赁、合作社，通过改变经济关系，使人成为生产的积极主人，克服在行政命令体制占统治地位时期产生的人脱离生产资料的现象。苏联至今还没有彻底打破消耗经济机制，在掌握有效的经济管理方法，首先是实行租赁、经济核算和自筹资金方面仍然动作迟缓。人在生产中新的地位，同所有制关系的新性质，对许多人来说尚不习惯。现在需要到其他一些社会主义国家去，到瑞典、挪威去，看一看那里的合作制是如何运转的，是如何管理这一进程的。社会科学界面临的新任务就是必须探讨所有制、合作化、租赁、商品货币关系、各种利益集团。实质上，苏联的经济预测和社会预测还是一个“空白点”。

②有节制地发展社会主义市场。戈尔巴乔夫表示坚决主张搞市场，但是不能同意有些同志所认为的一切都应当由市场来调节。把市场的作用理解为能自动地解决一切问题，这甚至连现代资本主义的经营管理体制也是不能接受的。这样行事就意味着明天在社会上会造成更大的紧张，产生抑制不了的通货膨胀。戈尔巴乔夫的结论是：应当发展社会主义市场，保持计划调节和经济起作用的方法，同时最大限度地刺激基层生产单位的经济

自主权。

③要及时调整结构政策。苏联领导认真研究了这个问题，1988 年在很大程度上弄清了中央在解决科学技术政策、结构政策和财政政策中的作用。现在经济出现严重困难，首先需要解决市场的商品生产，而这就要求经济结构发生深刻变化。但是马上就改变经济方针是困难的。经济中的惯性很强大，主要之点就是要经济机制在正确方向上迅速运转起来。

（3）谈论政体改的重要性及其与经体改的关系。

戈尔巴乔夫称，政治体制改革不是简单的权力再分配，不是调换职位和换换招牌，主要目的是为了保证有一个强有力的人民政权。过去的经验和近几年的经验都证明，革命改造工作能否成功，取决于人民在多大程度上投入这个过程。不彻底改变政治体制，就不能解决这项任务。戈尔巴乔夫有以下具体论述：

①政治体制改革是一项极其复杂的任务。导致苏联政治体制僵化的原因是：劳动人民逐渐地不再实际参与国家和社会生活的管理，正式宣布过的各项民主原则越来越与政治过程的实际相脱节，具有代表性的机构被迫变成了越来越官僚化和脱离群众的机关。不拆除行政命令体制就不能顺利地进行改革。苏联改革是要重新获得社会主义不加歪曲的价值观念：民主、人民政权、社会公正、人权。

②苏联的发展越来越遇到政治体制不完善这个障碍，每一步都会感到这个困难。如果不用政治改革来加强在经济中、社会改造中和精神领域健康化方面已开始的进程，就将无法建立与之相适应的管理体制，无法根本革新苏维埃和干部工作，那么，一切改革进程将不可避免地成为空转。

③如果不同时坚决地实现政治体制改革的任务，经济和社会领域就不会发生任何变化。不能说在政治改革缺少物质基础，在满足人们对食品、商品、劳务、住房的迫切需要方面尚未发生转折的情况下，进行政治改革就为时过早了。第十九次党代表会议是苏联改革中的划时代事件，将改革历史分为两个阶段：第十九次党代表会议以前阶段和以后阶段。不应说苏联首先进行政治改革，然后再进行经济改革；如果从时间顺序先后准确来说，在苏联进行的第一件事毕竟还是经济问题。

④党作为改革思想的发起者和实际体现者，其作用是不能取代的。党

在政治体制改革中应当从自身开始。而人是问题的中心，人既是改革的主要目标，同时又是进行革命改造的主体。

戈尔巴乔夫还谈到反对私有化和多党制的问题，可是说不多久就变了。这个问题将在另章专门讨论。仅从戈尔巴乔夫上述带理论性的观点可以看出，有些在理的内容并没有真正去落实，许多错误的思想则导致严重恶果。人们曾经相信过他的话，但许多话无法兑现，结果当然不能不令人失望和感到厌倦。

评价历史人物恣意妄为

对历史人物作必要的重新评价，是从改革任务提上日程的第一天起就回避不了的。随着改革的深入，对一定范围的历史问题及一些历史人物的评价会变得更为广泛，这也是自然的。问题是必须坚持历史唯物主义的态度，而不能因实用主义而陷入盲动性。戈尔巴乔夫在对待历史问题和历史人物方面做得如何呢?

比较早的时候,苏共二十七大的政治报告和代表大会通过的党纲修订本，对苏共历史的各个时期作了总的估计，总结了基本教训，联系到了当时的主要领导人的功过。当时的做法还比较慎重，加之代表大会是侧重从宏观方面对今后的加速战略做出规划，因此在涉及历史人物时并未点名。例如，二十七大谈到的“个人迷信及放弃党和国家领导的列宁主义准则”，这指的是斯大林；“主观主义和唯意志论的错误”，这指的是赫鲁晓夫；“没有及时地对经济形势的变化作出政治估价，没有认识到经济转向集约化发展方向、转向在国民经济中积极采用科学技术进步成果的全部尖锐性和紧迫性”，“呼吁和议论已经不少了，但是事情实际上还是停止不前”，这指的是勃列日涅夫。二十七大当时的条件还不可能涉及苏联建国以来的历次重大事件和有关重要人物。

然而，随着改革的推进，特别是当其一筹莫展、总想将困难更多地归于历史的时候，他们对苏联各个历史时期的重大事件和重要人物的评价便越来越广泛。几年之间，涉及到的重要历史人物已不限于进一步评论斯大林、赫鲁晓夫和勃列日涅夫的功过，还涉及到布哈林、托洛茨基、李可夫这样一些历史上有争议的著名人物和其他许多政治家和理论家。同时，苏共中央成立了平反委员会，仅1988年的几个月内该委员会就发表了4次公报，为“反社会主义的右倾托洛茨基集团”等一批组织平反，为布哈林等636人恢复名誉，其中68人还恢复了党籍。

关于为什么这样做，戈尔巴乔夫曾经有一段话作解释。他说：“我们想认真地研究和思考我们的成绩和积累的问题，吸取教训，以便能够在苏联社会的改革和革新的条件下开展工作。正是由于这个原因，我们才如此注重我们苏联的历史，正因为这样，历史问题才令我们激动不已。”

最初，苏联在评价人物方面的做法，也还提出了一定的原则。用他们的说法，第一，评价历史事件和人物，要有利于解放思想和推动今天的改革，有利于安定人心。戈尔巴乔夫就说，以批判的眼光看待自己的历史，那仅仅是因为想更好、更全面地看清自己走向未来的道路。要建立党和苏联社会的真实而客观的历史，不能简单地归结为只是重提这样或那样一些人的名字，给一些不应忘记的人以应有的评价，虽然这是这项重大工作中的重要的、不可分割的，而且应该说是具有人道意义的一个部分。第二，评价历史事件和历史人物要十分慎重，需要经过周密的研究，避免主观片面性。戈尔巴乔夫认为，这就必须有顽强的、紧张的、批判的思维活动，需要时间、才能和责任感；急躁和草率只能导致肤浅的结论，而不能反映出发生的过程的全部复杂性，不允许见风使舵和投机。第三，接受苏共二十大的教训，要有彻底性，并注意把社会主义的实质性现象与社会主义的变形区别开来，把客观原因造成的问题与主观因素造成的问题区别开来。戈尔巴乔夫称，当前主要任务是要为冷静而客观的工作创造条件。

这些话确实有娓娓动听之处。然而，在苏联领导人所提倡的民主化和公开性导致自由化和无政府主义的气氛下，对历史事件和历史人物的评价越来越陷入盲目性，非但没有统一全国人民的思想，反而引起了极大的思想混乱和对社会主义历史的全盘否定。

从十月革命70周年纪念活动以来，苏联领导在重新评价历史事件和历史人物方面十分起劲，理论界和历史学界的讨论更是不着边际，莫衷一是。影响最大的还是苏联领导人的态度。现以戈尔巴乔夫本人的言论为例。

（1）关于斯大林，开始时还有不少肯定，同时批判相当严厉，调子与赫鲁晓夫、勃列日涅夫时期相比总的变化不算很大。对于以斯大林为首的党的核心在思想斗争中捍卫了列宁主义，制定了社会主义建设开始阶段的战略和策略并取得的成就，对于斯大林在卫国战争中的作用，都给予肯定；但对于那个时期在滥用权力基础上的破坏法制、专横和大规模镇压造成的“真正罪行”，则给予了严厉的批判。分析这一切以及个人迷信现象的原因在于缺乏苏维埃社会民主化的应有水平，认为斯大林的个性是极其矛盾的。戈尔巴乔夫1989年11月26日发表的文章《社会主义思想与革命性改革》把斯大林的错误上升到斯大林主义加以批判，诸如“斯大林主义反民主意识”、“斯大林主义的歪曲”等等，总之，将“斯大林主义”作为反马列主义、反社会主义的概念加以扩散。

（2）关于赫鲁晓夫，赞扬很高，而批评限于原定的框框，这同过去有了很大的不同。称赞二十大之后“变革之风吹到国家上空”，人民振奋而活跃，变得大胆而有信心；以赫鲁晓夫为首的领导“以很大的勇气”批评个人迷信及其后果，恢复社会主义法制；那时开始摧毁以前对内外政策中的刻板公式，开始试图摧毁20世纪30—40年代所确立的发号施令和官僚主义的管理方法，赋予社会主义以更大的活力，强调人道主义理想和价值观，在理论和实践中恢复列宁主义的创造精神。还肯定当时着重注意了农业的发展、消费领域和与满足人的需要有关的一切。因此，认为那个时期无论在苏联社会中，还是在国际关系方面，“都发生了良好的变化”。对赫鲁晓夫的批评，仍然是说他犯了不少主观主义的错误，一些自以为是的、没有根据的许诺和预测造成了言行不一致的状况，从而在很大程度上损害了一些先进创举的名声。分析原因是常常用唯意志论的方法，利用老一套的政治和经济办法来加以解决。改革未能成功的主要原因是没有依靠广泛发展民主化进程。从戈尔巴乔夫为赫鲁晓夫的赞扬和指出的“教训”，再对照其行动，不难看出他们之间的继承关系是很深的。

（3）关于勃列日涅夫，有所肯定，但批评加重，并采取相应行动撤消给予勃列日涅夫的荣誉。肯定的方面是，认为勃列日涅夫领导初期深入研究并着手实行了经济改革，开始几年使国内局面有了好转。主要表现在经济和科学潜力发展了，人们的生活水平有了提高，防御能力加强了，取得了同美国的军事战略均势。但是没有进行为利用这些潜力并使之发挥作用所需要的新的彻底变革。已经解决了的许多东西都停留在纸上，挂在空中，致使苏联发展速度大大延缓了，那些年代通常被称作停滞时期。而勃列日涅夫本人，在他生活和工作的最后几年热衷于不反映新现实的习惯了的刻板公式，言行脱节的现象增加，造成危机前局面的经济中的消极过程发展了，在社会和精神道德领域出现的异常现象歪曲和损害了社会主义公正原则，引起了社会中的离心离德现象和各种不道德行为，等等。在十月革命 70 周年纪念活动之后，一些地方和单位取消以勃列日涅夫的命名。

（4）关于布哈林，戈尔巴乔夫在十月革命 70 周年大会上对他作了重新的评价，这在苏联国内外引起很大关注。戈尔巴乔夫引用列宁的话，称布哈林不仅是党内重要的大理论家，他还被合法地认为是受全党爱戴的人。还赞扬布哈林在思想上粉碎托洛茨基的斗争中起了重要作用，肯定他对 20 世纪 30 年代社会主义建设的时间因素估计不足这一点承认错误。同时，仍然批评他的理论观点不完全是马克思主义的，有许多烦琐哲学。这些批评本身表明，布哈林的错误属于内部问题，更不是人民的敌人。1988 年 2 月 4 日，苏联最高法院全体会议通过决定，撤消了 1938 年军事法庭对布哈林等人的判决。后来苏联领导对布哈林作出了更多的肯定评价，并将布哈林的许多经济思想用于他们的改革。

从以上例子可以看出，苏联领导在对重要历史人物评价问题上，是有自己鲜明的倾向性的。他们也曾经试图“拨乱反正”，表现过一定的勇气和现实感。然而，当他们把历史事件和历史人物的重新评价变成否定苏联社会主义历史和社会主义制度本身的时候，他们则陷入了错误的深渊，带来了难以估量的恶果。

陷入混乱的政治新局面

苏共第十九次代表会议之后，苏联领导人的主要精力投入政治改革，党的地位和作用急剧下降。与此同时，苏联国内各种政治经济矛盾趋于激化，形势严峻。

（1）苏联领导评价改革的调门急转直下。

苏联首届人民代表大会是1989年6月9日闭幕的，大会《关于苏联对内和对外政策基本方针的决定》直到6月25日才在《真理报》发表。决定中以少见的低调评价改革，除一般提到改革的初步进展外，突出强调改革“进程艰难”，国内状况“复杂紧张”，经济和社会领域改革“未能取得预期成果”，政治改革和民主化道路上“也出现严重问题”，论断是“国家尚未摆脱危机”，“正处在关系到改革命运和国家未来的极其紧要的历史关头”。这个反映人民代表呼声的文件，与一年前苏共第十九次代表会议所作的结论“成功地阻止了国家滑向经济、社会和精神领域的危机”，迥然不同。

接着，戈尔巴乔夫7月12日在列宁格勒发表低调讲话，称党和国家正经历一个“历史上最复杂时期”，改革引起“困难、矛盾的现象和利益冲突”，产生了“紧张气氛和混乱”；认为党对于这种社会危机不能回避责任。7月25日，苏联最高苏维埃发表紧急告苏联人民书，宣称“改革经历着尖锐、困难的时期”，正处在“历史的艰难的转折时刻”，罢工运动和族际冲突“只会加剧经济中的危机”。8月1日，苏联最高苏维埃关于举行各级人民代表苏维埃非常会议的决议中，重申人们“对国内目前形势感到不安”，要求采取措施“坚决克服一切使人们对改革失去信心的因素”。

以上言论的中心是，承认当时苏联面临“社会危机”和“经济危机”。照这种说法，搞了四年多改革，形势比勃列日涅夫晚期曾被称之为的“危机前状态”，有过之而无不及。

还可以参考一下叶利钦和萨哈罗夫院士的言论。叶利钦称，现在国家、党、政策、经济、社会问题、民族关系等处于“危机状态”、“陷入困境”。萨哈罗夫则提出经济“处于灾难的前夕”，民族矛盾“悲剧性地激化”，形势“很危险”，“制度内部的气氛已达到极限”，甚至“有可能发生军事政变”、“发生党内右派政变”。国防部长亚佐夫则宣称“军事政变不是不可能的”。

可见，苏联领导当局对形势的基本估计，已同叶利钦、萨哈罗夫这些人的说法相距不远，尽管出发点仍有区别，但都认为是危机、紧张和混乱。

（2）形势严峻的表现突出。

苏联领导当局对形势的估计如此严峻，是基于食品消费品严重短缺、民族骚乱频发和煤矿工人罢工等重大因素。

①市场供应紧张、食品严重短缺。苏联这期间的食品短缺，可以说是战后所仅见，舆论认为比“停滞时期”还差。除莫斯科、列宁之外，几十个大城市的肉、肉制品、奶制品、食糖等都凭票供应。食品、消费品其实在增产，但因人们手头钱多、货物一出台就很快被抢购。日常货架空空，很不像样，连肥皂、洗衣粉、手纸这些一般日用品都难买到。商品和服务方面短缺 700 亿卢布。财政赤字高达 1000 亿卢布。通胀率在上升，据估计高于 5%，接近 10%。人民群众怨声一片，改革热情大减。几次民意测验表明，人们最不满意的就是食品和日用消费品匮乏，因此农业、商业部门和价格委员会得到的信任票最少。戈尔巴乔夫认为，社会政治紧张状况在很大程度上与市场的困难，首先是食品问题以及对人们的生活条件产生消极影响而积累下来的问题有关。

②各级干部和人民群众，特别是上层，在如何改革问题上分歧和争论愈显严重。公开批评改革的文章又在《真理报》上出现。多党制的议论成为热门话题之一。特别是，由叶利钦、萨哈罗夫等 5 人牵头，在苏联人民代表大会内部设立自称“左派激进分子”的“跨地区代表小组”，据说约 400 人组成，提出废除宪法第六条即关于“党的领导权”的规定。戈尔巴乔夫指责这种“跨地区代表小组”意味着试图对社会发展问题上观点和态度上的自然差别“赋予某种组织形式的一种尝试”，但显得无可奈何。这是在议会内逐渐酿成反对派的一个信号。

③出现形形色色非正式社会团体，煤矿工人罢工，民族矛盾激化。有关这些情况下面专题评介。

（3）领导者拿不出好的对策。

这段时间以戈尔巴乔失为代表的苏联领导对形势的认识似乎还比较清醒，他们采取的经济对策不能说不明确，但是难以奏效。为解决市场特别是食品供应这个“最尖锐”的“痛点”，准备大幅度增加消费生产的投入并提高产品质量，推行以租赁制为“决定性因素”的农业政策，削减军备（减少军事预算 14.2%，削减武器和军事技术装备 19.5%），加速军工转产的过程（这时已有345家军工企业转产），大办合资企业（至1989年7月1日已在苏联境内建立680家），并适当增加从国外进口消费品，等等。有些应急措施收到初步效果（付出20亿卢布代价，使煤矿工人陆续复工）。由于居民手中钱多，工资增长超过劳动生产率提高，加之货币发行量过大，存在巨额财政赤字以及投机倒把、抢购等歪风盛行，所以市场供应的缓解总不见效。

还应该指出，苏联政体改进展快得异常，而经体改相形见绌，倾斜度很大，这孕育着一种危险。戈尔巴乔夫的威信下降，在他经选举担任最高苏维埃主席之后，看不出有多大新的作为。这时苏联国内外已有议论，虽然戈尔巴乔夫脚跟尚稳，但是如果近几年内改革形势仍不见好转，甚至恶化到难以收拾的地步，那也不能完全排除在迫不得已的情况下，出现他被人替代的局面。

名目繁多的非正式社团

戈尔巴乔夫推行民主化、公开性的直接结果之一，便是非正式社会团体（这是俄文专有名词）大量涌现。据苏联有关方面负责人称，1989年初已有4万多个，1989年2月《真理报》称6万多个，1990年8月10日克格勃主席称9万个。它们人数不详，形式各异，涉及社会生活各个领域。其中一些人是想为改革积极献计献策的；还有一些人，特别是青年人，兴趣广泛，但虚无主义情绪严重，思想混乱；也有少数人打着支持和拥护改革的旗号，成立某种组织，从事反社会主义的活动。大致可分为以下几类。

（1）要求参与国家事务和社会改造的团体。这一类数量较多，影响较大，它们就国家政治、经济、法律等问题提出批评和建议。例如有一个称作“俱乐部联合会”的组织，要求独立的组织和运动应享有合法地位，有权向各级苏维埃推荐代表，有权对从事非法活动的官员提出控告，享有言论、新闻和示威等宪法权利和自由，并主张减少行政官僚机构，自由发展一切形式的社会主义所有制，企业实行自负盈亏，等等。又如由苏联有影响的学者组成的“莫斯科论坛”，对苏联宪法修改草案提出批评，希望自己能成为改革的“智囊团”。

（2）具有民族主义色彩的团体。波罗的海沿岸的爱沙尼亚、拉脱维亚和立陶宛成立了规模庞大的“人民阵线”、“争取改革运动”等组织。它们被称作是支持改革和公开性政策的“积极力量”合法存在，其成员包括苏共党员和非党人士，有神论者和无神论者。在它们公布的纲领中，不少要求带有明显的民族主义倾向。如爱沙尼亚“人民阵线”要求共和国实行经济独立，将爱沙尼亚语作为国语；将国防、外交以外的一切权利划归共和国所有。拉脱维亚“人民阵线”的成员80%是拉脱维亚人，排斥其他民族，引起其他民族的不安。在这些团体的推动下，该地区的民族主义情绪不断膨胀，以至于这些团体最终成为民族分立主义组织和政党。

（3）政治上的“反对派”组织。例如于1988年5月成立的“民主联盟”，攻击共产党是独裁统治，是人民痛苦的根源，声称自己是“反对现秩序的反对派政党”，要求发展混合经济，实行多党制，成立独立工会，使反对派报纸合法化。又如称作“公社”的组织，要求苏联实行无党制，称苏联应完全“非意识形态化”，呼吁苏共尽早结束对政权的“垄断”。据外电报道，1988年12月在莫斯科成立的“基督教民主党”，1989年2月在列宁格勒成立的“社会民主党”，都受到西方尤其是美国的支持。这些组织后来成了苏联现政权的“掘墓人”。

（4）恐怖和破坏团体。据苏联官方报导，一些地方出现了为数极少的新的纳粹组织，如“元首”、“祖国”协会、“俄罗斯社会工人党”等等。它们拥有武器，进行军事训练，大搞凶杀活动，个别的还与意大利的黑手党有勾结。同时，它们控制着在苏联境内的盗窃、毒品、伏特加酒和卖淫等活动，活跃在苏联“地下经济”部门。这些组织实际构成了黑社会的基础。

此外，还有非政治性的一般社会团体。它们就某一社会问题提出看法，如称作“森林”的组织要人们不乱砍伐树木；“纪念”协会要求人们爱护文物古迹；“三角”协会呼吁人们保护环境与生态。还有业余爱好（如音乐、养鸟）相同的人自发组织起来活动，其中一些成员多为对现实感到不满或精神空虚、无所寄托的颓废青年。他们拒绝参加社会活动，主张“自由人的自由发展”。

从后几种非正式社会团体的作用和发展趋势可以看出，苏联社会在被一种黑势力吞噬、腐蚀。苏联领导当局对这种现象虽然也还重视，并采取不同的对策，但是引导无方，打击不力。有时候无原则迁就、纵容，甚至笼统认为，非正式社会团体的兴起不仅是社会深刻变革和社会主义民主文明及群众积极性的表现，而且也是新型的政治活动，符合社会主义多元化的思想，有利于制定适宜的内外政策。对于明显有破坏性的组织，曾经惩治过，例如揭露其极端言行、对它们及其活动予以制止或取缔，直至拘捕个别分子，追究其法律责任。但也只是造一造声势，虎头蛇尾。对于具有民族主义倾向的团体曾试图引导，也作过批评，但总显得束手无策。有时调子似乎很高，例如《真理报》、《新时代》等报刊都曾撰文指出，在“人民阵线”的纲领中有“背离社会主义原则的倾向”，产生了使这些共和国按民族特征分裂的危险。《真理报》说，在改革的沃土上也有莠草，它们“尤其寄生在民族问题上”，“民主不是无政府状态”。戈尔巴乔夫在几次讲话中也曾声称，不能容忍危险的民族主义的政治过激言论，绝不允许民族主义分子在涉及“苏维埃联盟的大问题上”挑拨民族问题。这些都遏制不住反社会主义民族分立主义势力借助的许多非正式社会团体的恶性发展。

史无前例的罢工大浪潮

1989 年苏联经济政治形势恶化产生的一个严重后果，是 7 月中旬爆发大规模矿工罢工事件。苏联历史上有过罢工现象，但是从未见过如此大的规模并引起社会震动，造成数亿卢布的直接经济损失。

这次罢工是 7 月 10 日从西伯利亚库兹巴斯一个煤矿开始，然后立即波及整个矿区，使该区成为“风狂雨骤的盆地”。短短几天内，罢工迅速扩展到苏联其他各产煤基地，乌克兰煤都顿巴斯、第聂伯罗彼得罗夫斯克一家公司的矿井大批矿工罢工，加之塔林等地出现企业工人罢工，引起全苏震动。罢工人数从最初 300 人发展到 50 万人以上，仅乌克兰顿巴斯煤矿就达 30 万。罢工使全国煤炭生产几乎瘫痪，危及整个国民经济。特别是市场供求矛盾进一步加剧。1988 年与 1985 年相比，轻工产品的实际供给量为零增长，多种日用品脱销。食品供应状况尤其尖锐，近三年谷物产量累计比计划下限短少 1.3 亿吨，肉类短少 700 多万吨，不少地区已对部分食品实行凭证供应。据官方材料，罢工期间 1 卢布货币只有 0.18 卢布的商品保证，而 1960 年有 1.42 卢布。物价不断上涨，通胀率已近两位数。工人的劳动条件改善缓慢，近 9 年中死于事故的煤矿工人达 1 万人。上述状况引起社会普遍不满和失望情绪，而中央和地方当局又未采取果断有效措施，致使群众关心的迫切问题久拖不决。这次大罢工，各罢工矿区提出的要求少则 20 多项，多则 50 项，除少数政治性的（如尽早通过新宪法、取消干部特权等）而外，大多是经济性的，如要求改善生活和劳动条件，要求切实扩大企业自主权，实行地区经济核算制。

面对罢工的严峻现实，苏联领导当局只能采取正视、克制和忍让的态度。戈尔巴乔夫称，“罢工事件表明工人对任何进行改革很有意见”，但“采取罢工的行动将会毁掉改革事业”。当局表示不赞成罢工的做法，也宣布不采取武力解决办法；承认罢工者提出的基本要求是合理的，并尽量予以满足。

罢工事件更引起人们对改革路线和政策的思考，引起党内外对现行改革措施和国内现状的批评。在罢工期间召开的苏共中央会议上，不少中央和地方党的领导人对近几年的工作提出了尖锐的批评。许多批评是切中要害的，可惜并没有引起主要领导人的重视。批评言论中就有这样的观点：对历史的“再评价”导致对苏联成就、党的作用和社会主义制度本身的否定；中央的政策缺乏连续性，抛弃了苏共的优良传统和历史经验；党在意识形态领域有“重大失误”，没有划清意见多元化与宣传敌对思想的界限，结果导致整个社会的“非意识形态化”。宣传舆论工具已脱离党的监督，形成“某些势力的专政”，现行干部政策实际上破坏了党的领导作用。政治体制改革方面急于求成，党组织过早地放弃解决社会和经济问题；苏共对人大代表选举和人大的召开准备不足，在人大会上听任有人恶意攻击党；苏共对新组成的最高苏维埃及其委员会失去了影响力，“没有共产党人的苏维埃”的口号已接近成为现实；中央对解决经济问题的长期性估计不足，许诺过多，经济改革过程中的种种问题是经济形势恶化的重要原因；党和政府对某些非正式团体没有作出应有的评价和回击，造成社会的不稳定，有些地方甚至出现“两权并存局面”；等等。提出这些看法的人们认为，正是这些问题使消极过程加深，社会矛盾尖锐，大量集会、游行、罢工、民族冲突成为生活现实，国家已失去对某些地区局势的控制，因而苏共则处在“前所未有的严峻状况”，“党在危险中”已变成一种现实的威胁。可以说，类似的批评一直可以在不同场合听到，在此后的几年内仍然通过各种呼声震撼着人们的心灵。

民族矛盾开始频频爆发

戈尔巴乔夫担任总书记后的最初一年多时间内，苏联的民族关系尚属平静。但从 1986 年底哈萨克的阿拉木图骚乱事件以来，民族矛盾和冲突日益频繁和激化。进入 1989 年之后，用戈尔巴乔夫的说法，“摩擦”、“冲突”、“悲剧”、“灾难”不断，“没有一天安宁”，以至于“改革的命运、国家的命运和完整，在很大程度上都取决于这个问题的解决”。

民族矛盾发展的势头确实令人震惊。由于苏联领导人对民族关系过于乐观，因此当民族矛盾爆发后，他们对以下情况“感到很突然”。

（1）涉及面广。据各方面消息，至 1989 年 8 月为止，除白俄罗斯和吉尔吉斯外，其余加盟共和国都程度不同地发生民族纠纷和冲突。突出的事件有：阿塞拜疆和亚美尼亚围绕纳戈尔诺—卡拉巴赫归属问题的纷争；阿布哈兹自治共和国要求脱离格鲁吉亚引起的骚乱；乌兹别克费尔干纳州的流血冲突；摩尔达维亚要求以摩语为国语的罢工和重新评价其并入苏联历史引起的游行示威；特别是波罗的海沿岸的拉脱维亚、爱沙尼亚和立陶宛三个共和国，以反对 1939 年苏德条约使它们并入苏联为由，要求脱离苏联而独立的大规模的有组织的示威不断。

（2）持续时间长。纳戈尔诺—卡拉巴赫自治州的归属问题从 1988 年 2 月挑起，一直未解决，“挂起来”暂由苏最高苏维埃主席团直接管辖。波罗的海沿岸三国从 1987 年 8 月游行反对 1939 年 8 月的苏德条约至 1989 年 8 月的三个共和国百万人举行“波罗的海之路”抗议活动，两年来时起时伏，愈演愈烈。

（3）发生横向联系和连锁反应。波罗的海沿岸三个共和国不仅思想上呼应，行动上配合，而且通过“人民阵线”（估计1/4至1/3成员为共产党员）建立了组织上的联系。这三个共和国先后通过以民族语言作为共和国国语的法律，已经或者准备恢复旧国旗和旧国歌的作法，这使摩尔达维亚也在一些方面进行效法。

（4）独立倾向越来越强。如果说阿拉木图事件同本民族的党的第一书记被换成俄罗斯人有一定联系，纳戈尔诺—卡拉巴赫自治州是由归属问题引起，这些都还是民族争议为主导因素的话，那么，现在波罗的海沿岸三国及其影响下的格鲁吉亚、摩尔达维亚，性质已经升级，变成争取政治经济独立、要求脱离苏联的重大政治问题了。

苏联民族矛盾爆发如此强烈，除去前面曾经谈到的历史原因外，也有现实原因，两者是联系着的。这时的现实原因，至少有几点是清楚的：

（1）民主化和公开性不适度，诱发历史问题重又出现。这是导致民族矛盾频发的一个直接的重要原因。苏联官方已看到这一现实，说民主化和公开性的局面为民族主义分子和极端主义集团所利用，逐渐把一些不健康的因素弄到了事件的发展中来。戈尔巴乔夫还承认，在改革之初远未充分估计到革新民族政策的必要性，而且还拖延了一系列紧迫问题的解决。

（2）改革受挫，促使民族问题加剧。例如摩尔达维亚对经济现状不满引起的罢工同民族关系问题纠合在一起。戈尔巴乔夫认为，对积累的经济问题和社会问题自然而然的不满情绪已经被看做是对民族利益的障碍。利加乔夫则称，他“不完全同意”许多人认为的民族问题首先是同没有克服严重经济困难和社会矛盾有关，而强调应当集中研究的还是语言和文化问题，“各地都把俄文放在首位，并不是自中央决定造成的”。

（3）美国和西方其他国家推波助澜。美国从来不承认波罗的海三国是苏联的一部分，而且不断挑唆那里的民族主义分子。苏联一些地下独立刊物依靠西方势力一直在进行反共反苏宣传。

为解决民族问题，苏共领导从统一认识开始，也采取了一些办法。

他们开始清理对民族关系的错误认识，包括否定苏联民族问题已“一劳永逸地解决”的旧观念，认为列宁制订的民族政策是正确的，20世纪30年代列宁民族政策“遭到极其粗暴的歪曲和走样”，在停滞时期忽视了或隐藏了民族关系的消极进程，使民族关系日益激化。强调民族政策正确与否，关系到改革的命运和国家的前途，稍有差错就会成为削弱国家、社会不稳定及其不可预知的严重后果的原因。

他们成立了解决民族问题的专门机构，制订了有关纲领文件。苏联第一届人民代表大会根据波罗的海沿岸共和国代表的倡议，建立了有关研究苏德条约的委员会。这之前，在一些加盟共和国和全苏工会与科学院下面也建立了有关民族问题的部门或研究中心。总之，试图建立一种“确保以合理、公正的态度对待族际关系问题的政治机制”。苏共还公布了关于民族问题的纲领文件，交全民议论，然后在中央全会上讨论通过。这个纲领文件主要包括：明确规定联盟和一些共和国的权限以及相互承担的义务，各共和国实行经济核算和自筹资金，国家民族自治的法律地位，民族文化的独特性及其独特价值，族际主义同民族主义和沙文主义不可调和，等等。

苏共领导在文件和讲话中都强调民族和解，采取对话、协商和妥协的办法。同时采取了一些措施，打击民族主义和分立主义。在苏共中央声明中，谴责波罗的海沿岸共和国某些势力“越来越顽固和挑衅地奉行分立主义路线”、“越来越明目张胆地站到极端主义立场”，暴露“反社会主义、反苏的性质”，出现了一些“类似资产阶级时期和法西斯占领时期政治机关的组织，实际上已经开始建立平行的政权机构”，提出要“立即采取坚决措施，清除波罗的海地区改革进程中极端主义和毁灭性的有害趋势”。还指责一部分党委会和党的工作者屈服于困难，表示绝望，开始迎合民族主义情绪，放松了对分立主义计划的批判。

然而，这些言行，一是不坚决果断，二是动作迟缓，并没有能遏制民族分立主义日益蔓延的势头。

围绕新联盟条约的争斗

前面谈到，苏联的民族矛盾已经激化到苏维埃联邦还能否完整存在的严重地步。苏联共 15 个加盟共和国，其中波罗的海沿岸的立陶宛、拉脱维亚和爱沙尼亚 3 个共和国以及亚美尼亚发表了独立宣言，1990 年 7 月二十八大后又有几个共和国发表了主权宣言。鉴于立陶宛作出了谈判姿态，苏联成立了以部长会议主席雷日科夫为首的谈判代表团。问题不仅是对宣布独立的共和国难办，那些主权宣言的内容也不好接受，特别是规定共和国的宪法和法律在其境内“至高无上”，等等。独立宣言也好，主权宣言也好，都导致联盟的最高国家权机关被架空。

值得注意的是，这期间俄罗斯同一些共和国发生横向联系，绕道联盟签订共和国之间的条约。也就是抢在联盟条约的签订之前，造成既成事实，迫使中央接受。俄罗斯领导人宣称，俄罗斯将在独立、平等、睦邻、互利合作、互不干涉内政的基础上同各相邻加盟共和国建立关系；不论这些共和国同中央形成什么样的关系，也不论其是否参加联盟条约，俄罗斯与它们之间的条约都将构成它们之间相互关系的基础。照此说来，联盟条约即使搞成了又有多大意义？

同时还出现一个严重现象，就是戈尔巴乔夫总统的命令和苏联最高苏维埃的决议没有权威性，各加盟共和国可以否定或者不予执行。波罗的海三国宣布独立后，总统的否决根本无效。二十八大后，这类情况更多。例如，为避免社会动乱和引起更大冲突，戈尔巴乔夫总统于7月25日发布命令，限期15天内解散苏联境内建立的非法武装组织，否则将采取强硬措施。这项命令遭到很大阻力。亚美尼亚当局公开拒不执行。后经会谈，总统不得不于8月11日又宣布，关于解散武装组织的命令延期2个月，在亚美尼亚则延长3个月。更有甚者，8月9日俄罗斯联邦最高苏维埃主席团作出关于“捍卫俄罗斯联邦主权的经济原则”的决定，包括控制国家的黄金和外汇储备以及其他战略资源。8月23日戈尔巴乔夫总统宣布这一决定无效。25日俄罗斯联邦最高苏维埃主席团又宣布总统的命令没有法律效力。就这样相互否定，此后无下文。

苏联既要维系联邦制，又要“充实新内容”，给加盟共和国和自治共和国以更多的自主权。一些加盟共和国的主权宣言（更不必说独立宣言）甚至提出本属于联盟的军事权、外交权的要求等等，在这种条件下，新联盟条约难产。9月初，12个加盟共和国磋商联盟条约问题，据报道，“多数代表”主张联盟基础上联合，“许多共和国代表”也不排除实行邦联基础上的联盟制度的可能性。这两种主张大相径庭。苏联最高苏维埃民族院主席称，“不应试图用‘联邦’、‘邦联’概念的框框把联盟未来束缚起来”，需要寻求“独特的解决办法”。新联盟条约原计划在1990年年底以前拿出来，结果一再落空。这个问题下面还要谈到。

二十八大前夕危机四伏

至1990年7月苏共二十八大前夕，戈尔巴乔夫倡导改革已5年半时间，除了在政治和国际某些方面取得一定进展外，总的来看是不成功的。这时形势的严峻，矛盾的尖锐，问题的复杂，达到了空前的地步。这突出地表现在经济极其困难，民族关系甚为紧张，社会秩序十分混乱，党面临分裂的危险。苏联确实处在严重的经济、政治和社会危机之中。

经济危机表现在劳动生产率从正增长下降到负增长，市场商品奇缺，财政赤字巨大，内外债累累，通货膨胀上升。1989年国民总产值增长2.3%，未完成计划。而1990年头几个月，一些主要经济指标均呈负增长。财政赤字1989年为1200亿卢布，1990年仍有600亿卢布。内债4000亿卢布，外债550多亿美元。商品与货币之间差额为3000亿卢布。居民银行存款3000多亿，加上手头现款，共4900多亿，对市场构成极大威胁。存在强大黑市经济（苏联称“影子经济”）。1990年官方宣布，“在影子经济范围内有1500亿卢布投入了流通领域”。1990年8月统计，毒品走私额为150亿卢布。苏联经济形势的严重还不仅在于这些惊人的数字。5年多来的经济改革没有产生多少积极效果，经济改革处于“三不管”状态（党不再管，苏维埃不直接管，政府管不了）而形成“空转”。苏共第十九次代表会议之后，寄希望于通过政治改革来推动经济改革。政治改革的结果，政权已“归还”国家，党由领导地位变为“政治先锋队地位”，多党制搞起来了，总统制实行了。总之，除“政党法”和“新联邦法”尚未出台外，戈尔巴乔夫最初设想的和由于国内各种力量制约几经变化而来的政治改革，已基本到位。因此经济上对人民的许诺、局势的发展和改革的日程表，已把包括价格改革这一大难题在内的整个经济改革推到首位，再无回旋余地。而这时苏联的社会经济环境、人们的心态和党的信誉，都要比1987年制定经济改革方案时恶劣得多。

政治危机的一个突出表现是国家机构危机，也就是民族矛盾已激化到苏维埃联邦能否还完整存在的严重地步。从1990年3月11日立陶宛率先宣布独立以来，爱沙尼亚、拉脱维并和摩尔多瓦即摩尔达维亚相继也发表“国家地位决议”和“独立宣言”，其他一些加盟共和国则陆续发表“主权宣言”，加上1989年有2个共和国以修改宪法名义实际上发表的主权宣言，二十八大前已有一半以上国家发表了类似宣言。还有几个自治共和国发表了独立宣言或主权宣言。这些宣言强调本共和国的宪法和规律“至高无上”，规定联盟的法律只是在不违背共和国法律的条件下具有合法性，或者只有经该共和国最高苏维埃批准才能在其境内生效；如果联盟的法律与加盟共和国的法律发生矛盾，则将在共和国内停止生效。这是根本无视关于联盟和加盟共和国的权力的法律规定，为解决民族问题增加了复杂性。至于民族矛盾的其他表现形式，包括发生械斗，更是普遍现象。面对这种形势，苏联领导显得束手无策。他们明白，承认一个加盟共和国独立，则会引起连锁反应，于是曾对立陶宛等宣告独立采取不承认主义，强调它们违背苏联宪法而无效，并给予一定经济制裁。但同时又表示，在回到宣布独立前的状态时，可以进行谈判，将来“同一个共和国可能形成联邦关系，同另一共和国则可能形成邦联关系，同第三个共和国可能形成又一种关系”。总之，民族关系的前景暗淡，苏联上下忧心忡忡。

政治危机的又一大表现，是党面临分裂危险。此外，社会秩序混乱，犯罪率增加（这几年增加30%左右），也都困扰着广大苏联人民和党员。总之，苏联面临着改革向何处去、苏共向何处去的问题，必须作出回答。这就迫切要求提前召开苏共二十八大。

为开好二十八大，苏共中央于1990年2月和3月举行了2次中央全会，做了充分准备。二月全会讨论通过了将向二十八大提出的苏共行动纲领草案（也就是后来二十八大通过的纲领性声明）。全会上还提出修改宪法第六条，准备实行多党制，是否重新考虑民主集中制和设立总统制等问题，并且围绕这些问题展开了十分激烈的争论。三月全会讨论通过了将向二十八大提出的新党章草案，会议围绕党是否改变名称（有人要求将苏联共产党改名为社会民主党、社会党之类），党是否按照民族特征来加以划分等原则问题，又一次展开了激烈的争论。这2次中央全会为苏共二十八大定下了基调，但是矛盾并没有解决，因此在二十八大上又出现了更为激烈的批评、辩论和争论。

党内对现行路线暴愤懑

苏共二十八大上的争论，充分反映了广大党员对现领导路线的不满情绪。大会围绕戈尔巴乔夫的政治报告、有关文件和决议，以及政治局成员的个人工作汇报，进行了热烈的讨论和激烈的争论。与会4683名代表，申请发言的有2000多人。在大会和分组会上发言的有900多人。代表们特别关心“党的革新”，曾有1200多人参加该专题的讨论，苏共章程在经过40多次表决后才获得通过。代表们对许多重大问题存在意见分歧，有些意见甚至同戈尔巴乔夫的政治报告根本对立。这是党内分歧的一次集中性的暴露。

（1）关于对苏联当时国内形势的评价。戈尔巴乔夫的政治报告从原则上谈到几年来“确实发生了革命性变革”，“真正的人民政权正在复兴”，人们“生活变得更充实、更享有内容、更有意义”，基调还是承认矛盾尖锐、问题严重，但是严厉驳斥“种种不幸都是改革的过错”的说法。代表们则表示更大的忧虑和担心，认为苏联陷入“全面危机”，时局具有“爆炸性危险”，处在“全民性大火灾的前夜”。代表们着重指出，党的威信急剧下降，丧失内部的统一，面临瓦解的危险；社会主义理想、阶级观点和道德基础被冲毁，否定历史、攻击苏共已成为“某种特殊的时髦”；民主化和公开性超过合理限度，丧失了任何纪律和秩序，一些地区陷入无政府状态；经济改革成为空转，商品空前短缺，人民生活水平下降；民族分裂主义倾向加剧，一些地区已陷入“不宣而战的内战”；最危险的是党和国家领导人尚未认清摆脱现状的途径。

（2）关于党的领导工作的意见。多数代表对中央的工作表示不满，批评中央在没有科学的构想和缺乏必要准备的条件下便开始改革，在改革过程中采用了“不能容许的试错法”；在多党制的条件，把党变成一个普通的政治组织，而不是提高苏共的先锋队作用和威信；在反动势力的进攻面前不战自退，陷入“愚蠢的防御”。听任某些人把从斯大林到列宁的共产党员描绘成敌人；主动放弃了对意识形态工作的领导，放弃了捍卫马列主义的政治斗争，缺乏对外来影响的警惕性；中央领导和普通党员之间出现“不可逾越的鸿沟”，许多重大决定是在未同基层组织和党员商量的情况下作出的；忙于通过法律和决议，迷恋各种会议，空发议论，言行脱节；经济改革仓促行事，过早地破除原有机制，又未能及时建立新机制，造成经济混乱的危机；在民族问题上缺乏预见性、坚定性和原则性，不善于因势利导，而是无止境地妥协和让步；忽视民主与法律的辩证关系，使民主化发展为无政府主义；低估工人运动的作用，工人阶级和农民实际已退居政治生活的第二位。

（3）围绕党的革新问题争论激烈。“民主纲领派”提出放弃共产主义，将党的名称改为“民主社会主义党”，组织上允许各种纲领派别并存，把苏共变成议会党等主张，受到绝大多数代表的抵制。代表们争论较多的是：第一，民主集中制问题，少数人主张放弃，有人还建议代之以“民主的统一”；多数人主张坚持，认为必须把广泛的民主与集中和纪律结合起来，才不致使党变成争论俱乐部，丧失采取积极政治行动的能力。第二，党内纪律问题。代表们普遍认为下级组织必须执行党的代表大会和代表会议的决议，但在谈及党委会的决议时有分歧，一部分代表认为这些决议是建议性的，另一部分人则认为这些决议同样是下级组织必须执行的。第三，党的社会基础问题。部分代表认为，苏共是“全民性”政党；多数人认为苏共是反映和捍卫工人阶级、农民和劳动群众利益的党。第四，党的结构问题。多数代表主张苏共应是统一的党，要有统一的纲领和章程，各共和国党是苏共的组成部分并在其范围内活动，同时又享有自主性和充分的权利。波罗的海沿岸和外加索一些共和国代表则认为，苏共应是“各主权国家独立的党的联盟”，共和国共产党首先应代表本国的利益，应有自己的纲领和章程。第五，党的团结问题。一些人主张在改革的主要方向上团结党内的健康力量；另一些人强调必须在清除党的偶然同路人的基础上实现党内健康力量的团结；“民主纲领派”声称只能同改革力量团结，而不与“新斯大林主义者”和“官僚党”合作。

（4）围绕经济改革如何向市场经济过渡、联邦制革新如何形成“主权国家联盟”和国际政策，展开了激烈争论。关于国际政策，主持外事工作的领导人强调在这方面取得了真正的胜利，说是新思维大大加强了欧洲和世界的和平，等等。但是许多代表特别是军队代表持强烈批评态度。他们有人指责外交官带玫瑰眼镜看形势，认为苏联在西边失去了盟友，在东边又没有盟友，回到1939年的状态。有人批评苏联靠让步取得成就，在裁军谈判中的单方面让步破坏了苏美战略平衡；认为全欧大厦的构想是“幻想和神话”。有人提出东欧的变化同苏联改革有关，导致“华约和社会主义大家庭的崩溃”，指责是苏联把民主德国“馈赠”西方以谋求经济上的好处，两德不是统一，而是西德吞并民德。

这些批评意见，有些被吸收到大会文件和决议中，有些由领导人作回答和解释，有些作为大会纪录在案。虽然如此，这些意见已难以使苏共领导走出误区。

两种经改新方案再较量

面对严峻的经济形势，以帕夫洛夫为总理的内阁制定了一个称作《联合行动纲领》的反危机纲领，由10个加盟共和国签署，经苏联总统批准，于1991年7月1日起生效。可是，几乎与此同时，在戈尔巴乔夫和叶利钦的默许和支持下，前俄罗斯副总理亚夫林斯基跑到美国，同哈佛大学经济学家阿里森等人一起，炮制了一个称作《为不失良机而和解》的“哈佛计划”。这个哈佛计划是为了迎合西方而搞的，在许多原则问题上是同苏联内阁的反危机纲领对立的，如同上一年俄罗斯联邦搞了一个“500天计划”与当时苏联政府向市场经济过渡方案相对抗一样。

我们可以对两个方案的基本精神作一比较。政府反危机纲领和哈佛计划相同之处是：基本上都主张以市场经济代替计划经济、所有制形式多样化、实现非国有化和私有化、保证经营自由、放开价格和发展自由竞争。两者在一些原则方面的分歧是：（1）政府方案比较从现实情况出发，主张首先应采取经济的行政手段摆脱危机，求得稳定，建立市场基础，然后根据国内形势的发展和变化再确定向市场过渡的期限，所以计划仅规定1990年和1991年的任务。哈佛计划把经济恶化的主要原因归结为改革缓慢，提出采用“休克疗法”，立即建立市场机制，从这一年起至1997年用6年多时间便实现向市场转轨。（2）政府方案强调非国有化应以建立股份公司和集体所有制企业为主，私有制作为补充。哈佛计划则以私有制为支柱，要求在1993年实现“稳定的集中和大规模的私有化”，使大部分国营企业转为私有。（3）政府方案要求维护统一市场，在全苏实行统一的财政、货币、信贷、海关、税收政策和原则，在这个前提下各共和国享有最大的经济自由，但是反对建立经济联盟的主张，对不在联盟条约签字的共和国将按外国对待。哈佛计划提出在新联盟条约签订之后，签署包括退出联盟的共和国在内的各共和国参加的经济联盟协定，也就是在联盟内建立类似共同体的经济组织。（4）政府计划不赞成依赖西方援助，强调自己的力量，认为没有外援也可以实行向市场过渡。哈佛计划立足于西方援助，认为只有如此才能避免经济崩溃，迅速实现向市场过渡。两种方案在如何使财政货币健康化、价格形成以及对外经济关系等方面也还有不少分歧。

可以看出，两种计划实际上代表了两种不同的改革路子。哈佛计划显然是贬低政府计划，干扰政府计划的实施。戈尔巴乔夫采取调和态度，说两种方案并不矛盾，哈佛计划“是对政府计划的补充”。帕夫洛夫总理明确表示不接受哈佛计划，并且讽刺亚夫林斯基说，如果真正能从西方找到那么多援助，“只能拍手称快”。帕夫洛夫总理还自信地认为，苏联经济“已经取得了某种不稳定的平衡”，如果按照政府方案行事，政府能够制止苏联经济滑坡。可是，政府计划并没有权威性。加之在各主权共和国自行其是的情况下，政府计划不过是协调联盟和共和国行动的基础而已。所以，危机无法克服，经济还在混乱下去。

进一步西倾的对外政策

苏联为了克服经济危机、加速向市场经济过渡，亟欲取得西方的大宗经济援助。苏联要员普里马科夫向国际货币基金组织表示，今后5年每年约需300亿至500亿美元。西方认为苏联总共至少需要1500亿至2000亿美元的援助。苏联领导人借七国集团（美国、英国、法国、德国、意大利、加拿大、日本）7月份在伦敦举行年会的时机求援，采取了一些不甚体面的行动。

戈尔巴乔夫为了在伦敦与西方七国首脑会晤取得成果，竟将苏联的改革计划送交这些国家审查。西方直言不讳，向苏联提供援助是有条件的。美国前总统安全事务助理布热津斯基提出对苏援助的先决条件是：私有化、民主化、民族自决、非军事化。美国前总统尼克松主张对戈尔巴乔夫施加更大的压力，迫使他采取摧毁社会主义的“改革”。面对国内外的双重压力，戈尔巴乔夫命令经济学家阿甘别吉扬将哈佛计划和政府反危机纲领加以折衷，拟定了一个改革和谋求援助计划，送交西方七国“征求意见”，看看是否合乎他们的胃口。苏联作为为一个大国，如此做法，可见其有求于西方达到何等地步。这不禁使人想起1962年赫鲁晓夫将导弹运去古巴时，在美国总统肯尼迪讹诈下不得不任其检查的屈辱情景。差别不过一是被动、一是主动而已。

苏联领导人实际上接受了西方提出的援助条件。据西方透露，苏联领导人保证进一步推行政治民主化、经济市场化和在裁军问题上作出更大让步。然而，苏联的要求远未得到满足。苏联要求西方帮助它把400个军工企业转产民品，西方意向性承诺在这方面以及在能源开发、农产品储运和加工领域投资。苏联希望提供100亿至200美元作为实现卢布自由兑换的稳定基金，西方未予接受。苏联要求西方提供的商品，西方仅表示鼓励私人资本投入苏联市场。苏联这次实际得到的东西主要有：同意给苏联以国际货币基金组织和世界银行联系成员国的地位（七国首脑会晤后，苏联便提出要变联系成员国为正式成员国，首先遭到美国反对）；西方答应给予技术援助，准备同苏联签订一些合作项目。

苏美总统会晤达成若干谅解，是戈尔巴乔夫与七国首脑会晤的继续。七国首脑会晤后，1990年7月底美国总统布什访苏，同戈尔巴乔夫签订了削减战略核武器条约。这是经过9年谈判，苏联做出更多让步之后达成的协议。条约规定，苏美双方在7年期限内将分别削减30%的进攻性战略核武器，包括陆基发射的洲际导弹、潜艇发射的弹道导弹和重型轰炸机及它们所携带的核弹头。到7年期满时，双方各拥有的上述运载工具不得超过1600件，核弹头不超过6000枚。条约的有效期为15年，如果没有新的协定取代，条约将可顺延5年。为什么说苏联做了更多让步？例如运载工具，苏联将从现有水平约2500件减少36%左右，美国将从现有水平约1800件减少11%左右，弹头总限额为6000枚，还规定其中的陆基和潜艇发射的弹道导弹的弹头不超过4900枚，据此苏联现有的两类弹道导弹弹头将削减50%左右，美国相应约削减35%左右。至于美苏削减战略武器的实际意义有多大，是个疑问，当然削减总比扩充好。不过，限额内的核弹头数量足以彼此摧毁若干次，而且条约并没有限制质量更新。布什这次访苏，答应给苏联以贸易最惠国待遇。他居然当着苏联领导人的面以教训的口吻提出，苏联要得到西方援助必须履行：承认波罗的海三国独立，归还日本“北方四岛”，停止对古巴的援助。对于这三点，帕夫洛夫总理作了驳斥。

第六章　丧党威终于陷落

苏联各种危机迸发的结果，共产党生存成了问题，联盟国家的解体其势逼人。党的领导把苏共社会民主党化、经济上采取“休克疗法”、联盟走向邦联化作为治病药方，这一切引起传统社会主义势力的深深忧虑。于是爆发了“8·19”事件，而这个事件却又加速了苏共和苏联的逆向发展。苏共被禁止活动，苏联被解体，形成了人们从1985年以来难以想象的惨重结局。

马克思列宁主义被玩忽

我们看看他们后来是怎么说的，再对照他们实际上是怎么做的。说，难免表面文章多一些；做，才是动真格的。会议文件上写的，往往比主要领导人说的要像样一些，因为毕竟有个集体意志问题，但是日常工作中则是领导人说了算。所以，要听其言，观其行。

苏共二十八大文件的提法是这样的：“苏共主张以创造性的态度对待社会主义理论和实践，主张在建设性思考20世纪的历史经验以及摆脱了教条主义解释的马克思、恩格斯、列宁遗产的道路上发展这些理论和实践。”（《纲领性声明》）“苏联共产党是一个按自愿原则联合苏联公民实施以全人类价值和共产主义理想为基础的纲领性目标的政治组织。它创造性地发展马克思、恩格斯、列宁的思想，利用进步的社会思想的成果，捍卫国际主义，它以在国内建立人道的、民主的社会主义、保证人的自由全面发展的条件为自己的目标。”（《苏联共产党章程》）“马克思、恩格斯和列宁所创立的社会理论的内容，是在分析19世纪的现实的基础上形成的。从那时起，世界发生了惊人的变化，包括在马克思主义思想本身的影响下，在十月革命的影响下和在国际革命运动和民主运动的影响下发生的变化。几十年来，我们试图在经典作家的引语中寻找对生活中发生的各种事件的答案，而忘记了他们（经典作家）本身要求考虑一切理论的局限性，他们嘲笑那些妄图把马克思主义变成某种圣经的人。生活本身使我们记起了这一点并对马克思主义辩证法基本规律的意义作出真正的评价。首先，要求对具体情况进行具体分析。只有在此基础上，才能为政策提出论据”。“改革的构想也在不断变化，也在自我发展，随着我们不断前进，这一构想也应当用新的思想和新的结论加以丰富。苏共坚决反对教条主义和死记硬背，主张对社会主义的理论和实践采取始终不渝的创造性态度，主张领会20世纪的历史经济，领会马克思、恩格斯、列宁和其他革命和进步思想界泰斗的遗产。”①

为了对上述几段引语作出比较清楚的解释，这里有必要再引用几句戈尔巴乔夫在其他场合评论马克思和列宁对社会主义学说贡献的言论。

在说到马、恩时，戈尔巴乔夫称：“马克思和恩格斯深入地研究了社会主义思想，使它摆脱了空想和纸上谈兵，把科学社会主义作为文明社会的进步和工人阶级、劳动群众历史性创造的合乎规律的产物提了出来。”“马克思主义创始人从来没有从事于发明新社会发展的具体形式和结构。他们根据他们那个时代的实际社会生活，革命工人运动的实践深入研究了社会主义思想。他们证明了资本主义历史的暂时性和向社会发展新阶段过渡的历史必然性，努力为革命的社会力量制订有理论根据的为社会主义而‘斗争的口号’。经典作家只提出作为认识和改造社会实践的可靠方针的社会发展趋势的一般理论模式。至于取代资本主义的未来社会的体制，那就只是以最笼统的形式和主要是从这个社会的基本原则的观点来谈的。”“尽管马克思首先看到在科学技术进步和科学变为直接的生产力和社会力量方面有巨大发展潜力的人，但是他也没有预见到未来的科学技术革命可能成为资本主义发展的新的泉源。如果考虑到马克思预见的只是他所知道的19世纪的资本主义发展的可能性的话，那就很容易理解这一点。他没有推测出两种社会制度在庞大的国家集团中长期共存，这种共存促使资本主义自

① 戈尔巴乔夫在二十八大上的政治报告。

我完善，接受社会经济领域中社会主义经验的大量因素，使政治制度民主化，这些情况的综合，使资本主义能够具有更大的力量，也能适应时代的挑战。”①

在谈到列宁“对社会主义看法的演变”时，戈尔巴乔夫称：“在对待有关未来的幻想，把它勾勒在某种固定形式的尝试问题上，列宁继承了马克思的高度谨慎和高度负责的作风。尽管在工人运动中不断感到一种压力：请提出一个具体理想，请展示一下我们为之奋斗的社会的风貌。但坦率地说，即使在列宁于十月革命前夕撰写的光辉著作《国家与革命》中，仍然可以在许多方面感到对群众所期望的关于社会主义认识的空洞理论的迁就。然而，到了1919年春天，当列宁已经掌握某些革命实践经验并能考虑到它的重要教训时，他在《苏维埃政权的当前任务》中开始对社会主义重新进行思索。”“列宁社会主义思想的重要财富，他对社会主义思想的研究的主要贡献都包含在他的有关新经济政策的著作和政策中，当然，也包含在‘遗嘱’中。正是这些才开始了列宁研究社会主义理论的新阶段。”②

还需要提一下，在上述戈尔巴乔夫纪念列宁诞辰120周年的文章中，曾用不少篇幅阐述列宁和列宁主义问题。其主要论点是（上面说到的内容不重复）：（1）列宁对发展和推广社会主义思想作出了独一无二的贡献，没有列宁，没有十月革命，现在就不可能提出关于人类进步标准和人的自身价值问题。列宁主义仍然是活生生的和有效的理论、思想和道德力量。没有列宁主义，正确理解人类在20世纪的进步简直是不可思议的。（2）改革使他们发现了真正的列宁。现在他们正在恢复列宁学说的真正意义。尽管列宁未能制定出俄国向新的社会过渡的完整构想，但是做了大量工作。（3）对待列宁的态度，危险在于简单化的研究方法，把列宁与斯大林等同起来，勾销苏联的全部历史。对列宁的攻击使那些反对改革的人们得到了扮演“列宁主义”拯救者的角色的机会。（4）必须重新认识列宁，避免对他的结论进行歪曲和认为不可改，应把属于过时的东西与作为进步的积极成分依然留在知识、文化和精神宝库的东西区别开来。（5）特别重要的是

① 《社会主义思想与革命性变革》，载1989年11月26日苏联《真理报》。

② 《在纪念列宁诞辰120周年大会上的报告》，载1990年4月21日苏联《真理报》。

列宁的辩证法能力。目前苏联改革工作的基本方向，同列宁时期是相类似的：需要新经济，需要改组政治体制，需要真正的联邦国家。

现在我们将戈尔巴乔夫的上述言论同苏共最后一次代表大会——二十八大文件的提法对照、结合起来研究，可以就苏共的指导思想得出几点初步看法：

（1）二十八大文件只提马克思、恩格斯和列宁的思想，戈尔巴乔夫有时仍谈论马克思列宁主义。

（2）苏共二十八大文件和戈尔巴乔夫在其他场合的讲话，都是在阐述社会主义问题时谈论马克思、恩格斯和列宁的，而没有作为一个思想理论体系，作为世界观和方法论去系统阐述马克思列宁主义。给人的印象是，二十八大围绕的是如何建设“人道的民主的社会主义”、（将共产主义作为一种前景稍带交代了一下），因此，使用马克思、恩格斯和列宁的思想或遗产的提法，显然有他们的选择性和针对性，说穿了，认为在社会主义问题上只能提马、恩、列的“思想”或“遗产”。

（3）苏共二十八大上未用马克思列宁主义，在其他场合有时仍用马克思列宁主义，所以暂时还得不出结论说他们口头上就完全不提马克思列宁主义。不过，他们在提及马克思列宁主义时，有其侧重则是明显的，例如强调的仅仅是“辩证能力”和“积极的进步成分”等等。

（4）马克思列宁主义的提法与马克思、恩格斯和列宁的思想或遗产的提法，两者之间是有差别的。关键是看怎么做。国际上出现过不少这样的现象：口称马列主义实际上另搞一套（如勃列日涅夫）。那么口称马克思、恩格斯和列宁的思想或遗产，是否就真正实行马克思列宁主义，这还要看行动。事实证明，在“思想”和“遗产”的说法之下，马克思列宁主义已所剩无几了。

我们坚信马克思列宁主义是完整的思想理论体系，是我们建设中国特色社会主义必须坚持的四项基本原则之一。共产党人有义务坚决捍卫马克思列宁主义，并且在自己的社会主义实践中不断创造性地发展马克思列宁主义。

民主集中制原则遭扭曲

人们非常关心，民主集中制是否仍是苏共的组织原则。这种关心是由于苏共内部的多次争论引起的。

1990 年 2 月苏共中央全会首先提出这个问题并进行了激烈的辩论。这次全会讨论通过并准备提交苏共二十八大的“行动纲领草案”中称，“需要极大地深化党的民主化，其基础应是党员群众的权力。从这个角度看，应当重新思考民主集中制原则，克服对它所作的那种能够利用这条原则建立军营式的职位等级纪律的解释，否则就清除不了共产党员对自己在党的政策和活动中的作用的不满，就不能恢复每个党员的自尊感和内心自由感……革新民主集中制原则应能保证党的队伍的民主的统一，防止形成带有内部组织和纪律的派别。”戈尔巴乔夫在全会上的报告也说：“党的革新需要党进行深刻的、全面的民主化，重新认识民主集中制，并将重点放在民主化和党员群众的权利上面。”

在上述二月全会上，叶利钦提出“放弃民主集中制原则，代之以普遍民主原则”，说这样“将确保党内的真正多元化，保障少数人的权利，确保党员和全国公民自由发表意见和坚持自己的立场，确保个人的政治权利和自由”。利加乔夫则称：“我反对把我们党变成一个松散的组织，变成政治俱乐部。毫无疑问，民主集中制需要加以重新认识，充实以列宁对它的理解。需要创造条件自由讨论问题，广泛考虑共产党员和非党人士的意见和必须执行所通过的决议。”其他与会者在涉及这个问题时，有的说：“今天党内生活的基本原则——民主集中制原则的变形，引起人们的认真思考。实际上它在许多方面不仅成为官僚主义集中制原则，而且正在渗透到国家生活的其他领域。”有的说：“应当恢复列宁对民主集中制原则的理解。其中什么东西过时了？在打碎这个建党原则之后，我们能否团结自己的队伍?”有的指出：“今天，当我们特别需要统一意志和行动的时候，未必需要放弃诸如下级党机关必须执行上级党机关的决定这样的民主集中制准则。”有人联系到社会问题，批评宣布社会全面民主化而忘记事物的另一面——整顿纪律和秩序是一个错误，说没有纪律的民主“必然演变为社会政治动乱”。还有不少人发言，对民主化褒贬不一。总之，支持叶利钦的主张的人很少。全会的思想基本上统一在前述“行动纲领草案”的提法上。当戈尔巴乔夫在总结讲话时说：“我感到，其中包括那些对民主和纪律原则及民主集中制原则有新的提法的人，总归不会同意从章程草案中去掉‘民主集中制’概念本身。”场内活跃，有人喊话。戈尔巴乔夫接着说：“应当确定下来。尽管大家都赞成作为新章程基础的那些观点，但我看出，中央委员会有愿望在章程中保留这一术语。”这时有人喊：是的。

接着苏共中央于3月又召开中央全会，通过了提交苏共二十八大的新章程草案。其中保留了民主集中制的提法：“苏联共产党在民主集中制的基础上按照生产和地区特征组建”。这比起旧党章的提法要笼统得多，旧党章规定“党的组织机构的指导原则是民主集中制，这就是说：（1）党的各级领导机关从下到上都由选举产生；（2）党的机关定期向自己的党组织和上级机关报告工作；（3）严格遵守党的纪律，少数服从多数；（4）下级机关必须无条件执行上级机关的决议。”旧党章的这些内容，一部分后来分散在新党章中加以叙述。

在苏共二十八大上，对民主集中制问题再次进行了讨论。戈尔巴乔夫在《政治报告》中是这样说的：“关于民主集中制。在从前的年代里，列宁的这一原则实际上被官僚集中制所取代。这种情况已经一去不复返了……现在党内主张在党章中取消这项原则的情绪很强烈，因为先前的全部实践败坏了这项原则的声誉。但是，许多人赞成保留这项原则，认为放弃这项原则有把党变成争论不休的俱乐部的危险。我认为在前一种情况下，同志们是要把与我们从前的实践联系在一起的名词术语抛弃掉。但是真正的共产党员中没有人要把我们党变成总是埋头争论的无定形组织，而这样的组织是无法解决作为政党所面临的宏伟任务的。总之，代表大会当前需要作出抉择……党章中应该订有保障民主、党的行为能力的原则，订有保障对大多数人通过的一切决议必须遵守的原则。”戈尔巴乔夫的这些话，为大会讨论定了基调。

从大会讨论情况看，民主纲领派的少数人提出应当放弃民主集中制，有人还建议代之以“民主的统一”，大会多数代表主张保留。戈尔巴乔夫在就苏共章程草案做说明时称，“党的生活中最广泛的民主应该与集中制和纪律有机地结合"；"争论在于，在党章中提还是不提民主集中制，涉及的不是这个原则的实质，而只是业已形成的术语的实质"。"绝大多数坚决认为，我们党的章程中正确地反映了组织的民主、主动性和普通党员的权利相结合的辩证关系"；"不要只是因为'民主集中制'这个术语长期以来被人用来掩饰官僚主义强权和党内生活的死板气氛而把它抛弃"。

结果，二十八大通过的新章程将"民主集中制"一词保留下来了，但是提法已大大淡化。党章的提法是："苏共生存和活动的基础是，思想的共同性和党内的同志关系，保证党内生活自我管理、党的利益同个别共产党员的利益相结合，普通党员权利和自觉纪律的民主集中制原则。"

以上是苏共内部就民主集中制展开讨论和争论的前前后后，以及最后一次代表大会对这个原则保留的程度。我们可以得出这样几点认识：

(1) 苏共内部围绕这个问题的分歧和争论是很大的，至苏共二十八大为止，无论是党代表大会上还是中央全会上，绝大多数是主张坚持或者保留民主集中制原则的。

(2) 苏共对民主集中制的理解和执行，重点放在民主化方面。民主是绝对的，集中是相对的。民主越来越成为自由化的代名词，集中逐渐名存实亡。

(3) 新党章规定："苏共内部不允许建立具有自己内部纪律的派别，但并不限制共产党员在辩论过程中按纲领进行联合的权利"；"多数人通过的决议所有人都必须执行。少数人有权在党的会议……在党的舆论工具中捍卫自己的立场"。还规定："各加盟共和国共产党是独立的"。在这种情况下，今后难以真正认真地实行民主集中制。

(4) 随着苏共内部生活"民主化"的进一步发展，加上议会党思潮的影响和冲击，趋势是越来越淡化民主集中制，终于在后来准备提交苏共二十九大讨论的新党纲草案中取消民主集中制的提法。

多党制问题上出尔反尔

这个问题上，苏共领导的立场前后是自相矛盾、有明显变化的。从苏共二十七大（1986 年 2—3 月）至苏共第十九次代表会议（1988 年 6—7

月）之间，他们着重谈论的社会主义多元化是利益多元化、意见（舆论）多元化和所有制（结构）多元化，而否认政治多元化，更没有谈到多党制。但从十九次代表会议起，针对苏联党内外的舆论和东欧一些国家的影响，开始谈论多党制问题。这中间有三年多的时间是否定多党制在苏联的必要性和可能性，而从1990年初开始，转而承认和肯定要实行多党制。

戈尔巴乔夫在这方面的言论有代表性。

他先是反对多党制，论点是：

在"我国历史上已经形成和确立起一党制，这种条件下，我们应当有一种在党内和社会中进行各种观点的对比、进行批评与自我批评的经常发挥作用的机制。"（1988年6月28日）

"我们党的地位就是这样，我们不会放弃国家执政党的角色。恰恰相反，我们想突出这个角色。"（1988年6月30日）

"我们生活在一党制的国家——这是历史形成的。我所说的不包括反苏分子。而且，有些人主张多党制确实是希望国内的进程能积极地和充满活力地发展。但是，他们只在下述这点上是正确的：需要寻求一种能保证积极的社会生活，能保证监督的机制，以便不再有隐蔽地带，一切都公开，人民能够参加改革。这正是党通过政治改革……所要达到的目的。"（1989年1月29日）

"关于多党制的辩论是什么呢？这种辩论是没有根据的。要知道，即使有三四个政党存在，也可能保持这种强迫命令的做法，谁也不敢说个不字，不能自由呼吸！"（1989年2月14日）

"当人们谈论多党制时，所持的出发点是，只有在实行多党制的情况下才能表达各方面的利益。我认为，这在一定程度上是一种误解。……如果我们坚定不移地沿着我们已经走上的道路走下去的话，那么生活本身就会作出回答并将消除对这个问题的担忧。不应当把人为创造的理论强加给社会。"（1989年11月15日）

"在当前的复杂阶段，从使社会团结起来并集中社会上一切健康力量去解决改革的艰巨任务的利益来看，保留一党制是适宜的。"（1989年11月15日）

戈尔巴乔夫还说过多党制论是对社会主义不信任，批评苏联人民代表内部形成“跨地区小组”意味着试图对社会发展问题上观点和态度上的自然差别赋予某种组织形式的一种尝试。我们不可能引证戈尔巴乔夫（更不用说其他苏联领导人）的所有言论。仅仅以上段落，给人的印象是坚持一党制道理充分，其势必然。可是，情况却在发生变化。

他后来又主张或者说接受多党制，论点是：

“一切都应该取决于政治进程的发展。如果出现了多党制并且符合社会的实际利益，我没有看到多党制会有任何不幸。顺便说一下，革命以后我们在多党基础上组成了政府和全俄中央执行委员会。因此不应当像魔鬼怕神香一样地害怕多党制。但是也不应当人为地把它强加于人，这是第一。第二，多党制不是灵丹妙药……”（1990 年 1 月 13 日）

“我国社会中进行的广泛民主化，带来了政治多元化的发展，出现了各种社会政治团体和运动。这种进程会导致在某一阶段建立一些政党。苏共准备在工作中考虑这些新的情况，同所有坚持苏联宪法及其所规定的社会制度的社会团体合作并进行对话。”（1990 年 2 月 5 日）

对于苏共领导在多党制问题上态度的变化，可以概括为这样几点认识：

（1）多党制是苏联改革一再受到挫折和政策不断失误情况下的产物。先是反对多党制，后来承认多党制，戈尔巴乔夫说是一切都“取决于政治进程的发展”，是“社会中进行的广泛民主化带来了政治多元化的发展”，但同时也同戈尔巴乔夫本人的思想变化有密切关系。

（2）诚然，十月革命以后有过“在多党制基础上组成了政府和全俄中央执行委员会”，那么，经过 70 年之后再回到多党制，是不是一种进步？是不是符合苏联现实情况？这值得研究。所说“努力利用”社会民主党的“适合苏联社会条件的经验”，显然也包括多党制这一点。

（3）搞多党制也许是苏共领导在本国条件下为解决当时诸多矛盾的一种手段。但自从推行多党制之后，还看不出它有什么积极作用，而是产生越来越严重的后果。

（4）苏共要搞的多党制，不适合中国国情。我们的国情适宜于采取中国共产党领导的多党合作制度和政治协商制度。

社会民主党化心向往之

苏共的处境越来越艰难，在这种情况下，其主要领导人不是考虑如何加强党在国家政治生活中应有的地位和作用，而是从摹仿社会民主党方面去寻找出路。1991 年 7 月苏共中央全会通过的、准备提交原定 1991 年年底举行的非例行二十九大讨论的新党纲草案，特别是戈尔巴乔夫在这次全会上的报告，都表明了苏共的社会民主党趋势进一步发展。他们的作法是：

（1）删去社会主义选择和共产主义为前景的提法。二十八大纲领性声明和戈尔巴乔夫在大会上的报告都还称，“苏共是坚持社会主义选择和共产主义前景的政党”，新党纲草案未再使用这一提法。新党纲草案谈到党“忠于社会主义理想”，但对其内容作了根本不同的解释，说是对社会主义的理解不是一成不变的；社会主义思想包括它的非马克思主义流派；民主和社会主义不可分割，社会关系的逐步民主化能保证社会主义的发展方向。戈尔巴乔夫在报告中借称列宁的话，要求“再改变一次我们看待社会主义的观点”。新党纲草案和戈尔巴乔夫报告中所说的社会主义指的就是“人道的、民主的社会主义”。关于共产主义的概念，新党纲草案引用《共产党宣言》，说未来属于“每个人的自由发展是所有人自由发展的条件”的社会，所以“我们没有理由放弃共产主义思想”。戈尔巴乔夫的报告强调共产主义是不现实的，说“我们的经验，而且不仅我们的经验，没有提供认为这一目的在可预见的未来能够成为现实的理由”，并把共产主义思想归结为上述“每个人的自由发展”，说这是对人类具有吸引力的方向。

（2）进一步否定过去的社会主义理论和实践，对某些成就的肯定则加上更多的社会民主主义色彩。二十八大纲领性声明中曾提到“反对否定十月革命的理想，反对对待苏联人民的革命成果持虚无主义的态度”，这样的话在新党纲草案中未再出现。草案赞扬俄国社会民主党人在 19 世纪和 20 世纪之交为寻找社会主义发展道路作出的贡献；强调列宁在十月革命初期制定的纲领“把彻底的民主主义性质同社会主义的意愿结合在一起”；称列宁制定新经济政策时期提出的“我们对社会主义的整个观点发生了变化”至今仍具有现实意义。草案和报告谴责了“斯大林主义”和“后斯大林主义”，认为那时完全凭热情建设社会主义的那种“制度所具有的能力”已近枯竭。

（3）提出马列主义不是苏共唯一思想基础，宣扬指导思想多元化。戈尔巴乔夫称，过去党只承认马克思列宁主义是鼓舞自己的源泉，并且这个学说被极度歪曲成一种圣经式的条文，“现在必须使我们的思想库内包括国内外社会主义和民主思想的一切财富”。

（4）对人道的民主的社会主义作出了更接近于社会民主主义的解释。新党纲草案提出人道的民主的社会主义的社会基础是效益好的混合经济、实行政治和思想多元化的公民社会、真正的人民政权、以人道主义理想和全人类价值为取向的文化、全面的自由等等。这些内容同社会党国际1951年法兰克福声明颇为相似。

（5）要把苏共改造成议会党。其表现是：①不再提民主集中制。二十八大的章程中保留了民主集中制，纲领性声明中的说法是“坚决否定在行政命令体制条件下形成的那种民主集中制”，现在则不提民主集中制。②否定仍然需要严格的纪律。戈尔巴乔夫在二十八大报告中还谈到党员应自觉遵守纪律，而在这次报告中则称“将放弃初级阶段党所固有的那些方针”，称那时的党为革命性战斗具有严格的纪律“实质上是具有军事化结构的组织建立起来的”。③将党的工作主要放在议会上。戈尔巴乔夫在二十八大报告中便说过，苏共将在民主程序和各级立法机构选举范围内为争取和保持执政党地位而斗争，“从这个意义上说，苏共起着议会党的作用”。这次戈尔巴乔夫的报告提出党的活动范围是：通过用舆论工具宣传自己的观点，通过在劳动集体中直接进行工作，通过参加民主选举，通过自己在各级政权机构内的代表来实现党在将来的目标。这就更具体地规定了党作为议会党的活动特点。④把斗争矛头指向传统势力。二十八大时戈尔巴乔夫还批评左右两个“极端”，这次在指责极端主义派别时只提“共产主义原教旨主义派”，对俄罗斯总统的非党化命令也只是模棱两可说了几句。

（6）宣扬趋同论。新党纲草案称赞“资本主义社会内部的社会主义成分”，将资本主义社会统称文明社会，说那里“在形成社会主义关系的一个一个阶层和结构”。而且强调世界多维的整体性“使资本主义趋势和社会主义趋势在全球交织在一起”，提出要对人类进步发展的道路“作为一个统一的世界进程从根本上再认识”。

（7）认为共产党同社会民主党无差异，提出苏共是否改变名称的问题。戈尔巴乔夫报告中称，共产党和社会民主党都发生了变化，当年衡量两者对立的标准即对待暴力、对待无产阶级专政和民主的态度、社会主义觉悟和政治先锋队的作用，“已经失去了先前的意义”。戈尔巴乔夫还宣称党员有权成为无神论者或教徒，按照自己的选择在一个党组织内工作或以别的办法支持党。他还借别人的话提出是否将苏共改名为社会党或社会民主党的问题，说这要由苏共代表大会或者全党投票来决定。

戈尔巴乔夫在报告中驳斥苏共社会民主党化的说法，当然不能令人信服。他称苏共社会民主党化的这种指责“来自共产主义原教旨主义派的代表”，这仅仅说明苏共内部的传统社会主义力量在抵制社会民主党化。

当然，后来的严峻事实表明，还没有等到苏共二十九大召开，还没有来得及使苏共社会民主党化，苏共便遭到禁止活动的厄运。后来，戈尔巴乔夫于1992年9月中旬在柏林召开的社会党国际第十九次代表大会上，还埋怨“8·19”事件打断了他要使苏共社会民主党化的计划。

苏共各级组织抗争频仍

在苏共内部，从地方组织到中央委员，从普通党员到中央领导核心成员，同现行的路线和许多政策一直是有斗争的，有时还很尖锐。这里举几个例子。

（1）几次有分量的苏共中央全会和其他中央会议。

1990年10月上旬，苏共中央全会通过了关于《国内形势和苏共在向市场关系过渡期间的任务问题》的决议。会议指出国内政治经济危机加剧，反共主义、分立主义和民族主义势力企图将苏共排挤在政治生活之外。与会者强烈要求采取措施稳定局势，对反共主义、分立主义和民族主义进行反击。会上一些人对戈尔巴乔夫提出批评，说他很少管党，提醒他别忘了自己还是总书记。有人还提出对戈尔巴乔夫的失控追究责任。11月

17日苏共中央书记处举行会议，要求各级党委对那些挑起社会仇视、民族仇视和宗教仇视，企图夺权的势力给予有力还击。12月10日苏共中央举行全会，讨论当前形势，强调苏联必须是一个统一的联盟，反对任何分立主义。1991年1月31日苏共中央委员会和中央监察委员会举行联席会议，谴责右翼势力和民族分立主义势力的阴谋和行径，号召采取“责任重大的行动”以革新联盟和坚持社会主义选择。全会特别指出，以改变苏联社会制度为目标的势力在政治舞台上已经完全形成和正在联合起来，并使改革具有倒退和反人民的性质；民族分立主义势力公然采取了消灭社会成果的方针，民族歧视重新复活，民族主义极权制度已在形成。因此，全会呼吁在全国刻不容缓地恢复宪法秩序，重申苏共的立场；主张废除所有反宪法的法令和决定；反对成立非法武装；反对反军活动；反对把社会和国家分裂成敌对阵营的一切企图；反对民族争吵和破坏，反对对抗、暴力专横。全会特别指出苏共的历史责任，强调除了苏共不存在另外一种能够解决改革任务的政治力量。全会上的发言指责俄罗斯联邦最高苏维埃“变成破坏苏联的攻城槌”，在右翼势力中“起凝聚作用”，揭露俄罗斯议会领导人企图将中央权力据为己有。许多发言指出，平行的国家结构、与苏共对立的政治组织的联合已成为现实，“影子政治”已经出现，反对派的做法与东欧国家推翻共产党政府的做法非常相似。全会上一些发言对戈尔巴乔夫提出尖锐批评，或指名，或影射，涉及内政、外交，包含理论、实践。认为戈尔巴乔夫把全人类利益和阶级利益对立起来，使二者之间的辩证统一遭到破坏；未能及时看到改革已经变质，反而使这一进程不断加快。1991年4月24至25日苏共中央和中央监察委员会联席全会，是在苏联国内各种矛盾斗争更加复杂化、党内对戈尔巴乔夫的不满情绪极为强烈、苏联最高当局为摆脱深重危机竭力寻求出路的情况下，由地方党组织发起而召开的。戈尔巴乔夫在全会上受到严厉批评，提出辞职而又未被接受。这时苏共的处境已十分困难，党的领导在很大程度上是迁就总书记其人的。

（2）几次重要的地方党组织会议。

1990年11月5日，俄共举行中委和中监委联席会议，强调指出国家滑向灾难，出现了夺权和改变政权性质的斗争，社会主义改革已变成别的性质的改革，俄罗斯面临资本主义复辟的危险。俄共呼吁整顿秩序，认为如果丢失政权这一过程再继续下去，俄共将不得不改变对中央行动的态度。同日，乌克兰共产党中央政治局发表声明，谴责“鲁赫”（乌克兰语“争取改革运动”）组织是反共组织，呼吁对之进行反击。11 月 30 日，莫斯科市召开党组织代表会议，指出目前存在着完全不同的另一种改革方向——社会从政治和意识形态上转向资本主义，有人疯狂地想把苏共赶出政治舞台。这次代表会议批评苏共领导对日益加剧的反共活动未予反击，戈尔巴乔夫只破不立，民主成了破坏的工具，强调说如果只知道批判历史的错误，不承认今天的错误，那就会重蹈 20 世纪 60 年代的错误。12 月 6 日召开的全苏国营企业厂长会议对中央提出尖锐批评，指出改革没有走向创造，而是走向破坏，对国家和各族人民犯了罪。会议呼吁 1991 年宣布国家实行紧急状态和成立救国委员会，说人们现在已经忍耐不下去了。

（3）对俄罗斯总统的非党化命令实行抵制。

该命令公布的同日，俄共发言人即称它违反苏联宪法，是无效的。苏共中央书记处专门开会，会上除指出该命令的不合法性，还表示，指望迅速瓦解在劳动集体中现存的所有党的机构“会落空的”。会议提出了在俄罗斯总统令生效情况下如何活动的建议。俄罗斯地方上，特别是一些自治共和国和大企业对执行该命令持保留态度。在受到抵制后当局松动了一下，说总统这项命令没有“硬性的期限”。

总的来看，这些斗争对现行路线的贯彻实施充其量起过一定的遏制作用，但是改变不了路线的实质，更不能挽回苏共的艰难处境。

苏共陷入无力回天绝境

苏共在一些地方丧失领导权之后，自然也就失去了财权，处境相当困难。有的党委会连办公场所的维持也成了问题。而比这更严重的现象则日见其多。

苏共中央监委于 1991 年 7 月间发表声明称，苏联国内正处在“好战的反共新阶段”，希望执法部门采取一切必要措施贯彻宪法。问题是部门掌握在谁手里，为谁说话。苏共受到的迫害是后来进一步遭打击的开始。下面仅仅是一些事例。

俄罗斯总统颁布非党化命令是对俄共和苏共的限制和打击，用意毫不含糊，就是要把苏共彻底搞垮。这项称作《关于在俄罗斯联邦的国家机构、机关和组织中停止政党和群体性社会组织机构活动的命令》，于1991年7月20日发布，要在8月4日生效。这是以限制俄共的活动作为触角，得手之后，将进一步对共产党采取更严厉的打击措施。这项命令引起苏共、俄共从中央到地方组织的强烈抗议，但也给党组织的活动带来了严重困难。俄罗斯总统的这项命令预示着苏共、俄共今后的处境将更加艰难，更加复杂。

苏共处境变坏后，对共产党员进行社会歧视、心理和肉体恐吓、残酷迫害的现象时有出现。据苏共中央监委的下述声明称，1991年1月，在卡卢加市，苏共党员、州《旗帜报》编辑福明被极端主义分子杀害。1990年3月，共产党员、亚美尼亚最高苏维埃代表、阿什塔拉克区党委前书记哈恰特良五口之家，其中包括2名未成年的孩子，在自己家里被杀害。1991年，格鲁吉亚阿赫梅塔区党委第一书记萨萨吉什维利、达吉斯坦州党委委员卡西晓夫、乌克兰罗夫诺区党委第一书记列夫科维奇的住宅遭到武装袭击。州党委委员兼马里自治共和国部长会议主席彼得罗夫、立陶宛阿克梅内区党委第三书记瓦西列维奇等人身遭侮辱。

在一些地区，解散基层和车间党组织、把党委会撵出企业的情况增多。在顿涅茨克、克麦罗沃、萨马拉、斯维尔德洛夫斯克和某些其他州都发生过类似的事情。还有人用武力占领属于苏共区委和市委的楼房和交通工具。在亚美尼亚、格鲁吉亚、摩尔多瓦、立陶宛、拉脱维亚和乌克兰西部各州也发生过这种事情。帕涅韦日斯区萨尤季斯委员会建议立陶宛政府宣布苏共组织完全违法并通过完全封锁它们的生活保障的措施。

苏联政治形势发展的总趋势表明，即使俄罗斯总统的非党化命令失效（何况不是这个情况），苏共处境也只会越来越艰难，面临着十分严峻的挑战。

首先是苏共的统一问题。俄共分裂，势所必然。俄共党员占全苏党员近60%，俄共的分裂实际上也就是苏共本身的分裂。如果苏共内部再有相当大一部分人被“民主改革运动”卷走，加入该运动将于9月改名的联合民主党（或民主党），那么苏共党员则会急剧减少。与此同时，从苏共内部还要分出几个党。这样，苏共的面目将大变样。

其次是苏共在议会的阵地问题。现在苏联人民代表大会和最高苏维埃内的代表大多数仍是苏共党员，尽管思想倾向各异，并分成许多派。根据9+1商量的进程，在新联盟条约签署后半年内起草并在苏联人民代表大会上通过苏联新宪法。届时苏联人民代表大会不复存在，最高苏维埃经改选后共产党员人数很可能骤减，那么苏共这个议会党还会有什么作为？

再次是苏共基层组织的生存和活动空间问题。这一点当然同俄罗斯总统的发布非党化命令息息相关。这个命令发布之后，苏共和俄共虽然加以抵制和斗争，但是这项命令仍给俄罗斯联邦境内的苏共组织造成很大困难。据报道，在该命令8月4日“生效第一天，不少地方的基层组织或宣布解散，或停止活动”。《莫斯科晚报》说，“违反命令者要罚款1万卢布，有谁打算掏腰包呢?”新任俄共中央第一书记库普佐夫的表态是，一方面认为俄罗斯总统的命令违反宪法和社会团体法，发布得“太匆忙”，另一方面表示俄共将在宪法范围内“为在非党化条件下工作做准备”。这些话无法使共产党振作起来。

最后是苏共的执政地位问题。苏共早已丧失对国家重大事务的决策作用。戈尔巴乔夫称，今后全民选举的苏联总统可能不是共产党人。叶利钦主张的、并在逐步实现的以类似东欧一些国家的圆桌会议代替内阁的办法，显然是要排挤共产党人。这些预示着，由共产党员担任全苏国家机构领导人的可能性几乎不复存在。

经济颓势日趋变本加厉

经过几年的磨难，苏联经济江河日下。至1991年“8·19”事件前夕，苏联经济形势的特点是：在既无计划又无市场的情况下，经济继续向谷底下滑；两种克服经济危机的方案在进行激烈较量。所谓既无计划又无市场，指的是计划经济机制被打乱、打破，市场经济机制没有形成，更没有计划与市场的结合，而是处于十分混乱的状态。

（1）经济负增长加剧。苏联社会生产出现绝对下降是从1990年开始的。这一年国民生产总值和国民收入分别下降2%和4%，社会劳动生产率降低 3%。工业和农业产值分别下降 1.2% 和 2.3%，外贸额减少 6.9%。1991 年上半年情况更糟，国民生产总值比去年同期减少 10%，国民收入减少 12%，工业产品总额减少 6.2%，外贸额减少 37%。苏联国家统计委员会预测，1991 年全年的工业和农业产值将比去年减少 8% 和 4%，国民收入减少 15%，战后以来苏联的社会生产一直是上升的，被称作"停滞时期"的 20 世纪 60 年代中至 80 年代初，也没有出现过负增长。勃列日涅夫逝世的 1982 年，国民收入增长率降低到战后的最低点，也还有 2.6%。

（2）国家财政状况严峻。公布的 1991 年全年预算赤字为 267 亿卢布，可是头 5 个月赤字已达 390 亿卢布，高出近 50%。内债总额至 7 月 1 日高达 8000 亿卢布，外债约为 650 亿美元。

（3）商品奇缺，通货膨胀严重。市场供求矛盾达到战后最尖锐程度，每卢布货币只有 12 戈比的商品保证，1200 种主要消费品中有 1150 种短缺。全国普遍实行凭票供应制。货架空空，人民群众怨声载道。据了解，苏联人尚能维持一般生活是靠各种渠道搞到一些食品消费品，最苦的是领养老金者和多子女家庭。物价上涨很快，去年通货膨胀率为 18% 至 20%；1991 年 6 月份工业批发价比去年高 1.2 倍，零售价比去年的水平高 90%。第二季度与去年同期相比，肉类和鱼产品均上涨 1.7 倍。莫斯科等大城市农贸市场肉价比国营商店高 10 倍。卢布已大大贬值。从 1990 年 11 月 1 日起，国家将卢布与美元的贸易比价由原先的 0.6 卢布：1 美元改为 1.8 卢布：1 美元。而在苏联外汇商店采购，官方允许拍卖汇价 1 美元兑换 27.6 卢布，黑市 1 美元则可换 40 卢布左右。

（4）黑市经济猖獗。苏联称作"影子经济"。苏联 1990 年国民收入 6206 亿卢布，财政预算收入也才 4000 亿卢布多一点。可是，据苏联官方宣布，在黑市经济中流通的金额达 1500 亿卢布。1991 年 7 月苏联内务部负责人称，团伙犯罪集团控制着国家国民产品的大约 30% 至 40%，它们在这一年造成的财产损失估计达 1000 亿卢布至 1300 亿卢布，受到执法机构监视的人数不等的各方面的犯罪团伙有 5000 多个。

（5）失业人数增多。当时失业人数有 400 万和 600 万两种说法。苏联和加盟共和国居民就业法原则，说是从 1991 年 7 月 1 日起生效。塔斯社在报道这则消息时称，据经济学家和社会学家认为，如果经济像现在这样发展下去，其中包括企业之间的联系不断遭到破坏，那么国家的失业人数可能达到3000万人。

以上可以反映出当时苏联经济的一幅惨相。

国内政策在动荡中周旋

关于这个问题，戈尔巴乔夫1991年6月5日去奥斯陆领取诺贝尔和平奖金时的演说，已经讲得很明白。他要从三个主要方面“创造摆脱制度危机、使生活逐渐提高和正常化的前提”。用他的说法，一是民主进程在广泛社会和谐和联盟作为真正自由自愿的联邦的新的国家体制基础上稳定化；二是经济改革在所有制关系新体制的基础上朝向建立混合的经济强化；三是采取坚决步骤通过卢布的可兑换性、承认世界市场采用的文明的“游戏规则”，通过成为世界市场和国际货币基金组织成员使国家向着世界经济开放。

苏联解体之前，其领导人正在沿着这个政策方向往前走，但是困难重重，荆棘丛生。

（1）加紧进行签署新联盟条约的工作。根据苏联总统同9个共和国领导人达成的协议，这些共和国将分批签署。8月20日俄罗斯、哈萨克、乌兹别克首先签署，其他共和国9、10月签署。拉脱维亚、立陶宛、爱沙尼亚、摩尔多瓦和格鲁吉亚已拒绝签署。亚美尼亚领导人表示，如果这项条约里阐明了脱离苏联的程序，亚美尼亚共和国就签署。临近首批签署日期，各方面虽然都承认这件事将对国家局势的稳定和对革新的主权共和国联邦的形成具有重要意义，但是仍存在种种矛盾、分歧和忧虑。例如：

条约文本中许多涉及国民经济和苏联人民根本利益的问题，如食品保障、燃料和能源供应、统一的财政和银行体制等，均未得到解决。联盟方面削弱了这些领域的协调职能，而多数共和国都还没有单独解决这些任务的准备。

联盟条约并未减轻现存的联盟法律和共和国法律对抗的状况。当时已经形成每个共和国都宣布了自己主权的局面，实际上苏联已不是一个统一的国家了。俄罗斯领导人认为签约的结果，他们会赢得在国内外实行独立政策的真正主权。

苏联总统最终同意俄罗斯、乌克兰提出的单一渠道征税，再由共和国从自己的收入中提取固定的百分比上缴中央财政。这样做使未来联盟变得既非联邦又非邦联，成为“靠会费生存的某个类似联合国的国际组织”。

（2）加快在多种所有制基础上向新市场经济过渡。如何推行非国有化和私有化，如何向市场过渡，既有共同设想，也有分歧意见。例如：

基本共同构想主要有：大型企业股份化，中小型企业私有化，先从后者开始，通过租赁和赎买实现。大型企业的转让，以30%的股票无偿送给劳动集体，其余降价出售，据传苏联最大的伏尔加国营汽车制造厂的30%股份将出售给外国公司。土地私有化较慎重（包括俄罗斯）。经过改造的国民经济结构大致是国有经济占20%—30%，私有经济占20%—30%，集体经济占40%—60%。当时苏联私有经济成分的比重是：实行承包的工业部门产值占全苏工业产值的7%。全国个体农户约6万个，拥有土地150万公顷。官方人士称可能发展到20至30万个体农户，将占有土地2000万公顷，这在国家土地面积中“仅占几个百分点”。顺便说一下，至这一年6月，在苏联登记注册的合资企业虽有3000多家（其中1/3为外国投资），实际开工生产和开始营业的只有800多家。它们在苏联整个国民经济中作用微小，1990年其商品在苏联国内市场的实现额仅占苏联商品零售额的0.6%；在苏联总额中合资企业的出口额占0.3%，进口额占1.6%。

对非国有化和私有化尚有不同理解。据苏联立法纲要称，所有制非国有化是指将国营企业改造成建立在其他非国家所有制形式基础之上的企业；而私有化则是指购买股份公司的股票归公民所有的过程。但在执行过程中，认识和做法不一致。有的将非国有化和私有化相等同，并与私有制直接联系；有的则强调私有化主体是劳动者。对于非国有化和私有化是有偿还是无偿地进行以及规模和速度等等，也存在分歧。

（3）尽快地跻身于世界经济共同体，加入西方市场。首先是要成为国际货币基金组织和世界银行的正式成员国。美国和其他西方国家以苏联政治自由化和经济私有化的进程是否符合它们的要求，作为允诺和提供援助的先决条件。从趋势看，这个问题会逐步有所解决，但又是有限的，况且对于苏联人民来说，付出的政治代价是难以设想的。

“8·19”事件的前因后果

“8·19”事件是在苏联各种矛盾迸发和斗争极度尖锐化的情况下发生的。当时苏联政府总理帕夫洛夫在该年苏共中央四月全会上说过：“政治和经济形势尖锐化，已达到危险的境地。我们正在边缘上，无论是政治上还是经济上，任何不谨慎的一步都会带来灾难。总的来讲，国家机构在瓦解，执行权力大大削弱，纪律和法律秩序已降低到最低点。主权战和法律战打得十分激烈。各种政治势力的对抗采用了越来越残酷和违反宪法的手段。一桩桩民族间流血冲突震动了全国。在这种情况下，犯罪现象达到了前所未有的规模。”——这一番话比较确切地概述了“8·19”事件发生的条件和背景。

“8·19”事件作为一种尝试，原想借助实行紧急状态措施，来摆脱联盟国家面临解体的危机。历史资料表明，实行紧急状态之前并非没有考虑过其他办法。帕夫洛夫总理在国防部长亚佐夫、内务部长普戈和克格勃主席克留奇科夫等人支持下，曾在该年6月召开的苏联最高苏维埃会议上提出了扩大政府权力的建议，但遭到总统戈尔巴乔夫的反对而被否决。按照戈尔巴乔夫与苏联9个加盟共和国领导人的计划，8月20日开始签订由他们制定的新联盟条约。该条约无视全民公决“保留苏联”这一重要结果和苏联人民代表大会的有关决定，拟将苏联国名“苏维埃社会主义共和国联盟”改为“苏维埃主权共和国联盟”，规定各加盟共和国有权独立自主地确定其社会国家制度、行政区划制度、政权和管理机关制度；有权解决自己发展的全部问题，包括与外国建立直接的外交、领事、贸易和其他联系并交换全权代表、签订国际条约，参加国际贸易组织活动；等等。这一切意味着联邦实际上解体。在这样的危急关头，“8·19”事件终于发生了。

“8·19”事件的发生是左右两种势力的一场决战。“8·19”事件以后，苏联转入质变的新阶段，形势变得更加复杂。

“民主派”势力利用“8·19”事件的失败，加速了苏联逆向发展的进程：

加速了联盟中央的权力向“民主派”势力手中转移。“8·19”事件之前，联盟中央的权力主要还是掌握在以戈尔巴乔夫为代表的、标榜中间路线的共产党人手里。他们虽然不再受苏共制约，也不再对广大苏共党员负责，但毕竟在某种意义上体现共产党的作用。“8・19”事件之后一切都变了，联盟中央的大部分权力被“民主派”势力所攫取，基本上被架空的苏联总统戈尔巴乔夫抛开苏共之后同“民主派”合流了。

加速了苏维埃社会主义共和国联盟的瓦解。“8・19”事件打乱了原定于8月20日开始签署的新联盟条约。根据那时新联盟条约的原则和内容，原来意义上的联盟的实质变了，但尚可保留联邦形式，保留“苏联”的简称（全名是“苏维埃主权共和国联盟”），在9个共和国签署的情况下还有望争取到更多的共和国留在联盟之内。“8・19”事件之后却不再可能。这个问题在下一节将会谈到。

加速了苏共消亡。“8・19”事件之前，苏共已是党内有党，俄罗斯共产党人民主党将从俄共中拉出队伍，谢瓦尔德纳泽和雅科夫列夫等人搞的“民主改革运动”也将从苏共内部卷走相当大一部分人。即使年底开成苏共非例行29大，苏共也势必分裂，但依然可以存在。“8・19”事件后苏共实际上被取缔。1991年8月24日，戈尔巴乔夫发表声明辞去苏共中央总书记职务。他还签署法令禁止苏共在武装部队、克格勃、保安警察和国家机关的活动。8月29日，苏联最高苏维埃紧急会议通过决议，暂时停止苏联共产党在全国范围内的活动。11月6日，叶利钦下令禁止苏共在俄罗斯的活动，其财产收归国有。

加速了“人道的、民主的社会主义”路线破产。“8・19”事件之前，戈尔巴乔夫的“人道的、民主的社会主义”路线一再受挫，实际上行不通。但是他并不甘心，千方百计加以推行以求成为现实。这条路线同“民主派”鼓吹的资本主义道路并无本质差别，但毕竟是以类似“第三条道路”的面目出现的。“8・19”事件之后，“民主派”势力在摧毁传统社会主义力量的同时，连同“人道的、民主的社会主义”也一起给掀翻了。

加速了资本主义化的进程。“8・19”事件之前，苏联虽提出了私有化问题，但争论激烈，举步艰难，况且存在着有原则性分歧的两个克服经济危机方案。一个是帕夫洛夫内阁的称作“联合行动”的反危机纲领，另一个是在最高领导支持下，由俄罗斯联邦前副总理亚夫林斯基同美国经济学家共同炮制的称作“为不失良机而和解”的“哈佛计划”。两者虽有不少共同点，但在一系列问题上，例如是把私有化作为补充还是作为支柱，是争取西方援助还是依赖西方援助，是在治理整顿基础上逐步向市场过渡还是采用“休克疗法”等方面，存在重大差别。“8·19”事件之后，业已于7月1日开始执行的政府反危机纲领被打断，随后通过的经济合作条约实际上是“哈佛计划”以及原先俄罗斯“500天计划”的翻版。当然也应该指出，在苏联这样的国家推行私有化，也不是一件容易的事情。

加速了政策向西方倾斜。“8·19”事件之前这方面已很明显，叶利钦6月12日当选为俄罗斯联邦总统，戈尔巴乔夫7月与西方七国首脑会晤，都有充分表现。现在，戈、叶则更加明白无误地依靠西方。

加速了世界两极格局的终结。随着东欧剧变、东德被西德吞并、苏联东欧集团消失和苏联削弱，二次大战以后形成的美苏两极格局瓦解，世界多极化发展趋势大大增强。苏联剧变之后更加衰落，从而加速了两极格局的终结，尽管多极化的格局尚不明朗。

“8·19”事件之后，苏联的政治经济形势出现了新的特点，矛盾不断加剧。这主要是指：

（1）“民主派”势力内部的矛盾表面化。“民主派”势力从1991年头几个月的“倒戈”转而改变策略于4月23日达成9+1协议之后“拉戈”，矛头主要对着传统社会主义势力，这个阶段其内部还比较齐心。但它们在利用“8·19”事件压垮传统社会主义势力并架空戈尔巴乔夫之后，内部矛盾便日益突出起来。支持叶利钦的“民主俄罗斯”由于主张不一而开始发生分裂；俄罗斯总理西拉耶夫出任跨共和国经济委员会主席之后由于利害关系同叶利钦总统发生争论；叶利钦关于在车臣—印古什自治共和国实行紧急状态的命令被俄罗斯联邦议会否决；等等。“民主派”势力内部矛盾加剧的这种势头，同东欧一些国家剧变之后出情形十分相似。

（2）各民族共和国同俄罗斯联邦的矛盾加剧。俄罗斯领导人乘机攫取全苏权力和财产，大俄罗斯沙文主义膨胀，引起其他民族共和国的警惕和不满。“8·19”事件后一些共和国纷纷宣布独立和提出留在联盟内的附加条件，都与此有关，俄罗斯联邦则以解决领土问题相威胁。各民族共和国在签署经济合作条约和新（政治）联盟条约问题上提高要价，有的以不参加签署相要挟，甚至提出保留本共和国领土上的核武器和核设施等等，都是出于维护民族利益并争得更多好处。俄罗斯联邦内的一些自治共和国也在为自己的利益闹独立。俄罗斯联邦坚持搞政治联盟自己充当盟主，不愿意让其他民族共和国在经济上占它的便宜；其他民族共和国瞄准俄罗斯的经济好处，但不甘愿在政治联盟内受制于俄联邦。这是它们之间矛盾的实质。此外，一些民族共和国取得主权独立之后，并非都要走叶利钦在俄罗斯联邦选择的道路。连“民主派”势力代表人物之一的索布恰克也公开宣称，在中亚共和国“试图把莫斯科、圣彼得堡关于民主的概念，或者甚至把西方的民主模式搬到这里来，注定要失败”。

（3）人民群众与新当权者之间的矛盾逐渐突出。“8・19”事件之前，苏联人民的强烈不满主要是冲着戈尔巴乔夫和以他为总书记的苏共。事件后戈尔巴乔夫大权旁落，威信扫地，人们的不满逐渐转向新当权派，在俄罗斯则主要对着叶利钦。叶利钦为摆脱危机，兼任俄联邦总理，执意立即采取“休克疗法”，全面放开价格，加快私有化步伐，人民生活水平猛烈下降，从而酝酿着新的巨大不满。西方认为叶利钦铤而走险，在步戈尔巴乔夫的后尘，不是没有一点道理。

（4）反思中的共产党人纷纷建立新的组织，同反社会主义势力继续斗争。“8・19”事件之后，真正的苏联共产党人并没有沉默，而是在艰难的条件下总结教训，探索经验，为社会主义理想而斗争。在苏共和俄共被中止活动的情况下，他们改变活动和斗争的方式。据不完全统计，至1991年11月下旬，宣布成立的新党有俄罗斯社会主义劳动人民党、俄罗斯共产主义工人党、苏联共产党人联盟、苏联共产党布尔什维克联盟、乌克兰社会进步党等，正在筹建的有劳动党、共产党人工人联盟和共产党人党等。至1992年年中，仅俄罗斯已登记的这类政党已有约20个。一些地区苏共原有的组织未被打散。看来，在条件成熟时，这些组织与新党可能走向新的联合。中亚几个共和国执政党尤应引起注意，它们在改变名称的同时，宣布是以共产党为基础或作为共产党的继承者。苏联共产党继承者处于重新组合阶段，比较分散，自身也有不同意见，但以社会主义为方针的这类运动毕竟具有本质意义，将最终决定未来的前途和命运。

（5）各共和国争相谋求西方的经济援助。现在各主权共和国都在不同程度上把克服经济危机和希望寄托在西方的援助方面。西方发达国家不仅以要求苏联政治“民主化”、经济市场化和军事（主要指核武器）一体化作为给予援助的原则前提，而且提出一系列具体条件如明确受援对象、统一计划、稳定卢布和保证还债等等。况且西方剩余资金不多（据日本经济学家推算，西方发达国家和国际金融组织剩余资金共约 1100 亿美元），也不能都给苏联（东欧各国都要 500—1000 亿美）。后来的事实表明，西方国家给原苏联各成员国的援助很少，“口惠而实不至”，答应给俄罗斯 249 亿美元，至 1992 年秋才兑现 10 亿美元。

苏联存亡斗争四个回合

1991 年“8・19”事件之后，苏联国内诸多政治力量之间的斗争白热化，各种矛盾进一步迸发，至 12 月，苏联终于解体。原苏联的 15 个加盟共和国已成为各自独立的主权国家。但是由于历史渊源、地理条件、产业结构和资源分布等诸多方面的复杂原因，它们当中的绝大多数国家都感到相互之间的关系尤其是它们的经济关系不可能截然断裂，因而形成了暂由 11 个国家组合的“独立国家联合体”。

苏联从 1922 年 12 月 30 日成立，到 1991 年 12 月 26 日结束，历时 69 年。苏共被禁止，苏联被解散，这是苏联从 1985 年开始的历时 6 年又 9 个半月改革的总结果。苏联解体经过了四个斗争回合，这里作一简单回顾。

改革之初苏联领导人涉及联盟的提法只是“发展民族关系”。在经济改革一筹莫展、苏联把改革重心急剧转向政治改革之后，民族分立主义日益抬头，于是在 1989 年年中的苏联第一次人代会上提出“发展和完善联邦制”，要求以现实的政治和经济内容充实国家的联邦制度。同年 9 月制定的、被视作改革联邦的出发点的“民族问题行动纲领”提出要“为存在各种联邦联系形式开创可能性”。1990 年 3 月以后，波罗的海沿岸的 3 个共和国先后宣布独立，接着其他共和国相继发表独立宣言或主权宣言，联盟面临解体危险，于是决定起草新联盟条约。在 12 个加盟共和国的代表于同年 9 月磋商新联盟条约问题时，多数代表主张在联邦基础上联合，也有不少人认为不排除在联邦基础上维持联盟制度的可能性。这期间，有的苏联领导人公开宣称，今后的联盟可能是包括既有联邦关系、又有邦联关系，甚至还有其他形式的联合体。新联盟条约草案大大扩充加盟共和国的权力，并将苏联国名改成“苏维埃主权共和国联盟”（俄文缩写仍为CCCP）。同年12月，苏联第四次人代会审议该草案，未予通过，大会也不同意改变苏联国名。1991年3月17日苏联就联盟问题举行全民公决，大多数公民赞成保留联盟和原国名。——这是围绕联盟问题斗争的第一个回合。

随着苏联国内经济政治形势进一步恶化和各种政治势力斗争加剧，情况发生新的变化。原苏联总统和9个加盟共和国领导人越过苏联人民代表大会和最高苏维埃，于4月23日就稳定国内局势和克服危机的紧急措施发表声明（通常称9+1协议），并决定尽快签订新联盟条约。条约文本于8月14日公布，提出保留联邦制，进一步扩大各主权国家的权力，拟将苏联国名改为“主权共和国自由联盟”（俄文缩写仍为CCCP），并且确定于8月10日开始分批签署。8月事件后，签约成为不可能。——这是围绕联盟问题斗争的第二个回合。

这之后，波罗的海沿岸三国完全独立出去，其他主权国家也纷纷采取独立的实际步骤，苏联政局更加动荡。在此情况下，原苏联总统与7个共和国的领导人磋商又一个新联盟条约，将苏联改称“主权国家联盟”，说这是一个“邦联制的民主国家”。由于乌克兰12月1日全民公决后宣布独立并拒绝参加联盟，加上其他国家领导人的分立主义行动，致使新联盟条约搁浅，联盟地位岌岌可危。——这是围绕联盟问题斗争的第三个回合。

在非常状态下，俄罗斯联邦、白俄罗斯和乌克兰3国领导人于12月8日出人意料地在明斯克签署关于独立国家联合体的协议，宣布“苏联作为国际法的主体和地缘政治的现实将停止存在”。12月21日，11个共和国（格鲁吉亚未参加）在阿拉木图签署了建立独立国家联合体协议议定书和阿拉木图宣言，宣布苏联不复存在。苏联最高苏维埃和总统戈尔巴乔夫被迫接受既成事实。——这是围绕联盟问题斗争的第四个回合。

联邦—邦联—独立国家联合体，从构想到现实，变化的轮廓大致如此。有人问苏联解体的原因究竟何在？普遍认为，这是由于近六七十年来联盟赖以存在的支柱和纽带一个个被摧毁了。经济形势日益恶化和失控，联盟在这个最基本方面失去凝聚力。推行所谓“民主化”、“公开性”，导致自由主义和无政府主义泛滥，人们思想被搅乱了，失去了社会主义这个坚强的精神支柱。苏联共产党曾经是促使和保障苏联人民团结统一的政治领导核心，却被搞垮了。在这样的条件下，民族分立主义占了上风，联盟瓦解势所必然。①

① 1991年12月21日，原苏联各共和国领导人发表《阿拉木图宣言》，宣告苏联结束、成立独联体（既不是国家也不是超国家实体），这意味着苏联实际上解体。12月25日，戈尔巴乔夫总统宣布辞职，苏联国旗从克里姆林宫降落，这标志着苏联形式上解体。12月26日，苏联最高苏维埃共和国院开会，通过解散苏联的决定，这从法律上确认苏联解体。

第七章 忆教训发人深思

苏联在二战后发起的第三次改革，又失败了。这不是一般意义上的不成功，而是难以想象的失败，因为领导改革的政治领导核心——苏联共产党消失了，实行改革并引起举世瞩目的国家——苏联不复存在了。这究竟是为什么？从改革的进程来看，其主要教训在哪里？世人可以从不同的立场观点和方法去研究分析这些问题。笔者这里阐述几点看法，算作一家之言吧。

苏联改革经历质变过程

现在回过头去，可以看得比较清楚，苏联推行改革 6 年又 9 个半月，大致经历了 5 个发展阶段，从第 3 个阶段开始，改革越来越脱离社会主义自我完善的轨道。为了表达方便起见，姑且仍称之为“改革”。我们不妨将这 5 个阶段再概括一下。

第一阶段：1985 年 4 月苏共中央全会至 1987 年 6 月苏共中央全会，其中 1986 年 2 月召开了苏共二十七大。这两年多时间，是戈尔巴乔夫及其支持者初步形成改革构想的阶段。

1985 年 4 月中央全会被认为具有划时代性质。据说戈尔巴乔夫在契尔年科逝世第二天即 3 月 11 日举行的苏共中央全会上内部讲过，苏联不能再这样生活下去了，从而得到了普遍支持。他在四月全会上首次提出必须改革的想法，说是“生活和它的发展促使我们必须继续变化和改革，争取达到社会的新的质的状态”。他作解释说：“这首先是生产的科学技术更新和达到劳动生产率的世界最高水平。这是社会关系，首先是经济关系的完善。这是劳动领域、人的生活的物质和精神条件的深刻变化。这是政治制度和社会制度的整个体系的活跃，是社会主义民主的加强和人民自治。"关于这次苏共中央全会的重要性，当初不少苏联人拿它同中国共产党十一届三中全会相比。这样打比方反应了他们对苏联起步改革的殷切期待，事实证明当然不恰当。

苏共二十七大将改革思想进一步具体化，并且提出了加速战略。这一切通过苏共纲领新修订本、1986 至 1990 年和至 2000 年苏联经济和社会发展基本方针加以体现。大会引人注目的主要内容有：（1）看到了苏联与世界发达国家的差距，增强了紧迫感。当年苏联同美国相比，生产总值只有美国的 40%，国民收入只有 50%（苏联统计年鉴上是 67%），工业劳动生产率只有 55%，农业劳动生产率只有 20%—25%，等等，但是军费开支却同美国相当。大会提出加速战略，要求到本世纪末国民收入翻一番，也就是比十月革命到 1985 年的 68 年总和还要多，还有其他高指标。加速战略有错误，我们在下面总结教训时再谈。（2）从理论上指出了苏联长期存在的一些错误观点，例如社会主义生产关系自动适应生产力的发展；社会主义所有制越大越公越纯就越好；否认社会主义社会存在矛盾；对社会主义条件下的商品货币关系存在陈见和偏见；等等。（3）提出必须根本改革经济管理，完善和发展政治体制。（4）规定对外政策的主要目标是为国内的经济发展创造良好的外部环境。

苏共中央六月（1986 年）全会确定了党组织在实现第十二个五年计划方面的任务，并谈到了改革的初步教训。

以 1987 年苏共中央一月全会为标志，在党内统一对改革的认识，重新配备干部队伍。事实上，要在苏联推行改革，阻力是很大的。各个层次都有阻力。人民群众和一般干部习惯于根据自身经历纵向比较观察问题，况且社会封闭而不了解外部世界的巨大变化，所以满足于生活水平已有的逐步提高，惰性确实是根深蒂固的。经理、厂长们认为照计划办事稳稳当当，搞改革则要承担风险，弄不好会失掉既得利益。党、政、军领导层中还有人担心万一改革不慎，会带来社会动荡，造成在同美国抗争中的不利局面。思想上、心理上和习惯上的阻力，在改革之初显得相当强大，党内斗争十分激烈，乃至这次中央全会几经推迟。全会经过争论，基本上统一了全党对改革的认识，确定了"坚定地执行革新社会的方针"。

总之，这第一阶段虽然出现政策失误，但是主导思想大体上还是积极的。

第二阶段：1987 年 6 月苏共中央全会至 1988 年 6、7 月间苏共第十九次代表会议之前。上述苏共中央一月全会（1987）之后，苏共领导便动员全党、全国数以千计的专家，拟订经济改革方案。苏共中央于 6 月 25－26 日召开全会，通过了《根本改革经济管理基本准则》这个被称作总体方案的文件；接着，苏联最高苏维埃于同月 29－30 日开会，通过了关于经济改革的相应决议和《国营企业（联合公司）法》等文件。年底以前又制订了关于计划、价格、财政、信贷、金融、物资技术供应、外贸等方面改革的 11 个配套文件，先后还颁发了《合作社法》和《个体劳动法》。如果说一月全会解决了要不要改革的问题，那么六月全会试图回答如何改革的问题。当时中国同行们认真研究了苏联经济改革的文件，认为六月全会规划了经济改革的蓝图和时间进度表，轮廓是清楚的。其中有些原则，例如实际上取消指令性指标，代之以长期经济定额；提出商品货币关系有机地列入社会主义经济系统；提出根本改革价格机制；规定长期亏损而无偿还能力、产品无销路以及整顿仍不能提高效益的企业，可以关闭；要根据部门、跨部门或地区部门原则将企业组织合并，把企业作为改革的中心环节，把提高效益放在首位；等等，这些决策都有一定的突破性。《国营企业（联合公司）法》从 1988 年 1 月 1 日起在全苏普遍实行。然而，搞了仅仅半年，就推行不下去了。用苏联领导人的话说，叫做“打空转”。究其原因，他们却认为关键在于政治体制改革没有超前，而政治改革的核心应该是党本身的改革。于是念头一转，把经济改革实际上搁置下来，集中力量去搞政治改革，去折腾党。

第三阶段：从 1988 年年中的苏共第十九次代表会议至 1990 年苏共二十八大，集中搞政治改革，其实成为夺权政治斗争。在党政分开、“一切权力归苏维埃”的口号下，改变和取消党的领导作用，实行议会民主、政治多元化和多党制；在形势失控的情况下，又搞起总统制和总统直接领导、主持下的内阁制。理论上宣扬要学习社会民主党的经验，行动上积极效法。这样的政治改革整整用了两年时间，苏联的改革一步步地走向斜路，经济政治形势也就越来越恶化。

第四个阶段：从苏共二十八大至1991年12月苏联解体之前，提出了苏联向何处去的问题。这是苏共以代表大会形式肯定了党的领导地位变化之后，国内各种政治力量激烈较量、两条道路斗争十分尖锐的时期。民主派势力先后夺取了包括俄罗斯联邦在内的7个加盟共和国的领导权，夺取了莫斯科、列宁格勒等几十个重要城市的领导权。苏联领导人公开宣称苏联处在“十字路口”，其实，苏联已被推上了斜路。苏联社会主义在危急中。苏维埃社会主义共和国联盟面临改名和分裂的现实危险。苏联共产党一步步社会民主党化，处境极其困难，而且面临组织分裂的严重威胁。经济状况几乎达到崩溃的边缘。在这种背景下，发生了“8·19”事件，从而加速了苏联解体的进程。

第五阶段：1991年12月25日苏联总统宣布辞职，苏联国旗从克里姆林宫降下，26日苏联最高苏维埃共和国院同意解散苏联。从此，“苏联作为国际法的主体和地缘政治的现实”不复存在。戈尔巴乔夫的“改革”以此告终。

改革必先认真抓好经济

改革的出发点和着眼点应该是发展生产力，增强综合国力，提高人民生活水平，而不应是其他。

社会主义国家之所以提出改革问题，不是某个人一时心血来潮，而是客观形势的需要，这在理论上和实践上都如此。

从理论上看，科学社会主义奠基人之一的恩格斯早在一百多年前就曾经明确提出：“我认为，所谓‘社会主义社会’不是一种一成不变的东西，而应当和任何其他社会制度一样，把它看做是经常变化和改革的社会。”① 把科学社会主义由理论变为现实的列宁也曾经指出：“要许多国家来完善和完成苏维埃制度和无产阶级专政的各种形式”，“我们还要不止一次地把我们的工作做完，改做和从头做起”。他还指出：“今后在发展生产力和文

① 《马克思恩格斯全集》，第37卷，第443页。

化方面，我们每前进和提高一步，都必定同时改善和改造我们的苏维埃制度。”① 马克思主义经典作家的这些言论，如果我们结合当今的实践加以理解，那就是要完善、发展和改革与体现社会主义制度不相适应的管理模式即运行机制。

从实践上看，社会主义的政治、经济管理体制以及与之相适应的社会观念和行为模式，首先是苏联于20世纪20至30年代形成的。这种被称作苏联模式的高度集权的体制，在历史上发挥过积极作用。无论是在反法西斯战争还是在战后恢复经济时期，这种管理体制都曾显示出动员性强和困难承受力强的优点。这种管理模式后来被运用到其他社会主义国家，有它一定的历史必然性，尽管实践证明并不合适，这无论是对经济发展水平和民主化程度已经高于苏联的东欧一些国家来说，还是从半封建半殖民地社会解脱出来、刚刚取得新民主主义革命胜利的中国来说。然而，几十年的实践表明，苏联在同西方国家所进行的综合国力竞争、特别是科技发展竞赛中的差距拉大，越来越暴露出管理模式的弊端，因而难以充分显示社会主义制度的优越性。苏联面临着由战后初期国力大增、国威大震的世界强国，20世纪60至70年代凭借军事实力与美国争雄天下的超级大国，滑向二流国家的现实危险。由此可见，苏联领导人提出并论证改革的必然性和迫切性，无疑是合乎实际的。可惜的是，苏联的改革一直是在不断破坏生产力和削弱综合国力的情况下进行的。

苏联改革的一个最大失误恰恰在于对改革业已凝固化的管理模式的复杂性和艰巨性估计不足。这方面的失误，首先集中表现为“加速战略”的制定。根据加速战略提出的要求，从1986年起到20世纪末的15年内，苏联的国民收入和工业总产值要翻一番，因此这两方面每年都应以4.7%的速度递增。这种加速设想，是由于认识到同西方发达国家相比在经济方面的落后性，是出于希望尽快改变这种被动挨打局面的急切心情。这是可以理解的。问题是如何加速。在尚未形成新机制的条件下，这种加速仍然是建立在优先发展重工业、甲乙两大部类生产比例失调和积累过高的不合理的结构基础上。其目标依然主要是增强同美国竞争的实力地位，着眼于21

① 《列宁全集》，第4卷，第577页。

世纪同美国进行新的较量，因而从一开始便忽视了如何解决最迫切的任务，即苏联所面临的食品和消费品短缺问题，如何尽量给人民带来经济改革的实惠的问题。也就是说“一切为了人，一切为了人的福利”仅仅是一句口号，并没有在发展战略和具体政策中充分加以体现。尽管加速战略被迫中断实施，但是急于求成的思想又在其他方面表现出来。例如，当经济改革遇到困难时，不是从经济方面寻找原因并及时加以调整补救，相反，却将其搁置一旁，使改革重心急剧转向政治方面。结果，不仅经济机制运转不灵，而且政治上又失去控制，造成社会的全面混乱。结果表明，苏联的改革是在不断降低人民生活水平的情况下进行的。从发起改革时苏联人民的生活已经达到小康水平，变成苏联解体时苏联人绝大多数人相对贫困化，相当一部分人绝对贫困化。

政改经改关系务须摆正

政治改革与经济改革密切联系，相辅相成，作为社会系统工程的改革应始终保持综合的平衡。为保障改革的顺利进行和最终成功，应当完善和加强党的领导而不应放弃党的领导地位和作用。

苏联主要领导人的一个严重失误，恰恰是没有摆正经济改革与政治改革的相互关系，不是在经济改革取得明显成效的同时，逐步推进政治改革，从而从积极方面影响和促进经济的改革和发展；不是将政治改革同经济改革有机地结合，达到相互配合、相得益彰的效果，而是以政治改革冲击和破坏经济改革；在政治改革中不是设法改善共产党的领导作用，而是降低、取消共产党的领导作用，结果摧毁了改革的核心和中坚力量，导致社会崩溃。

苏联主要领导人关于经济改革和政治改造的思想和实践，有一个发展过程。在1985年苏共中央四月全会和随后的一段时间里，他们并没有立刻就看清苏联社会发展停滞的内在根源，只是笼统地提出“国家的历史命运，社会主义在当代世界上的地位，在很大程度上取决于我们今后如何引导我们的事业”。因此，这时候，他们所主张的是“广泛利用科学技术革命的成果并使社会主义经营管理方式符合现代条件和要求”，“大大加快社会经济进步”。但是，如前所述，实践很快表明，在原有的经济关系和管理体制基础上实现加速战略是难之又难的。因此，提法变成了“最终一切都靠认真改进管理和整个经济机制”。

1987 年年中，苏联决策机构提出并于 1988 年 1 月全面推行经济体制改革总体方案和若干配套措施，但试行不到一年便告搁浅。人们看到的经济改革是党、政府和议会“三不管”、“打空转”，于是便在没有认真找出内在原因的情况下，草率地作出了是政治改革缓慢阻碍了经济改革这样的结论，而党必须首先进行“自身改革”则被确定为政治改革的核心。

改革重心很快由经济领域转向政治领域，转向革新党、革新政权机关和国家结构，经济改革实际上被搁置一旁。党的领导地位和作用发生急剧变化，领导和管理国家社会事务的权力从苏共手中转移到在民主化浪潮中产生的新的苏维埃机关手中。接着取消国家宪法中有关苏共领导地位的规定，实行总统制并成立总统委员会（后来是联邦委员会），从而从根本上取消了苏共中央政治局领导国家的决策权力。这一过程不可避免地导致权力真空和权力争夺，导致苏共队伍的削弱和涣散。作为改革发起者和领导者的苏共，被人为地置于改造对象和旁观者的地位，形成所谓苏联国内最大的匮乏首先是“对苏共的政治信仰的匮乏”这样一种反常局面。政治体制改革中一些重要任务，诸如法制建设、党的自身建设、党政关系合理化等，都没有被摆到适当位置并加以切实解决。

随着苏共地位发生重大变化，即从宪法规定的领导地位变为在民主程序范围内和在各立法机构选举范围内“争取执政地位”，由对国家和社会的领导作用变为社会政治先锋队作用，一系列严重后果便接踵而至：党内有派、党外有党；苏共威信下降，退党人数逐年增加；党的联邦化趋势日益发展，战斗力削弱；干部队伍的不稳定因素增多。总之，苏共变得思想上涣散，组织上松弛，影响力下降，从孕育着新的分裂危险，难以担负起改革领导者的重任，到最终被反对派势力压垮，停止活动，彻底消亡。

这不禁使人产生一个疑问：在社会主义发展的现阶段，在改革的关键时刻，是否应该人为地将党的地位和作用改造成这副模样？是社会主义的成熟性要求这样做的吗？当然不是。赫鲁晓夫时期称苏共变成了全民党，那是在断言苏联进入“全面展开共产主义建设”的认识基础上提出的，当然不切实际，后果也很严重；那么如今连“进入了发达的社会主义”的论断也被否定，说明社会主义还很不成熟，还处在它的初期阶段，怎么就可以贸然改变党的地位和作用呢？如果说苏联改革失败的原因很多，那么，政治改革进程过猛过快，特别是使苏共丧失领导地位和存在权利，应该说是最深刻的一大致命教训。

作为政治改革内容的族际关系改革，也出现不少问题。在更新联盟的总口号下，清除族际关系领域中的积弊和矛盾，被简单地等同于各加盟共和国同联盟中央分割权力，被片面地理解为最大限度地加强各共和国的主权地位。鼓吹民族分立主义的所谓人民阵线运动，被当作推动族际关系更新的积极力量，致使族际关系全面紧张和激化，族际矛盾和冲突愈演愈烈，各加盟共和国同联盟中央、一些自治共和国地区同加盟共和国中央之间展开了旷日持久的法律战和主权战。终于，从部分加盟共和国退出苏联，到后来使完整、统一的苏维埃社会主义共和国联盟在成立69年之后完全解体。这种状况同苏联领导人发起改革的初衷显然是大相径庭的。

由于政治改革与经济改革的严重失衡，政治改革反过来造成纵向经济管理体制被打破，各加盟共和国和各地区之间的横向经济联系被摧毁，整个经济生活秩序一片混乱，国民经济出现战后从未有过的负增长。其严重后果带来的恶劣影响，在苏联变成“既不是国家也不是超国家实体”的独联体之后有增无已。

人们记忆犹新，20世纪50年代后期60年代前期赫鲁晓夫仓促推行的那种改革，早已提供了不成功的范例。令人痛惜的是，这一次苏联的改革所留下的惨痛教训有过之而无不及。如果说赫鲁晓夫时期的教训之一是失之于在搞经济改革的同时没有进行政治改革，那么这次的状况恰好相反。两次改革从不同角度表明：经济改革有其自身的规律，政治改革不能取代经济改革。两者关系处置恰当，可以相互促进，反之，则会起干扰破坏乃至摧毁作用。

民主化公开性要有适度

民主与法制建设应该并举，实行公开性原则要与社会承受能力相适应，要有利于保持而不是破坏社会的稳定。

苏联改革过程中，其主要领导人曾作为主导思想提出，要“在民主化进程的范围内，去克服那些在社会革新过程中遇到的和将会遇到的错误立场乃至直接的对抗”，要“把上层的首创精神同来自下面的波澜壮阔的群众运动紧密地结合起来”。因而要求在社会的一切领域有更多的民主和公开性，认为公开性是对毫无例外的一切管理机关的活动进行全民监督的有效形式，是纠正缺点的强有力杠杆。认为有了公开性，旧的消极的东西便可像秋风扫落叶那样被席卷而去，一切美好的正确的东西便会油然而生。这样一种近乎浪漫主义的想象，曾经陶醉过许许多多的人。然而，实践的结果，令人遗憾地不能不看到，同“民主化”一样，在“公开性”这面堂皇的旗帜之下，苏联的舆论工具摆脱了党的政治领导和政策约束，党本身也在很长时间内放弃了对思想理论工作的控制和监督。形形色色的政治反对派利用民主化和公开性大造反共反社会主义舆论，歪曲、丑化和诋毁列宁的思想及事业，谩骂、诽谤苏共及其领导人的历史作用，美化资本主义制度和资产阶级价值观念。这就是说，所谓“民主化”和“公开性”，成为反对派利用来把自己队伍搅乱直至将自己打倒的武器。苏共之所以声望大跌，之所以被戴上许多罪名而打倒，与它不适度地推行“民主化”和“公开性”所产生的负面效果有着密切的关系。

事情本来很清楚，社会主义非但不排斥民主，相反它所追求的是一个与虚伪的资产阶级民主不可同日而语的真实的民主，是更有物质保障的法律基础的新型民主。这是马克思列宁主义国家学说的主要内容之一。社会主义并不否认，相反是大力提倡批评和自我批评，它本质上需要并且也鼓励广大人民群众利用各种舆论工具介入对国家政治生活的讨论，参加社会发展的决策和管理过程。尽管传统社会主义管理模式在发扬民主和健全法制方面存在某些缺陷，那也是需要改进和完善的问题，可以通过党内外批评监督相结合的方式得到妥善解决，而不能像对待敌对势力那样将社会主义推翻、打倒、压垮。在这个问题上，教训在于：

(1) 没有抽象的、纯粹的民主，民主的发展并不能简单地等同于社会稳定与和谐。列宁早就说过：“‘纯粹民主’是自由主义者用来愚弄工人的谎话。"[①] "政治自由并不排除阶级斗争，反而会使阶级斗争更自觉、更广泛地进行"。[②] 苏联的事态发展无可辩驳地证明了这一点。离开了社会主义内容的民主，离开了法制和纪律的民主，必然导致破坏和混乱。

（2）公开性并不能自发地成为社会正常精神道德气氛不可分离的特征。在倡导公开性的过程中，如果党忘记了列宁的遗训，不主动向工人群众灌输社会主义意识，不随时宣传和保卫无产阶级的思想体系——科学社会主义学说，并且坚决同一切资产阶级思想作斗争，那么，列宁所说的资产阶级思想体系"自发地而又最厉害地迫使工人接受它"[③] 这样的情景就会普遍发生和发展，工人阶级执政党就会在思想上并进而在政治上节节受挫，乃至失败。

苏联的情况表明，即使在有 70 年社会主义历史的大国，在推行民主化和公开性过程中如果过高估计社会和普通群众的承受能力，忽视政治领域阶级斗争复杂因素的客观存在，其严重后果实在值得引以为戒。苏联改革失败的主要原因之一，便在于夸大了公开性的万能作用。新加坡前总理李光耀都能明白并且在访问苏联之后指出过这一点。

对待历史应持科学态度

对历史遗产应采取严肃的科学态度，既要作必要的批判性反思，更要创造性地加以合理继承。历史虚无主义不仅无助于而且有损于实现社会主义的自我完善。

苏联现实社会主义到 1985 年时已有将近 70 年的历史，苏联社会主义管理模式的形成也经历了半个多世纪。改革这种模式并赋予现实社会主义以新的质量，首先要求对苏联社会主义的整个发展进程，对苏联共产党和苏联人民在漫长岁月里经历的各种重大事变，对苏联历届领导人的功过是非和他们留下的政治思想遗产，进行切实的全面的评估。戈尔巴乔夫时期

---

① 《列宁选集》，第 3 卷，第 629 页。

② 《列宁全集》，中文第 2 版，第 23 卷，第 193 页。

③ 《列宁选集》，第 1 卷，第 258 页。

的情况表明，苏联开始时确实也是试图通过这方面的努力来吸取历史经验教训，激发社会的改革热情。但是，由于评估历史遗产的原则、方法和结论越来越深地陷入历史虚无主义，因此在舆论失控的情况下，对历史的评论犹如脱缰之马，终于造成对近70年社会主义理论和实践的几乎全盘否定，从而给各种反社会主义势力的进攻提供了可乘之机。

戈尔巴乔夫曾经说过，列宁的思想和事业，十月革命所作出的社会主义选择，社会主义生活方式的永恒价值，这些都是无可置疑和不可动摇的。他曾多次谈到，列宁的学说过去是、今天仍然是行动的指南、鼓舞的源泉、确定前进的战略和策略的可靠指南针；国家所走过的道路，它的经济、社会和文化成就，令人信服地证实了马克思列宁主义学说的生命力，证实了社会主义蕴藏的、苏联社会的进步所体现出来的巨大潜力。他还特别强调，他们是按社会主义选择进行各种改造，他们是在社会主义范围内，而不是在社会主义之外去寻找现实生活提出的各种问题的答案。不必讳言，这些话的确出自此君之口。苏联濒临解体时，我们仍然不时可以听到这位苏联主要领导人的相关见解和主张，尽管谈论问题的侧重点有时发生明显变化。

问题在于，说的是一套，做的又是另一套。他们在反思社会发展进程时，惯于把历史划分成彼此孤立的几个阶段，夸大一些错误，同时又隐晦另一些错误，总的来说是“各个击破”，分别加以否定。特别是将从列宁逝世以后直到1953年的将近30年时间，不分青红皂白地、笼统地称作是苏联社会主义发生“扭曲”和“变形”、是斯大林及其周围的人在滥用权力的基础上的“专制统治时期”，以极其尖锐的词句加以贬斥。这样一来，虽然苏联领导人一再强调向列宁求教是改革的思想源泉，改革是十月革命的继续，但又把列宁以后在探索中前进、的确犯有错误且教训深刻的第一个社会主义国家的社会发展，描绘得过于阴暗，把苏联现实社会主义经历的农业集体化、反法西斯战争和战后恢复经济以及后来的两次改革尝试累计长达60年的历史，统统说成是对社会主义的歪曲和背离。这里显然还把管理模式同社会主义制度本身混为一谈，而且也是不切实际地从根本上抹煞了苏联政治、经济、军事、文化、科技和社会管理体制在历史上曾经起到的积极作用，因而从总体上否定了苏联社会主义的历史价值。结果实际上也就表明了苏联领导人所说的“不能也不应对人民在过去四分之三世纪中用智慧和劳动创立的事业视而不见”，不过是出于一时政治需要的应景话罢了。

正是由于在改革中没有解决好正确认识和对待社会主义理论和实践遗产的关系问题，没有恰如其分地处理好各种社会管理机制的批判继承问题，苏联的改革变成了割断历史，开拓变成了忘本离宗，不是有利于而是有损于社会的稳定。结果，社会主义的整个理想和信念，苏联全部现存的社会关系和制度，几乎无例外地成了否定和批判的对象，历史虚无主义甚嚣尘上，人们的思想极其混乱。在改革一再失误而没有给人们启示改革成功之光的情况下，苏共内部和苏联人民对社会主义的信念大大减弱。事物发展的自然进程越来越远离改革发起者预想的方面和轨道，而落到十分悲惨的境地。

政策调整不可偏离方向

政策要不断调整又要保持相对稳定，策略灵活性要与原则坚定性紧密结合。指导思想的混乱必将导致实践中的混乱和挫折。

任何一个政党要实现自己的战略目标，都必须清醒地把握客观形势的发展，制订有科学依据的具体政策和策略。苏联领导人在几年的过程中，为了实现“重建”社会主义大厦的构想，完成改造社会关系和社会管理机制、革新苏共和变革国家政权的重大任务，也制定了自己的理论、路线、方针、政策和策略。但是，改革实践给人们留下的普遍而深刻的印象却是：这些理论、路线、方针、政策和策略“其兴也勃焉、其亡也忽焉”，朝令夕改，莫衷一是，缺乏必要的连续性和相对的稳定性。这一重大缺陷在许多方面都有鲜明的表现。

（1）关于苏联社会发展阶段及其目标模式的提法不断变样。1986 年 2 月召开的苏共二十七大，仍认为苏联已“进入了发达社会主义阶段”，同时要求“有计划地和全面地完善社会主义”，但是，二十七大过后不久，“发达社会主义”的提法便被抛弃，戈尔巴乔夫在同年 10 月提出了“发展中的社会主义”的概念，要求在实际工作中“完善发展中的社会主义的社会关系”，从理论上研究“发展中的社会主义以及它的推动力和矛盾的辩证法”。后来，又把苏联的社会主义称之为扭曲的或变形的社会主义，取代这种社会主义的，据说“是能吸取世界发展中所有的先进经验、充分依靠人类进步成就的社会主义”，“是一种真正的、现实的人道主义制度”。1990 年 12 月，苏共中央全会又提出，苏联改革的目标是要引导苏联社会走向人道的民主的社会主义。

（2）关于经济改革的设想和主张混乱。譬如在二十七大提出要克服对商品货币关系的陈见和偏见，1987 年则提出要把商品货币关系有机地列入社会主义经济系统，1989 年又提出计划要与市场相结合，1990 年又采用“可调节的市场经济”概念，后来则干脆只笼统提出向市场经济过渡。对于经济关系的核心问题，即所有制问题，最初谈的是集体所有制形式的作用没有充分发挥，后来提出要搞所有制多样化，最后则广泛宣传非国有化和私有化。至于经济发展战略，前面谈到过，“加速战略”在大力宣扬一阵之后，便搁浅了。

（3）关于政治改革的观点和主张前后相悖。譬如在苏共问题上，二十七大的提法是“按新的方式工作，提高党组织的作用和责任感”，“完善领导的形式与方法”，弄清党的职能同国家机关、社会机关功能的界限。数月之后，苏共领导人又提出，“改变工作方式，摆脱行政命令的做法应该在各级进行——从基层组织到中央委员会机关都要进行”。1988 年苏共第十九次党代表会议时，苏共领导人对过去有关党的领导作用不断加强的论点提出了异议，主张从国家最高领导层开始解决“职能分开”的问题，提高最高国家政权机关和管理机关的作用，党的中央委员会和政治局要作为政治领导机关出现和行动，规定党只能管理论、路线、政策、干部工作和群众工作。1990 年苏共中央二月全会时，问题的提法改为“苏共同其他社会政治组织与群众运动一样参与国家和社会事务管理”，“党不攫取国家政权的全权”，它的作用是成为经民主认可的和通过党员来开展活动的政治领袖，它不追求特权和在宪法中规定的自己的特殊地位。随后取消了宪法中关于苏共的政治领导核心地位的规定，提出“一切政权归苏维埃”的口号，后来又推行类似西方的议会民主和实行总统制。对于政治反对势力要求实行多党制的主张，苏共领导人先是予以抵制，继而表示接受并加以肯定。

（4）调整族际关系、革新联盟结构的政策多变。1986年春提出要完善联邦制，1989年秋则决定给联盟“充实以新内容”即革新联邦制，1990年开始谈论的却是“既有联邦关系，又有邦联关系，甚至还有其他形式”的松散联盟。后来的口号是主权国家联盟，几次三番连国名也要改变，直到最终联盟瓦解。

政策多变和政策失误互为因果。苏联改革的思想主张、政治观念和具体政策与策略变化多端，缺乏必要的稳定性和连续性，不可避免地使得苏共和苏联社会长期陷于困顿之中，使改革在方向、道路和方法等各个方面举足失措、危难丛生，终于使党从政治舞台上消失，联盟国家亦不复存在。

对国际环境要认识清醒

改革需要有良好的国际环境，外交政策应为国内改革服务。在改革和开放的过程中，应高度警惕外部敌对势力的破坏并坚决开展反对和平演变的斗争。

战后几十年来，尤其是勃列日涅夫执政后期，苏联的国际处境相当困难。谋求霸权的扩张主义战略和对外政策不仅使苏联同美国和整个西方世界处于全面对抗的“冷战”状态，而且使它同其他社会主义国家以及许多发展中国家的关系非常紧张。苏共二十七大开始总结这方面的教训，提出苏联外交的总方针是要为国内建设和改革创造良好的外部条件。

在这一总目标的规定之下，苏联逐步采取了一些重大的战略性步骤。这主要是：（1）以裁军问题为突破口，全面缓和与美国的相互关系，力求把苏美之间逐步升级的军事对抗变成不断升温的政治对话，使美国由昔日全球争斗的对手变成广泛合作的伙伴，从而既可减轻国内军备负担，又可从美国得到经济好处。（2）以建立“全欧大厦”为方向，努力改善和加强同西欧各发达国家的联系与合作，尤其是与欧共体各国实行广泛的经济技术合作，以便吸引它们的技术和资金。（3）逐步放弃对东欧各国的控制与干涉，使苏联与东欧各国的政治、经济乃至军事关系适应苏联在新形势下的需要，鼓励东欧实行苏联所希望的改革。（4）以重新设计的亚太地区集体安全构想为蓝本，在这一地区谋求广泛的睦邻、友好与合作，使苏联的国内经济改革和远东西伯利亚地区开发早日得益于前景看好的亚太经济圈。（5）以从阿富汗撤军为先导，逐步结束苏联在世界热点地区的军事卷入，彻底甩掉对外战争的包袱。

苏联对外政策调整改革最初确实收到了一定效果。包括美国在内的各主要资本主义国家都相信苏联的缓和战略，同苏联改善了关系。中苏关系由于双方的共同努力，也于1989年5月实现了全面正常化。由于这些成就，苏联领导人曾经毫不含糊地表示，苏联今后要利用外交所积累的“资本”去争取更大的“红利”，以推进国内的改革进程。

改弦易辙的苏联外交有其积极和进步的一面，这是举世公认的。苏联解体之后，这个话还是可以说的。但是，苏联外交上的失误也无可讳言。片面地突出全人类利益而忽视阶级利益，肯定不同社会制度国家和平共处而否认两种社会制度的根本对立，笼统宣扬战争不再是政治的继续而无视局部战争和地区冲突的严酷现实，将国家间关系超越意识形态分歧混同于国际关系非意识形态化，如此等等，不仅在国际共运中，在东欧国家中，而且也在苏联国内造成了极大的思想混乱和难以挽回的损失。

诚然，当今世界是一个既相互矛盾和对抗，又相互联系和依存的世界，也就是对立统一的世界。但是，如果将国家的对外战略和策略仅仅建立在对立统一世界的同一性上，势必使自身的利益遭受重大危害。东欧的剧变和苏联从动荡到解体，在很大程度上说明了这个问题。

苏联国内和国际舆论注意到，苏联领导人为谋求与美国的伙伴与合作关系并且促进全欧大厦的进程，在处理一切重大问题时，包括解决国内政治、经济和民族问题，都要反复掂量西方的反应。对美国和西方干预其国内改革，通过政治、外交压力迫使其国内事态朝着西方价值观念演变的种种图谋，却没有给以应有的抵制，更谈不上强有力的斗争。此外，苏联领导人的言论以及报刊文章还给人这样一个印象，就是对东欧国家剧变的估计违背现实，反复强调那里“变革”的必然性和积极性，而掩饰那里社会主义制度的根本性变化，更不提“新思维”及其新形式的干预构成的外部原因。美国和西方其他一些国家处心积虑、毫不掩饰地利用东欧国家的变化来构筑符合其价值观念和利益的所谓国际新秩序，继而明目张胆地利用苏联的困难压迫和诱使其更全面、更迅速地发生类似于东欧进程的那种演变。对此，苏联理应保持高度警觉，并进行积极的反击。在苏联解体之后，原苏联总统自我肯定的一大功绩便是这一切给人民带来了“更大的自由”。苏联主要领导人并不感到东欧出现的情况异常，甚至认为在很大程度上与“新思维”是合拍的。

苏联外交政策的负效应及其影响，不能不在国际共产主义运动中引起忧虑，同时也不能不在苏共党内和苏联社会上遭受强烈批评。苏联的最终解体，提出了对6年多来以“新思维”为基础的外交理论和实践进行彻底反思的问题，同时也提供了社会主义国家应如何抵制外部敌对势力的颠覆破坏，战胜帝国主义和平演变阴谋的深刻教训。

戈尔巴乔夫之思想谬误

以戈尔巴乔夫为首的苏共领导，思想理论和政策多变，其原因何在？这个问题要作较长时间的深入研究。初步看来，可能有以下几点：（1）苏联的改革遇到艰难险阻，经济政治形势不断恶化，又拿不出什么解决问题的高招，因此出现被形势所左右、走到哪一步算哪一步的局面。思想理论和政策亦随之而变。（2）改革不顺利，党内外特别是高层领导中意见分歧，提出各式各样方案，形成多种力量，这些都会影响形势的发展。恩格斯说社会发展是由“合力”决定的。苏联如今出现的多变现象，似乎也可以用“合力论”作一定解释。（3）戈尔巴乔夫善于在各种力量中间搞平衡，灵活多变。这是他的一大特点。这种变，既可解释为因势利导，也可说成是调和妥协，主要以实践的效果作判断。看来确实带有明显的调和主义、折中主义特征。

人们普遍关注一个问题，就是戈尔巴乔夫的思想渊源主要在哪里。接受社会民主党的一些东西，这是公认的，他本人也这么说。这里，从另外两个方面提出一些研究性看法。

一是赫鲁晓夫对戈尔巴乔夫的影响。戈尔巴乔夫是赫鲁晓夫时代成长起来的一代人，斯大林逝世、赫鲁晓夫上台时，戈尔巴乔夫22岁，正在大学读书。不妨比较研究一下，从赫鲁晓夫到戈尔巴乔夫，苏联这30多年来，思想理论和政策有些是变了，有些则没有变，甚至可以说是一脉相承。所谓至今没有变，也就是从赫鲁晓夫那儿来的。从国内到国际，大致上有7个变和7个不变。这就是：(1) 对社会发展阶段的论述变了。赫鲁晓夫称作“全面展开共产主义建设”，勃列日涅夫称作“建成了发达社会主义”，安德罗波夫和契尔年科称作“进入了发达社会主义阶段”。戈尔巴乔夫则是逐渐放弃发达社会主义的提法；但是，以人道主义的口号——“一切为了人、一切为了人的福利”为核心的全民国家乃至全民党思想，没有变化。(2) 关于社会主义社会的矛盾的提法有变化。赫鲁晓夫时期继承了战后形成的“无冲突论”，直到安德罗波夫时期才提出矛盾处理不好会变成对抗，戈尔巴乔夫则强调利益集团矛盾；但是，不强调甚至不涉及阶级斗争这一点没有变。(3) 对苏联模式的弊端的分析有变化。赫鲁晓夫发起的经济改革限于农业和建筑业，政治上批判了对斯大林的个人迷信，但很少从体制方面作分析。柯西金的经济改革较全面，但未涉及政治体制改革，也很少对整个体制的弊端作剖析。戈尔巴乔夫的做法已截然不同；但是，否定斯大林这一点大体未变。(4) 对国际形势的估计有变化。如1959年赫鲁晓夫与艾森豪威尔“戴维营会谈”之后宣传苏美缓和，1962年古巴危机后渲染战争危险，1975年欧安会后又宣传国际形势缓和，20世纪80年代初苏联认为国际形势出现“爆炸性危险”，戈尔巴乔夫上台后又认为国际形势进一步缓和。但是，对于核武器和核战争的危险性的看法没有变。赫鲁晓夫认为局部战争星星之火会引起核大战，从而毁灭人类。人类共同生活在“诺亚方舟”上，说“脑袋丢了，原则还有什么用?”戈尔巴乔夫由于核威胁和其他全球性问题，称人类的利益高于一切，人类生活在同一条船上，等等。(5) 对国际关系中的力量对比的估计有变化。赫鲁晓夫、勃列日涅夫强调苏美两极，戈尔巴乔夫认为资本主义世界存在美国、西欧和日本三个力量中心，社会主义存在多样化；但是，苏美利益均衡高于一切和由苏美决定世界命运的思想基本上未变。(6) 对社会民主党（以及社会党，工党）的褒贬、亲疏有变化。赫鲁晓夫对社会民主党左翼领导人批评严厉，勃列日涅夫时期开始邀请社会党代表团参加苏共代表大会，戈尔巴乔夫态度更加亲近；但是承认社会民主党是工人阶级政党这没有变。（7）苏联30多年来的内外政策有许多变化，但是，对自己力量估计过高和急于求成的思想没有怎么变，而且历届领导人都在这个问题上吃了亏。

二是“欧洲共产主义”对戈尔巴乔夫的影响。20世纪70年代中在西欧一些共产党和工人党中间形成了一种被称为“欧洲共产主义”的思潮。它后来虽不怎么活跃了，人们也很少提及了，但是，从“欧洲共产主义”的思想和主张仍可以看出，它既然成为一种体系，不仅影响了东欧（东欧有些国家的原共产党就是同情支持“欧洲共产主义”的），而且与戈尔巴乔夫的思想和主张相通或相近。举几个大的方面来说，“欧洲共产主义”宣布以马克思主义或科学社会主义为指导思想，一般避免在本国使用列宁主义概念，认为各国社会主义道路不应该只有一种固定的模式，西欧应走既不同于苏联和其他社会主义国家，又不同于社会民主党的道路，拟通过议会选举和大规模群众运动相结合的办法，来取得政权，和平过渡到社会主义；主张以“国家应当成为代表劳动人民并由工人阶级发挥政治领导作用的政权”等提法取代无产阶级专政的概念；主张民主的社会主义，使主要生产资料逐步社会化，承认私人资本的积极性和在这个阶段所起的作用，但是基本目标是把有决定性作用的经济杠杆掌握在社会手中；主张多党制，通过选举更迭执政；强调党是新型的群众性的党。“欧共”各党在不同程度上肯定党的工人阶级性质及其先锋队作用，承认或坚持党的民主集中制原则；主张用新国际主义或国际主义代替无产阶级国际主义的提法，以扩大国际联系的范围，加强同一切民主力量的联合。——“欧洲共产主义”在非共产党执政的国家提出的这些思想和主张，同共产党执政70多年的苏联共产党的理论政策如此合拍，其更深层的原因，还可以从当代条件下国际共产主义运动在挫折中发展的内在规律中去继续加以探寻。

戈尔巴乔夫之哲学陷阱

戈尔巴乔夫在苏联推行“改革”6年又9个半月，结果共产党解体，联盟国家崩溃，教训极为惨痛。其原因不仅是方针政策方面有种种错误和失误，在改革的指导思想上充满形而上学、理想主义和唯意志论则是更深层的原因。举例而论：

（1）关于对时代的认识。对时代特征的认识，是一个国家制定自己国际和国内发展战略的基础。戈尔巴乔夫将当时称之为“核－太空”时代，含义是人类拥有核武器和太空武器，一旦世界战争爆发，就会使用这些大规模杀伤武器，人类便要遭到毁灭。因此认为，在充满核战争威胁的这个时代，整个人类不分阶级彼此，同坐一条船上，要么一起生存，要么同归于尽。根据这样的“新思维”，戈尔巴乔夫提出的口号是人类的共同利益高于一切，人类的利益高于阶级的利益，并称这是“新政治思维的核心”。

这种对时代特征的认识和论断，超越现实，表现了极大的片面性和主观随意性，政治上和心理上有很大的蛊惑性。①把存在核武器同必然发生核战争联系在一起，否认或者说看不到世界进步人类、特别是掌握核武器的社会主义国家有能力、有信心制止帝国主义发动核战争。从人类拥有核武器至今，已有将近半个世纪的历史，国际局势出现紧张甚至对抗也不只一回，核战争并没有打起来。社会主义国家掌握核武器本身就是防范和制止核战争的因素。“新思维”既宣扬缓和不可逆转，世界战争可以避免，又以确认爆发核战争的后果为立足点来概括时代的特征，这是自相矛盾的。②借口战争威胁，渲染核战争恐怖，提出人类利益高于阶级利益的口号，从而否认阶级和阶级斗争的现实，抹煞无产阶级与资产阶级、社会主义与资本主义、进步人类与帝国主义寡头之间的严重斗争，这是为推行阶级调和主义路线制造理论根据。③核战争不可避免从而人类必遭毁灭的时代观，将瓦解人类争取进步、争取社会主义和共产主义的信念。这是以另一种形式重复赫鲁晓夫时期的名言“脑袋丢了，原则还有什么用?!”这种超越时代观，实际上是帝国主义核讹诈政策的产物，也是适应了帝国主义对社会主义国家和平演变战略的需要。

（2）关于对当代世界的认识。当代世界存在着社会主义和资本主义两种不同社会制度以及不同的意识形态和价值观念，存在着争取和维护和平、发展、进步的政治力量和与之相敌对的政治势力，因而充满矛盾和斗争。同时，当今世界也呈现出经济生活国际化和经济集团化的明显趋势，因而国与国之间的联系和相互依存关系逐渐加深。也就是说，这是一个存在着斗争性与同一性的对立统一的世界。

苏联领导人在这个问题上只强调同一而否定对立，有时言行不一，出尔反尔。

戈尔巴乔夫在苏共二十七大（1986年2月）的政治报告虽然也讲“两种制度的竞赛和对抗与世界大家庭国家的相互依赖关系日益增长”，将要“形成一个矛盾的，但却是相互依赖的，在很大程度上是完整的世界”，在其他场合也谈到过当今世界的矛盾性和依赖性，但是他总有自己的内容和解释。①他在讲到两种制度的竞赛和对抗时，落脚点则是世界各国的相互依赖关系，后来则发展成为“趋同论”。这在1991年7月戈尔巴乔夫主持制定的新党纲草案中得到集中的体现，那里说世界多维的整体性“使资本主义趋势和社会主义趋势在全球交织在一起”，提出要对人类进步发展的道路“作为一个统一的世界进程从根本上再认识”。②他所讲的“共同世界”中的对立和矛盾，着重指的是贫富之间而不是阶级之间。用他的话说，“这是一个空前的发展和进步潜力同极度贫困、落后和野蛮并存的世界”。

问题更严重的在于行动。不妨回顾一下戈尔巴乔夫6年多时间内其国际和国内战略以及相应的政策，那仅仅是建立在当今世界同一性而排除对抗性的基础上。他提出的战略目标，对内是建立人道的、民主的社会主义，对外则是要实现国际关系民主化、国际关系人道主义化。因此，其口号对内叫做社会利益高于党派利益，从而取消共产党的领导；对外叫做人类利益高于阶级利益，从而对帝国主义、资本主义搞阶级调和主义。所谓的人道主义贯穿着他们整个内外政策，这分明是“以人道主义为纲”。事实上，苏联国内外的阶级敌人并没有也决不会实施人道主义。只讲同一性，否认斗争性，片面地宣扬人道、民主，结果是麻痹人民，解除自己的思想武装，给国内外的和平演变颠覆破坏活动提供了土壤。

（3）关于对社会主义的认识和态度。科学社会主义从理想逐步变成现实，在世界上已有700多年历史，第二次世界大战后出现的一批社会主义国家也都有40多年历史。社会主义作为一种新兴的社会制度，表现了顽强的生命力。当然，社会主义社会毕竟是从资本主义社会脱胎而来，第一个社会主义国家在没有先例、又处于帝国主义包围这种情况下形成的社会经济和政治管理模式（后来自然地推广到其他社会主义国家），也有一个需要时间检验和不断完善、改革的问题。对待现实社会主义的历史，它的成就和缺点，应该持历史唯物主义的科学态度。苏联领导人对社会主义的认识和苏联社会主义历史的评价，却离开了辩证法，造成了严重的政治后果。

二战后苏联和其他社会主义国家有过一段兴旺的时期，但从20世纪60年代以来，随着科学技术突飞猛进，一些资本主义国家经济发展较快，社会主义国家则相对落后。对于苏联来说，原因一方面是对外扩张大搞军备竞赛，把钱消耗掉了；另一方面那种在20世纪30年代之后逐步形成的高度集中的管理体制，显露出越来越明显的弊端。其他社会主义国家虽然没有搞军备竞赛，但也由于各自政策的失误以及效法苏联模式所建立起来的管理体制上的弊端，影响了经济的发展。当然，这种状况不应导致对社会主义历史成就的否定，更不应该把问题归结于社会主义制度本身。就苏联来说，可行的办法是结束军备竞赛，改变对外扩张路线，同时在正确总结历史教训的基础上改革经济政治管理体制，以解放和发展生产力，扭转在科技和经济方面落后于西方发达资本主义国家的被动局面。

苏联领导人推行改革中的问题恰恰在于：①为了贯彻摧毁性的“改革”路线，不是一分为二地分析、而是全盘否定苏联的社会主义历史（这不是说没有关于以往成就的片言只语）。他们把苏联历史分割成几个彼此孤立的时期，由近及远地逐个地加以否定。如前面谈到的，先是集中批判勃列日涅夫的“停滞时期”，继而谴责斯大林的“专制统治时期”，进一步认为列宁尽管“做了大量工作”，但“未能制定出俄国向新的社会过渡的完整构想”。总之说，从列宁逝世以后，苏联的社会主义发生“扭曲”和“变形”。这样一来，苏联几十年社会主义建设的成就荡然无存了，简直漆黑一团。在这种状况下搞的“改革”哪能是社会主义的自我完善？②把社会主义管理体制同社会主义制度混为一谈，在批判前者的缺点和错误时，连同社会主义制度也被否定掉。戈尔巴乔夫下台之后还说什么“随着苏联解体所消失的只是苏联社会主义模式，而不是社会主义”，仿佛他维护社会主义的信念并未动摇。其实，他那些年拆垮社会主义制度的言论和行动是举世皆知的。他在其作为“改革”指导性文件的《社会主义思想与革命性改革》这篇理论长文中说过：“如果说在初期我们认为这基本上指的只是纠正社会机制的部分扭曲现象，只是完善过去几十年间形成的、已经完全定型的制度的话，那么，现在我们说，必须根本改造我们的整个社会大厦：从经济基础到上层建筑。”1990 年 6 月他对西方一位政治家说：“我们已经摆脱了一种制度，更准确地说是完成了一种制度的瓦解工作，但还没有进入新的制度。”

（4）关于对资本主义的认识和态度。从马克思列宁主义的基本观点来看，帝国主义是资本主义发展的最高阶段，是腐朽的、垂死的资本主义，这是就其本质而言。马列主义从来也没有否认资本主义仍存在一定的科技发展潜力。事实上，经受着周期性危机的现代资本主义，经济上仍获得了较大发展。但是这种发展决不能掩盖其制度的腐朽性，也改变不了社会主义将取代资本主义的客观必然性。本质上的腐朽性和仍存在一定的发展潜力，这是对资本主义的辩证认识。

应该承认，戈尔巴乔夫上台初期，也发表过一些批评西方主要资本主义国家的言论。但是细究一下，可以发现，批评的内容主要在于它们的对外关系方面，而在它们同苏联的关系变得缓和的情况下，这类批评就很少了。他在某些场合也谈论过资本主义世界内部的矛盾，但是当苏联自身陷入深重的经济政治危机并试图仰赖西方援助时，对资本主义非但很少批评，反而大加赞扬，并起而效法。这时围绕着“现阶段的总危机并没有导致资本主义的绝对停滞，并没有排除其经济增长和掌握新的科学技术方向的可能性”这个论断的文章多起来了，以至于往往把资本主义社会管理方面的某些长处（如实行国家对经济的干预、采用新科技成果、调整产业结构）视作资本主义制度本身的优越性加以渲染，居然统称资本主义社会为“文明社会”，称颂“资本主义社会内部的社会主义成分”，说那里“在形成社会主义关系的一个一个阶层和结构”。

稍有常识的人都知道，发达资本主义国家之所以能缓和危机并在经济上仍能取得一些进展，还由于这些国家的资产阶级对内采取了诸如福利政策之类的“文明”剥削手段，对外借助跨国公司加强国际协调以及凭借国际市场垄断地位对发展中国家进行巧取豪夺。戈尔巴乔夫他们则离开了辩证法，因此不可能透过现象看到本质。在这种指导思想的影响下，短短几年的功夫，许多人变得麻木了，对于苏联之演变，对于苏联红旗落地，居然很少抵制或者无动于衷。这真是使几十年来殚精竭虑进行的马克思主义和社会主义教育毁于一旦！

第八章　探原因众说纷纭

苏共垮台、苏联解体20年来，我国学界本着汲取教训的原则，就其原因不断地、认真地进行探讨和分析，取得了不少共识，也存在一些分歧，提出了各种各样的疑问。涉及斯大林和赫鲁晓夫的问题比较特殊，本章拟用单独两节加以阐述。

改革失败原因几点释疑

这里先从几个一般性疑问谈起。

（1）苏联解体与十月革命—联邦制—苏联模式三者之间究竟是一种什么关系？

苏联解体以来，在原苏联暨俄罗斯国内外，对十月革命的性质产生了种种争论，一些人甚至把苏联模式的失败归咎于十月革命。苏联解体这样重大的事件发生，引起人们对往事的重新思考是自然的，但历史的本来面目不容歪曲。十月革命是在俄国革命主客观条件业已具备的情况下发生的一场革命，是俄国历史进程的必然产物。十月革命的胜利实现了社会主义从理论到现实的伟大飞跃，无疑是一次成功的革命创举。它所起的示范作用和提供的斗争经验，引发了德国等欧洲国家无产阶级的革命浪潮，推动了中国等亚洲国家反帝反封建的民族民主革命运动，促使一系列国家走上社会主义道路，其世界意义已经过实践检验而载入史册。十月革命发生在俄国这样一个资本主义发展非常落后、小农占绝大多数的国家，这种历史“超前性”是引起对十月革命争议的重要原因。列宁基于资本主义经济和政治发展不平衡规律提出的社会主义可能首先在少数甚至一个资本主义国家（而且不一定是工业发达国家）获得胜利的理论，关于不放弃有利时机夺取政权尔后利用政权来创造社会主义前提和逐步进行社会主义建设的思想，符合俄罗斯的国情，是对马克思主义的重大发展。

联邦制国家并非十月革命直接的、必然的产物，十月革命的成败和苏联社会主义的特征不应以国家是否采用联邦制为标志。列宁对于是否实行联邦制，先后有过截然不同的想法。十月革命前他在原则上反对联邦制，认为“在各种不同的民族组成一个统一的国家的情况下，……马克思主义者是决不会主张实行任何联邦制原则，也不会主张实行任何分权制的。”① 十月革命后他改变态度，认为联邦制可以作为“达到真正的民主集中制的过渡性步骤”，“是俄国各民族最牢固地联合成一个统一的民主集中的苏维埃国家的最可靠的步骤”。② 特别要指出的是，列宁的联邦思想是同民族自决原则联系在一起。他强调首先必须使各民族有“分离的自由”，然后才有可能建立“自觉自愿的联盟”。③ 民族自决原则早在1917年11月2日人民委员会通过的《俄罗斯各族人民权利宣言》中便有明确规定。1919年3月俄共（布）八大通过的党纲规定，按照苏维埃方式实现各共和国联合的联邦制国家，是各民族共和国走向完全统一的中央集中制国家的过渡步骤。列宁之后的各个时期的领导人，都将此作为实行中央高度集权体制——苏联社会主义模式的依据。

苏联将联邦制逐渐变成高度集权的经济政治管理模式的载体，这是后来的事情，并不符合列宁的初衷。1922年12月30日苏联成立宣言和条约规定，每个民族都享有自决权，每个加盟共和国都有自由退出联盟的权利。1924年苏联第一部宪法规定，加盟共和国是主权国家，独立行使自己的国家权利可以自由退出苏联。这种在世界上联邦制国家中绝无仅有的规定，为加盟共和国退出联邦提供了法律依据。当时敢于这样做，基于确信依靠统一的共产党组织所维系的新型社会主义民族关系将是牢不可破的。可是，当斯大林社会主义模式形成并扭曲变形之后，法律上双重主权与实际上中央集权的矛盾便孕育着巨大危险。斯大林模式破产，苏联共产党失

---

① 《列宁全集》，中文第2版，第24卷，第148—149页。

② 《列宁全集》，第34卷，第139页。

③ 《列宁全集》，第36卷，第101页。

去凝聚力，必然导致联邦国家瓦解；而联邦解体对于苏共来说，也就成了“皮之不存，毛将焉附？”

十月革命开辟了新时代，指出了新道路，但革命本身并没有、也不可能同时解决建设社会主义的模式问题。十月革命胜利和白匪叛乱与外国武装干涉被粉碎之后，列宁曾设想通过“战时共产主义”来实现向社会主义的直接过渡，但后来他承认“现实生活说明我们犯了错误”。从 1921 年起，根据列宁的倡议，转向新经济政策。新经济政策的实质在于承认在向社会主义的过渡中商品货币关系和市场机制的作用，承认物质利益的重要性，后来列宁又把新经济政策与合作制联系起来。列宁认为，资本主义愈不发达，所需过渡时间就愈长，他曾预计新经济政策至少实行 25 年。列宁为俄国建设所作的规划，除新经济政策外，还包括工人民主制度和文化革命。斯大林没有能贯彻执行列宁晚年的经济思想，却保留了“战时共产主义”不少遗产。他把新经济政策规定的利用商品货币关系和市场看做是短暂过渡时期的权宜之计，坚持把社会主义与产品经济捆扎在一起。他在 1927 年提出了向资本主义全面进攻的方针，并发动消灭富农和全盘集体化的运动。他放弃新经济政策，选择的是优先发展重工业，用行政命令加速农业集体化，通过剥夺农民和压低人民消费的办法实行工业原始积累，同时消灭多种经济成分，抑制商品货币关系，否定价值规律和市场机制的作用。他采用大搞阶级斗争的方法来消除党内在社会主义建设路线上的分歧，以取得思想政治上的一致。苏联社会主义模式即斯大林模式，正是以此为基础，于 20 世纪 30 年代中期基本形成的。

（2）苏联剧变终究是“不注意抓经济”造成的吗？如何看苏联官僚特权阶层的作用？

综观苏联几十年的历史，各个时期的领导人在不同程度上都还是抓了经济建设的，至于是否专注，是否得体，那是另一个问题。除战争年代特殊情况而外，苏联每个时期都有严格制定的“五年计划”甚至“经济发展战略”。苏联经济发展的速度曾经是可观的。不过，由于苏联为了维持自己和美国、华约与北约的军事战略平衡，几十年中一直把发展军工生产放在首位，导致国民经济结构严重畸形，农业、轻工业严重落后，影响了人民生活水平的提高。这种状况反过来又大大降低了国防机构的科学技术潜力。此外，苏联囿于社会主义和资本主义两个平行市场的理论和实践（尽管有时口头上也曾批评过这一理论），满足于经互会那样的经济一体化形式，没有实行真正意义上的对外开放，看不清当今世界、特别是发达资本主义国家在科技推动下经济发展所带来的挑战，加之一贯过高地估计自己的经济建设成就，满足现状，故步自封，几次改革要么浅尝辄止、要么半途而废，苏联终于在同资本主义国家的经济竞赛中处于非常被动的不利地位。

苏联经济政治形势的发展，同它存在的官僚特权阶层有密切关系。多年来苏联形成的官僚特权阶层，控制了苏联党政和其他重要部门，掌握了支配生产资料和生活资料的权力。他们扶持了一个又一个领导班子，结果自己也随着苏联的解体而倾覆。但是，我们在研究这个官僚特权阶层时，不要把当时合理的工资、待遇的差别当作特权。据了解，苏共领导人从安德罗波夫到戈尔巴乔夫，月工资 800 卢布，而全国普通职工月工资约 200 卢布，工资差距并不大。而这些领导人享有的其他特殊待遇如收礼、别墅等，则非货币所能衡量。不过，在计划经济条件下，权钱交易的空间毕竟有限。相对于经济来说，苏联更大的腐败是政治上的腐败。

（3）"左"是"方法问题"、右是"立场问题"，这对于苏共能说得通吗?

邓小平讲，右可以断送社会主义，"左"也可以断送社会主义。苏共长期以来的"左"，是它的致命问题。严格说来，苏联模式本身就是"左"的路线占上风的产物，苏联社会主义根本上是被"左"的错误所断送。

赫鲁晓夫和戈尔巴乔夫给人的印象似乎属于老右，其实并不尽然。1994 年 4 月 17 日俄罗斯民主派纪念赫鲁晓夫百岁诞辰时，称颂他有勇气力排众议，反对斯大林的个人迷信，"第一个起来"向行政命令的社会主义发起攻击，同时又认为赫鲁晓夫仍不是他们所需要的"民主斗士"。这些"民主派"的评论没有抓住赫鲁晓夫设想一步跨进共产主义天堂的"左"的实质。戈尔巴乔夫推行的加速战略和根本改革，无论其表现形式如何变幻，实质是想一蹴而就，本质上也还是"左"。

关于苏联历届领导人的"左"，这里只想着重谈一谈他们"左"的最极端表现——三十年代的大清洗和战后对人民群众的压制。

大清洗即通常所说的肃反扩大化，是在斯大林声称消灭了剥削阶级的条件下发生的。极“左”路线在组织上的这种残酷表现，原苏联人民一谈起便毛骨悚然。如果说20世纪20年代斯大林同反对派的多次斗争（路线斗争也罢，权力之争也罢）尚可得到某些解释的话（尽管留下了诸如伏龙芝胃溃疡开刀致死和捷尔任斯基猝然死亡之谜），那么在20世纪30年代后期肃反扩大化杀死成百万人，则绝对不能认为是必要的和不可避免的。俄罗斯历史学家罗伊·梅德维杰夫在《让历史来审判》一书中揭示：“斯大林恐怖的规模之大是无法比拟的。根据最谨慎的估计，1936—1939年受迫害的政治犯不少于四五百万人，其中至少50万人很快就被枪决了（而被枪决的首先是负责干部），其余犯人被判处长期监禁。1937—1938年镇压和枪决活动是如此猖獗，仅仅在莫斯科有时根据法院判决枪杀的，一天就有上千人。1937—1938年在内务人民委员部中央内部监狱路比扬卡平均每天登记的执行枪决数字就有200起之多。”该书中还称，镇压已形成了异常广阔的规模，牵连到各阶层大批的人，“包括既有反对派领袖、国内战争英雄、政治局委员和杰出的科学家，同时又能看到几万乃至几十万普通的农民、工人、职员、下级军官、工程师和技术人员”。苏联解体前，1991年6月14日塔斯社报道，苏联克格勃主席克留奇科夫当天在会见受到非法镇压的3个社会团体的代表时，首次公布了20世纪20年代至50年代在苏联受到镇压的总人数。他说，目前已查明，1920年到1953年期间，在苏联约有420万人受到镇压，其中200多万人是在1937—1938年受到镇压的。他还称，在1988年到1990年期间，为120多万无辜受害者恢复了名誉。这项工作还在继续。还说，现在查出了受到镇压的人的约100个大型坟场，并且这大概不是全部。

二战后对不满现状者和所谓持不同政见者的压制和迫害，也是惊人的。克格勃后来设置的第五总局，就是专门用来对付苏联居民。关押政治犯的所谓疯人院遍布全国各地，这是举世皆知的秘密。受迫害者难以计算，监狱、集中营人满为患。苏联持不同政见者运动是在勃列日涅夫上台不久出现的，苏军入侵捷克斯洛伐克之后更加活跃。苏联领导对他们采取了软硬兼施、以压为主的政策，他们当中有的被监禁、劳改、流放、投入精神病院，有的被放逐国外。前面提到的著名学者名罗伊·梅德维杰夫，他既是斯大林专制制度的带头批判者，同时又是科学社会主义和苏联共产党的坚决维护者，苏联解体后成为坚持社会主义方向的劳动人民社会党领导人。他在勃列日涅夫时期被作为“持不同政见者”遭到迫害和摧残，而在戈尔巴乔夫时期，正是这位老人在苏联解体前夕的人民代表大会上挺身而出，义正词严地抗议解散苏联共产党的决定。这位公正的历史学家1994年在《自由思想》发表文章写道：“大家都知道，还在几年前，苏联官方就说，在我国，社会主义早在30年代就基本上建成，而到1960年时甚至已建成了‘发达社会主义’社会。然而，我们现在知道，30—40年代在不少真正社会主义事物的背后却隐蔽着人类历史上最血腥、恐怖的专政。斯大林建立的极权制度是前所未有的社会畸形，在那里少量的社会主义成分同国家资本主义、封建主义，在许多方面还同奴隶制度的特点结合在一起。”

惨无人道的大清洗、大镇压，与社会主义毫无共同之处。苏联解体、苏共垮台，无疑是一种惩罚和报应。

（4）如何从“个人在历史上的作用”看戈尔巴乔夫对于苏联解体应负的责任？

苏联改革失败，概括说来，它是自己把自己搞垮，是“自杀”，不是“他杀”。美国和北约凭借武力绝对打不垮苏联。苏共和苏联也并非气数已尽。苏联久患沉疴，积重难返，但并非不可救药，而是药方不灵，导致毁灭。

按照马克思主义唯物史观，一方面，人民群众是历史的创造者；另一方面，肯定人民群众在历史上起决定作用的同时，确认领袖人物对社会发展的重大作用。从这个基本观点出发，我们可以弄清戈尔巴乔夫对于苏联剧变究竟应该承担多大的责任。

我们不妨引用几段戈尔巴乔夫身边的人和同事的话。其观点我们不一定都赞成，但足可作为研究问题的参考。

戈尔巴乔夫前助手博尔金（从1981年起担任戈的助理，而后任苏共中央总务部长兼苏联总统办公厅主任）曾经从戈尔巴乔夫责任这个角度，谈到苏共和苏联解体的原因。他说：在最后几年，苏联共产党高层领导班子的连续性未得到保证。在戈尔巴乔夫领导的6年内，政治局成员就换了

3批！进入政治局的是一些缺乏全国性工作经验的人。为削弱这个有权有势的机构，戈尔巴乔夫让各个加盟共和国共产党的全部领导人都进入了政治局，政治局会议变成了平平常常的会议，作出一些片面的、无关紧要的决定。此外，党长期以来是按照有缺陷的原则发展的：向党组织分配吸收工人、农民和知识分子的限额。女清洁工加入苏共比科学工作者容易得多。大批想向上爬的人涌入苏共。党变得松散了，一年就吸收了60万人。在改革的年代里，人民对戈尔巴乔夫的政策失望了。大家都看到了，国家被拖进某个不正确的方向。于是出现了内部的持不同政见者和脱离党组织的人。他们看到苏共已衰弱下来，便寻找可投奔的地方，成立反对派。戈尔巴乔夫的威信在下降，人们在嘲笑他。对总书记及其夫人持否定态度的大量邮件不断涌向党中央。1991年戈尔巴乔夫已经预感到自己很快就要完了。如果起初戈尔巴乔夫是无意中使党遭受损失，那么后来他就是有意识地这样做了。他没有选择的余地。他鼓动策划紧急状态，而后怂恿实施紧急状态。他这样做还希望削弱俄罗斯领导人叶利钦的地位。由于耍了这些手腕，他躲避了历史的责任，并将伟大国家解体的责任转嫁给了紧急状态委员会和别洛韦日条约的倡导者。博尔金还说，戈尔巴乔夫总是踩着被征服者或只是被他利用的人向上爬。他不善于结交坚定的追随者，因为他只看重个人忠诚。他在即将功成名就时搞坏了同所有人的关系，包括身边最亲密的人。——这番话对戈氏的描绘颇为形象而深刻。

哈萨克斯坦领导人纳扎尔巴耶夫也有一种说法。他认为，在原苏联的任何一个国家里，没有一个政党能与原苏联共产党竞争，但苏联共产党还是瓦解了。这首先是内部演变过程所致。起因是外国的某些导演给当时的俄共中央第一书记波洛兹科夫及其志同道合者送来了建立俄罗斯共产党的思想。建立俄罗斯共产党，这给了原体制最严重的心理上和组织上的打击，特别是政治上的打击。不言而喻，取消规定党的垄断地位的苏联宪法第六条，也起了十分重要的作用。由于苏联共产党的瓦解，在全苏境内也就失去了唯一具有统一组织协调能力的政治力量，特别是在很大程度上摧毁了苏联社会几十年为之奋斗的希望和理想，破坏了苏联国家作为一个整体在政治上和精神上的凝聚力。至于对戈尔巴乔夫个人的评价，纳扎尔巴耶夫的基本看法是：第一，戈氏上台是时代要求变革的产物，是客观的需要。但戈氏并未计划进行很深刻的变革，目的仅限于部分地修改内部政治机制，削弱“冷战”和力图使自己成为历史性人物。第二，戈氏过高地估计了西方政治家的真诚，特别是过高地估计了自己的同僚——国家领导人的真诚。他对事关全苏的一些重大问题没有自己的观点，更缺少有关国家发展的全盘战略。西方有人给他提一套建议，国内有人给他提另一套建议，他则经常从一个极端滑向另一个极端。他周旋于各种派别之间，试图使不可并存的东西并存，甚至要把不可调和的反对派拉到自己一边。他终于成了右派、“左派”都不支持的人，并被他亲近的那些人所出卖。第三，戈氏的优柔寡断在很大程度上成了权力机关软弱无力和玩忽职守的根源，他对当时国家的混乱、民族冲突和流血事件“应付部分责任”。戈尔巴乔夫的行为事实上使他成了苏联解体的“助产士”。——这样的评论在原苏联上层颇具代表性。

戈尔巴乔夫本人曾多次为自己辩解。1994 年 7 月 5 日在俄罗斯议会就 1991 年 12 月成立独联体问题举行的听证会上，戈尔巴乔夫说苏联的崩溃是其他人的政治错误造成的，并不是他推行改革的结果。他说，叶利钦 1990 年 6 月担任俄罗斯议会议长时带领议员们宣布俄罗斯脱离苏联，实行事实上的独立；接着，强硬派便于 1991 年 8 月发动了政变，“这样就使苏联遭到了致命打击，苏联解体的过程随后便开始了”。戈尔巴乔夫还说，他当时就获悉叶利钦计划在 1991 年秋天宣布解散苏联和成立独立国家联合体。前苏联议长卢基扬诺夫的说法截然相反，他认为当时并没有任何重大原因会导致苏联必然解体，苏联之所以被断送掉，完全是因为戈尔巴乔夫没有采取行动。戈尔巴乔夫只要“动一下小指头”就能阻止叶利钦、克拉夫丘克和舒什凯维奇 1991 年 12 月签署成立独联体的条约。如果戈尔巴乔夫当时采取行动，这三个人“会别无选择，只能逃往国外”。

不无讽刺意味的是，1993 年 9 月戈尔巴乔夫在评论俄罗斯改革时，宣称叶利钦的改革“确实已经失败了”，因为“自 1992 年 6 月以来，俄罗斯一直在没有政治方向的情况下随波逐流”，“叶利钦选择的道路不是真正能够确保改革成功的道路”。这岂不是戈氏的自我写照吗？

（5）苏联模式究竟有无改造成功的可能性？苏联解体是绝对不可避免的吗？

苏联模式是在没有现成经验可资借鉴的情况下，在党内外复杂的斗争环境中，逐步探索出的一种模式。它不失为一种模式，在历史上确实发挥过积极作用，产生过辉煌业绩。其形成初期适应了经济落后、结构简单和以增强国防能力为经济发展首要目标的状况，在战争年代更是显示了动员性强和困难承受性强的优点。苏联用15年时间完成了工业化，为反法西斯战争的胜利奠定了强大的物质基础。二战结束以后，苏联进入了医治战争创伤、恢复经济的和平时期。改革任务其实已经提上日程，只不过体制方面的弊病被暂时的经济建设成就所掩盖。斯大林逝世后，苏联领导集团中出现了激烈的斗争，这场斗争历来被说成是权力之争，现在看来，赫鲁晓夫同莫洛托夫等人之间的矛盾，某种程度上也包含着对斯大林模式的争议。赫鲁晓夫掌权之后，对世界战略形势作了新的估计，国内则酝酿和着手经济体制改革，强调经济建设中运用物质利益原则的重要性。无先例的改革尝试遇到巨大阻力，何况领导者本身存在许多严重缺陷，例如超越社会发展阶段的“左”的思想变本加厉，政治上推行新的个人迷信，改革本身缺乏章法，加之赫鲁晓夫个人作风鲁莽，结果引起严重政治思想混乱，赫鲁晓夫本人亦被赶下台。勃列日涅夫执政后，继续搞了一段时间的经济体制改革，受挫后便又停顿下来，20世纪70年代后期在柯西金主持下试图再次进行经济改革，走经济集约化发展的道路，改革实际上再次夭折。高度集权的斯大林模式反而得以加强，对外则推行谋求世界霸权的扩张主义，苏联经济陷入停滞时期。进入20世纪80年代之后，面对发达资本主义国家高科技迅速发展和生活水平大幅提高的严峻挑战，面对着世界变得更加开放和依存性不断加深条件下的经济全球化、一体化潮流的猛烈冲击，业已僵化、凝固化的苏联模式的弊端越发突显，长期奉行“左”的理论、路线、方针和政策从而产生严重经济政治外交恶果的执政党——苏共处境空前之艰难。苏共当初选择和培育的、又长期得不到根本改造的、在一个多民族国家实行高度集权的经济政治管理模式，越来越成为生产力发展的障碍。执政党的错误与管理体制的弊端浑为一体，造成的局面是不改革不行，改不好也不行。戈尔巴乔夫推行改革的结果，苏共覆没、苏联解体。如前所说，赫鲁晓夫和柯西金不是改革成功者，而戈尔巴乔夫则是改革葬送者。

我个人历来认为，苏联解体并不是绝对不可避免的。如果戈尔巴乔夫当年在改革的关键时期能够接受良策，采取果断措施，避免或者及时纠正一系列根本性错误，事情绝不会糟糕到后来那样的地步。

苏联演变与斯大林功过

在研究苏联剧变原因的时候，国内存在一种异常强烈的思潮，即认为追根究底导致苏共垮台、苏联解体的根本原因在于苏联社会主义模式，因此责任也就在苏联模式的奠基者斯大林。这种论点不仅让人产生种种疑问：苏共消亡、苏联解体是在斯大林逝世三十多年之后发生的，把账都算到"老祖宗"头上是否公允？断言苏联模式无可救药，那岂不是说亲手葬送苏共和苏联的戈尔巴乔夫就可以不必承担任何责任，美国等西方国家对他大加褒奖也就是天经地义的了？

斯大林问题争议了半个多世纪，足见斯大林的重要历史地位和深远世界影响。这里多用一点笔墨加以概述。

（1）围绕斯大林问题的争议，主要涉及四大方面。其一，斯大林的历史地位和作用，亦即斯大林领导苏联的30年以及其中的主要功过是非。其二，斯大林时期形成的苏联社会主义政治经济体制，亦即斯大林模式，它在一定历史时期对社会发展的推动作用和日益暴露的严重弊病。其三，斯大林的理论，包括哲学、政治学说和政治经济学，其中涉及党的建设、党内斗争方面的理论和实践，尤其是对社会主义理论的阐述，它的正确与错误方面，它与马克思列宁主义的关系。其四，斯大林对国际形势、国际问题的分析判断以及他所执行的国际战略和政策，包括国际共运方面的理论和政策，关于军事方面的理论、战略及其在反法西斯战争中的成功与失误，等等。如果仅从上述某一方面来对斯大林一生的功过下结论，就难免失之偏颇。

（2）国内外对斯大林的评价形成某些共识。认为斯大林是一个重要历史人物，对他的评价不仅是他本国的事情，而且也是世界范围内的事情。

斯大林的主要功绩：其一，在列宁之后，领导苏联党和人民，顶住资本主义包围的压力，在苏联一国建立起社会主义，并为社会主义在其他国家的胜利提供了范例和支持。其二，在短短若干年内，领导苏联人民实现了国家工业化，建立起社会保障制度，逐步改善了人民生活，战后又迅速恢复经济，综合国力和国际地位空前提高，显示出社会主义制度的生命力和优越性。其三，打败了法西斯德国，取得了卫国战争的伟大胜利，推动了世界和平与进步事业的发展。二战时期英国首相丘吉尔对斯大林有一句著名的简括评价："他接手的是一个使用木柄犁的国度，而他留下的却是一个拥有原子弹的国家。"

斯大林的主要错误是：其一，接受和鼓励个人迷信，实行个人专权，在党内斗争中滥用专政手段，导致法制被严重破坏，大批无辜干部遭镇压。其二，在上世纪30年代特定历史条件下形成的苏联社会主义模式，以及与之密切相关的一些理论，被教条化、绝对化、越来越僵化。其三，凭借大国大党的地位，树立自我中心，对外发号施令，推行大国主义，实质是谋求霸权。之所以造成这些错误，有历史条件的原因，有管理体制的原因，也有个人素质的原因。2007年俄罗斯《权力》杂志第27期摘登了新编历史教学参考书《1945—2006年俄罗斯现代史》，其中说：传统上俄罗斯国家头号人物的权力是无所不包的，他聚拢所有的资源，并使所有的政治力量臣服于自己。

（3）赫鲁晓夫也谈斯大林的功与过，因其立足于"谴责"，往往用语刻薄，给人的印象是全盘否定斯大林。赫鲁晓夫在1956年苏共二十大秘密报告中说，这个报告不想全面评价斯大林的生平事迹，因为他的功绩已经进行了足够的研究，说"斯大林在准备和实现社会主义革命中，以及在我国建成社会主义的斗争中所起的作用，是尽人皆知的"。报告中着重指责把斯大林"变成某种超群的人物，认为他像神仙一样具有非凡的品质，他似乎无所不知，洞察一切，能够代替所有人思考，能够做一切事情，他的行为没有一点是错的"。赫鲁晓夫在1961年苏共二十二大报告，也只是强调必须公开地谴责对斯大林个人迷信时期"所犯下的错误和歪曲现象"，"抛弃已经成为前进障碍的那种对党和国家的领导方法"。从这些词句上，并不能得出"全盘否定"斯大林的结论。

从勃列日涅夫到戈尔巴乔夫，苏联后来各个时期较少评论斯大林，出于实用主义需要，谴责兼有肯定。每逢卫国战争胜利纪念日，避不开斯大林，或多或少要提一下斯大林的功绩。通常的说法是：在战争年代，斯大林所表现的巨大政治意志、目的性和坚定性、善于组织人们和使人们遵守纪律，在取得胜利方面起了自己的作用，不能把斯大林在卫国战争中的作用一笔勾销，等等。

（4）中国共产党早期对斯大林的公开评价采取“两点论”，提出“功大于过”。1956 年 4 月 5 日和 12 月 29 日先后发表的《关于无产阶级专政的历史经验》和《再论无产阶级专政的历史经验》（简称“两论”），不仅肯定了苏共提出反对个人崇拜的问题的重要性，对斯大林的功过作了冷静的、客观的、在当时条件下堪称全面的评价，而且从无产阶级专政的历史经验、人类社会的发展规律、领袖与人民群众在历史上的地位、社会主义社会矛盾等角度，对斯大林错误的社会历史根源作了理论剖析。还着重指出：“我们应当用历史的观点看斯大林，对于他的正确的地方和错误的地方作出全面的适当的分析，从而吸取有益的教训。不论是他的正确的地方，或者错误的地方，都是国际共产主义运动的一种现象，带有时代的特点。”“两论”的基本观点和提出的评价斯大林的方法论，至今仍站得住脚。其中关于“斯大林的错误同他的成绩比较起来，只居于第二位的地位”这一说法，虽然越往后越难以得到广泛认同，但毕竟比较合理。1963 年 9 月在大论战过程中写的“二评”《关于斯大林问题》，由于政治斗争的需要，对斯大林错误的一面则有些过于简化、淡化。

中国学术理论界对斯大林的评价前后有所变化。总的来说，在很长一个时期内没有逾越“两论”的基本框架。戈尔巴乔夫推行“公开性”大量揭发斯大林的罪行、特别是苏联解体之后，国内从负面评价斯大林的论说增多，开始出现斯大林“过大于功”的说法。

（5）尽管评价斯大林问题难度甚大，但只要把握马克思主义方法论，本着冷静、客观、求实的精神，避免情绪化，防止掺杂任何个人因素，总可以逐渐找到接近真理的答案。

①评价斯大林应采取总结教训而不是实行清算的态度。斯大林问题毕竟是党内和人民内部的问题，无论对其功过的具体评价有多大差别，怎么来说也还是好人犯错误。从斯大林那里汲取经验教训是应该的、必要的，更要弄清他犯错误的深层次的社会历史原因与国际背景。正如“一论”中所说：“不论是他的正确的地方，或者错误的地方，都是国际共产主义运

动的一种现象，带有时代的特点。”如果一味地采取秋后算账的办法，那么结论和效果就会截然不同，甚至适得其反。西方国家某些御用学者，为了否定苏联，否定社会主义，历来将斯大林置于敌对面加以攻击和批判，对此绝不可效法。

②研究斯大林问题不要脱离当时的历史条件。历史地看问题和与时俱进，是两个并行不悖的概念。不能把与时俱进用来否定历史地看问题。在苏联建国初期，面对帝国主义包围的恶劣国际处境，不搞中央集权行不行？在卫国战争中，面对强大凶恶的德国法西斯武装侵略，不搞中央集权行不行？答案是明摆着的。当然，中央集权不等于个人专权和实行高压。问题是，在国家政权稳固之后，领导者们应该自觉地采取措施，不断完善和优化管理体制，充实国家民主生活，在尽可能大的程度上推行民主化。斯大林错就错在误解社会主义新时期阶级斗争的规律，强调“越来越尖锐化”，以此杜绝民主化之路。

③不能仅就体制问题对斯大林一生的功过下结论。从体制这个要害方面研究斯大林问题固然非常重要，但并非问题的全部，何况对于苏联模式管理体制也应做全面的客观的评价。把斯大林时期和后来苏联各个时期的错误完全归结为体制原因造成，其实欠妥。除了体制之外，还有一个发展战略问题，有一个基本路线和具体政策的制定与运作问题。《关于斯大林问题的再认识》一书“前言”中，有一段论述值得参考：“由于对社会主义发展阶段的不恰当估计造成的过快过急的要求，单纯追求产值的粗放式经营，农业、轻工业和重工业的比例失调，过分强调重工业特别是军事工业而忽视和牺牲了农业、轻工业和人民生活的改善，等等，这些与体制有关，但不都是体制问题。就是说，并不是体制决定了要实行这种发展战略。把发展战略方面的失误完全归结为体制的原因是没有根据的。而从某种意义上说，发展战略上的失误对于苏联后来造成的经济发展上的严重后果是更为直接的原因。”

④对斯大林的评价应该有一个总体说法。历史证明，“有过无功”论，把斯大林当作敌人，或者，像安德烈耶娃等人那样，把斯大林描绘成一个“有功无过”的“完人”，都站不住脚。“功大于过”论，难以解释某些重大历史事实，不易得到广泛认同。“过大于功”论，存在明显的片面性。

看来，在研究问题时，无须就斯大林功过的比例争论不休，而应在肯定他毕生为共产主义事业奋斗、领导苏联社会主义 30 年这一基本前提下，着重于具体问题具体分析，总结经验教训。当然，对斯大林也该有一个总体上的评价。笔者认为：斯大林是一位有巨大历史功绩的人物，是一位有非凡领导才能的人物，是一位有严重政治错误的人物，是一位有致命性格缺陷的人物，因而，是一位功过成败兼而有之、不可避免地引起长期争议的人物。

赫鲁晓夫与苏共二十大

也有一种颇有影响的观点，即把赫鲁晓夫的路线特别是苏共二十大，看做是后来戈尔巴乔夫背离马克思列宁主义、导致改革失败的渊源。这里谈一谈赫鲁晓夫与苏共二十大。

苏联共产党第二十次代表大会于 1956 年召开至今，已经过去了 55 年。这次大会由于总结报告中就国际形势提出了一些新的论点和主张，特别是赫鲁晓夫做了批判斯大林的《关于个人崇拜及其后果》的秘密报告①，引起苏联内外震惊而著称于世。大会对于苏共和苏联的发展，对于国际共产主义运动和世界社会主义的前途，都产生了深刻的影响。鉴于有人认为戈尔巴乔夫与赫鲁晓夫“一脉相承”，这里就此做一个简短的评价。

（1）苏共二十大路线及其产生的过程说明，那是在认识尚不成熟、准备不够充分条件下的一次拨乱反正的尝试。大会的基本精神符合苏联社会发展的需要，多少也体现了时代前进的要求。斯大林个人迷信问题的提出，带有历史的必然性，主流方面还是试图克服斯大林时期的某些扭曲现象。但是，囿于苏共领导人的传统观念和认识水平，二十大并没有自觉地从社会变革的高度提出改造苏联社会主义政治经济体制的根本任务，而仅限于从斯大林身上寻找个人原因以及就某些具体政策做调整。这意味着以赫鲁晓夫为代表的新一代苏联领导人，虽然开始思考社会主义的发展道路问题，但政治上还很不成熟。

---

① 注：“个人崇拜”后来改译为“个人迷信”，本文除引证历史外，一般使用“个人迷信”。

（2）赫鲁晓夫在苏共二十大的报告作出了世界大战不是注定不可避免的论断，提出了和平共处、和平竞赛、和平过渡问题。半个世纪的历史进程表明，这些论断有一定的合理性与前瞻性。可是，赫鲁晓夫他们并没有意识到时代主题在向和平与发展转化，也没有认真落实自己提出的各种和平构想。既然说世界大战有可能避免，那就应该确立以经济建设为中心任务，而不是把苏联70%以上的人力、物力资源用于扩军备战。如果苏联真正要跟美国搞和平竞赛，那就应该致力于发展生产力，增强综合国力，提高苏联人民的生活水平，在这些方面超越美国等发达资本主义国家，让全世界人民看到社会主义的优越性。赫鲁晓夫批判了斯大林，却又继承甚至发展了对外扩张政策。后来，勃列日涅夫当政的18年更是变本加厉，严重伤害了苏联自身的元气和社会主义的国际形象。如果苏联历届领导人都能沿着正确的轨道前进，那么苏联的状况就可能完全是另一种样子。

（3）反对个人迷信的斗争，对于苏联社会主义和国际共运的发展历史，有着积极的意义。在苏联，促进了内外政策、经济体制和政治体制的改革和调整。在其他一些社会主义国家，开始平反冤假错案，汲取苏联模式的教训，独立自主地探索自己的革命和建设道路。在国际共运中，许多共产党的领导人，如意共的陶里亚蒂，南共的铁托，波共的哥穆尔卡等，认识到社会主义不只是一种模式，发表了有价值的见解，提出各党应根据本国的实际情况确立自己的道路，不要一个中心，等等。从社会主义发展史、国际共运发展史的角度观察，这些都属于苏共二十大带来的积极方面的成果。

中共八大（1956年9月）对于反对个人崇拜问题作了肯定的评价。邓小平在《关于修改党的章程报告》中指出：“苏联共产党第二十次代表大会的一个重要的功绩，就是告诉我们，把个人神化会造成多么严重的后果。”《关于无产阶级专政的历史经验》一文中说：“苏共二十大展开的反对个人崇拜的斗争，正是苏联共产党人和苏联人民在前进道路上扫清思想障碍物的一个很大的勇敢的斗争。《再论无产阶级专政的历史经验》一文中又说：“苏共二十大在破除关于斯大林的迷信、揭露斯大林错误的严重性、消除斯大林错误后果方面，表现了巨大的决心和勇气。全世界的马列主义者和同情共产主义事业的人们，都支持苏共纠正错误的努力，希望苏联同的努力得到完满的成功。”

（4）赫鲁晓夫的秘密报告虽然存在许多缺陷，但并没有全盘否定斯大林。他立足于谴责，往往用语刻薄，给人的印象是仇恨斯大林。他在秘密报告中说：“在这个报告里不想全面评价斯大林的生平事迹。关于斯大林的功绩，还在他活着的时候已经写了足够数量的书籍和小册子，就已经进行了足够的研究。斯大林在准备和实现社会主义革命中以及在我国建成社会主义的斗争中所起的作用，是尽人皆知的。现在我们要谈的问题是对于斯大林的个人崇拜是怎样形成的，它怎样在一定阶段变成一系列严重地歪曲党的原则、歪曲党的民主和革命法制的根源的。”他在 1961 年苏共二十二大报告中则说：“问题是这样摆着的：要么是党公开地、按照列宁主义的方式谴责对约·维·斯大林的个人迷信时期所犯下的错误和歪曲现象，抛弃已经成为前进障碍的那种对党和国家的领导方法；要么让守旧的、反对一切新的创造性的事物的势力在党内占上风。”从这些词句上，得不出“全盘否定”斯大林的结论。

（5）赫鲁晓夫是战后苏联试行改革的一位先行者，但带有很大程度的认识盲目性和举措盲动性。俄罗斯《20 世纪祖国史》一书对赫鲁晓夫的评价具有一定代表性，指出：“赫鲁晓夫在苏联历史上的作用就像他的黑白两色大理石的墓碑，具有两面性。对他在促进政治生活民主化和经济民主化、努力改善人民生活水平方面所做的工作，人们都是肯定的。但他在农业、工业、和外交方面鲁莽的、不彻底的改革，往往把国家引入死胡同。在人们的心目中，他的形象和斯大林不同，常常不是引起尊重，而是讽刺。”

历史就是历史，苏共二十大的历史是不能更改的。回过头来看，苏共二十大召开之后，随着国际共产主义运动的发展，对之评价有所反复是不足为奇的。反对个人迷信有着时代的烙印，不能认为仅仅是赫鲁晓夫的个人行为。但是动机与效果应该统一。赫鲁晓夫鲁莽做法的后果是严重的，深刻的历史教训值得认真记取。

围绕演变原因两大争议

总的看来，我国学界关于苏联演变的原因存在基本共识，这就是：原因是多方面的、综合性的、长期积累的，是改革失败造成的。至于分歧，如今影响较大的看法有两种，一种认为根本原因在于苏联模式，另一种认为根本原因是戈尔巴乔夫与赫鲁晓夫一脉相承的修正主义路线。

一种观点是："斯大林模式不能顺应人类社会发展的潮流，……斯大林之后，赫鲁晓夫、勃列日涅夫对斯大林体制有所改革和改良，经济有新的发展、民主也有些许扩大，但没有打破斯大林模式的基本框架，这正是苏共丧权、苏联社会主义制度瓦解、苏联国家解体的根本原因。"① "以制度与体现制度的体制作为分析苏联剧变的根本原因，这就抓住了问题的根本。"②

这种论断难免给人带来一些疑问。其一，苏共消亡、苏联解体是在戈尔巴乔夫当政时期出现的，这里为何却不谈戈尔巴乔夫如何进行改革并一步步导致苏共消亡和苏联解体的事实，不提戈氏本人应该承担什么责任呢？其二，二战之后特别是进入上世纪六七十年代，苏联面临两大问题，一是不改革不行，二是改不好也不行。苏联模式弊端的严重性，说明不改革不行；而戈尔巴乔夫的错误，说明改不好也不行。这两者不应错位。模式弊端的存在和滋长固然造成改革的难度，但不能以此当作为戈尔巴乔夫改革失败的理由。也就是说，不应该把体制弊端这一客观存在与从事改革的主观努力割裂开来，把改革难度大与改革必然失败划上等号。其三，为什么回避苏联模式形成的时代背景和历史条件？苏联模式何以能经受住卫国战争那样严峻的考验？为什么不看重苏联模式在教育、医疗和福利保障方面的制度和政策，体现以人为本，深得人心，连资本主义国家也曾加以借鉴？其四，为什么不承认苏联社会主义管理模式可以得到改造，中国特色社会主义便是这方面的成果？其五，为什么苏联人民当初对戈尔巴乔夫是信任他、寄希望于他，而至今仍在埋怨他、不肯原谅他？

原苏共中央书记利加乔夫在《戈尔巴乔夫之谜》一书中曾经指出："毫无疑问，正是戈尔巴乔夫政策的缺陷导致了国家走向崩溃。但我可以肯定地说，在 1985 年 4 月改革开始之际，一切都是与此相反！"该书还提

① 参见《苏联真相——对 101 个重要问题的思考》，三卷本"序二"。
② 同上，"序一"。

出过这样的问题并做了回答："如何理解戈尔巴乔夫那些明显的矛盾声明和实际行动：今天主张社会主义选择，明天又禁止共产党活动？在改革时期完成了一项伟大事业，这就是打击了过去的斯大林主义、专横现象和不法行为，但他又重新走上了破坏宪法程序和破坏法制的道路，这都是些什么——是由于所形成的局势而犹豫不决和逢场作戏，还是伪装，掩盖真实目的？"

俄罗斯著名历史学家罗伊·梅德韦杰夫2003年9月20日在接受中国社科院访俄代表团时认为：戈尔巴乔夫和叶利钦之间争权力、争影响的斗争，在改革的最后阶段几乎成了苏联解体的主要因素，其中叶利钦处于积极方面。民主派的出现，与其说是一种强力的政治运动，不如说是从政治公开性中产生的情绪和倾向。正是这个更多的建立在激进情绪上而不是实际政治力量基础上的民主派，摧毁了苏联和苏共。

另一种观点是："苏联解体和苏共亡党的根本原因，在于从赫鲁晓夫集团到戈尔巴乔夫集团逐渐脱离并背叛马克思主义、社会主义和最广大人民群众根本利益所致。或者概括为苏共的蜕化变质是苏联解体、苏共灭亡的根本原因。"① 在维护这一论断的有的著作中，列举四项理由说明戈尔巴乔夫继承了赫鲁晓夫的修正主义路线。第一，"赫鲁晓夫在苏共二十大上全盘否定斯大林，实质上是全面地诬蔑和攻击苏联共产党和社会主义制度，而否定党的历史和现实社会主义制度是'人道的民主社会主义'赖以提出和蔓延的条件"。第二，"赫鲁晓夫提出'一切为了人、一切为了人的幸福'是党的纲领目标，实际上是把人道主义这一唯心史观作为党的指导思想，而这恰恰构成了'人道的民主社会主义'的理论核心"。第三，赫鲁晓夫提出的否定阶级斗争、反对无产阶级专政的'全民党'、'全民国家'这一修正主义观点，是人道的民主社会主义的理论基础。"第四，赫鲁晓夫的核恐怖理论，否认在核武器条件下国际阶级矛盾的存在，鼓吹国际阶级合作，这构成了戈尔巴乔夫外交'新思维'的理论根据。②

---

① 参见《马克思主义研究》，2011年第3期，第19页。

② 参见《苏联演变的原因与教训——一颗灿烂红星的陨落》，社会科学文献出版社，2008年2月。

以上论断中有些说法也难免给人带来疑问。其一，勃列日涅夫基本上否定赫鲁晓夫时期的改革，行为倒退，变得更加僵化，在国内加强对不同政见者的镇压，对外奉行扩张主义政策，那么勃列日涅夫时期的路线是不是就正确？其二，对赫鲁晓夫的评价回到当年大论战“九评”的立场，是否实事求是？赫鲁晓夫本质上究竟是一位社会主义背叛者还是一位不成功的改革先行者，不妨继续讨论。当初他站出来批判对斯大林的个人迷信，毛泽东评价说他一是“揭了盖子”、二是“捅了娄子”。“揭了盖子”属于原则问题，说明做得是对的，必要的；“捅了娄子”属于方法问题，说明做法有缺点，鲁莽，主要是指批判斯大林这样一个涉及国际共运的重大问题，预先没有同兄弟党商量。其三，如果说“一切为了人、一切为了人的幸福”来自于唯心史观，那么如今我们党提出的“以人为本”的马克思主义理念将被置于何地？其四，将“全民党”和“全民国家”仍然定性为修正主义观点，那么我们该如何理解中国共产党第十七大通过的《中国共产党章程》对党的性质的表述“中国共产党是中国工人阶级的先锋队，同时是中国人民和中华民族的先锋队”？看来，与时俱进也应该运用到对苏联问题的研究中来。

罗伊·梅德韦杰夫 2003 年 9 月 20 日在接受中国社科院访俄代表团时还说过：戈尔巴乔夫本人从来没有承认过他力图瓦解苏联，也没有承认过他的行为客观上帮助了这场悲剧。他在不同场合多次重复过这句话“我不能承担苏联崩溃的责任”。他把苏联和苏共崩溃的全部责任通常推给叶利钦和民主派，推给国家非常委员会，甚至推给开始由雷日科夫、后来由帕夫洛夫领导的政府。罗伊·梅德韦杰夫认为，对于戈尔巴乔夫而言，苏联和苏共的崩溃从来就不是他工作的明显目的，也不是他工作的隐蔽的目的。罗伊·梅德韦杰夫说，在对待经济科学、政治科学、社会学、社会心理学、管理科学方面，在所有这些方面，戈尔巴乔夫都是一个极端肤浅的人。

应该强调指出，就苏联国家解体而论，叶利钦也负有重大责任，他伙同乌克兰的克拉夫丘克、白俄罗斯的舒什凯维奇，暗中策划，直接制造了瓦解苏联的悲剧。历史事实是，苏联原先 15 个成员国，后来在形势越来越复杂混乱的情况下，表示愿意留在联盟内的相继从 11 个成员国减少到 9 个共和国和7个共和国。哪怕只保留“苏联”这个虚名，联邦变成邦联，戈尔巴乔夫当时还是想挽回苏联的。

俄罗斯历史学家罗伊·梅德韦杰夫2003年9月20日在接受中国社科院访俄代表团时还说过：“苏维埃政权年代，我们国家在科技方面、在军事领域、在某些生产部门培养出了强有力的领导干部，但没有在政治领域培养出强有力的领导干部。在普遍的意志品质和智力水平方面，斯大林周围的人弱于列宁周围的人。这种退化一直延续到赫鲁晓夫和勃列日涅夫时期，到戈尔巴乔夫时期仍在发生。”

苏联演变原因总体看法

笔者就此归纳为以下几点：

（1）苏联剧变包含两层意思，一是指苏联共产党垮台、苏联社会主义模式破产、社会主义红旗落地；二是指联邦国家解体，统一的苏维埃社会主义共和国联盟——苏联不复存在。两者是相互联系的，前者主导，起决定性作用。

（2）苏联模式是一种高度集权的政治经济管理体制。它是在没有现成经验可资借鉴的情况下，在帝国主义包围和党内外复杂斗争的环境中，于上世纪二三十年代逐步探索和形成的一种模式。其初期，适应了经济落后、结构简单和以增强国防为经济发展首要目标的状况；战争年代，显示了动员性强和困难承受性强的优点；和平建设时期，形成了比较完善的人民福利保障制度。苏联模式存在弊端且日趋严重，简言之叫做思想理论僵化、经济管理凝固化和政治生活非民主化。苏联共产党选择和培育了这种体制，而在其理论、路线、方针和政策方面长期来所犯“左”的错误，又都与这种体制密切相关，互为因果，恶性循环。正如罗伊·梅德维杰夫指出，苏联历届领导人并没有认真地总结这种模式的缺陷和弊病，及时地加以修正和完善，而总是千方百计地颂扬它、美化它。

（3）苏联模式弊端在二战后特别是上世纪六十至八十年代，变得越来越严重，到了不改革不行、改革不好也不行的生死关头。赫鲁晓夫时期和勃列日涅时期（设计和执行者是柯西金）先后尝试过改革，章法混乱，触动不了体制本身，都不成功，且模式弊端越积越厚。担任了15年克格勃主席、深谙苏联国情的安德罗波夫掌权之后起步改革，无论是理论上（如否定发达社会主义已经“建成”，提出只是处于“起点”）还是实践上（采取了完善与生产力发展不相适应的生产关系和经济机制的多种措施，同时在做法上要求“必须万分谨慎”、“三思而行”），都比较扎实，颇有创意，给人们带来过欣喜，可惜为时短暂，他当了15个月总书记就去世了。

（4）从1982到1985短短3年内，苏联3位老年领导人勃列日涅夫、安德罗波夫和契尔年科相继去世，戈尔巴乔夫被推上党中央总书记宝座并着手改革，从他启动改革，经历了使命、宏图、试航、走险、误区、陷落等几个阶段。戈尔巴乔夫本意是想通过改革让国家变好，但改革药方失灵。历史证明，戈氏政治上是一个庸才，经济上是一个外行，思想理论浅薄，作风优柔寡断，华而不实，重用败类，其智慧、才能和素质显然胜任不了领导苏联这样一个大国改革的重任。他之所以能登上权力顶峰，乃历史机遇使然，从根本上说则是苏联政治体制的产物。苏联人民先是信任他，尊重他，寄希望于他；后来又埋怨他，憎恨他，不肯原谅他，均属情理之中。

（5）尽管苏联几十年当中积累了种种严重弊端，但是苏共消亡和苏联解体并非不可避免。戈尔巴乔夫时期如果从1987年开始的经济改革认真地坚持下去而不是半途搁浅、孤立地去搞那种破坏性的政治改革；如果当即奋力进行产业结构调整，把食品消费品生产放在重要位置，而不是在原先非常畸形的结构基础上推行仍以重工业优先的加速战略；如果听取许多人的建议早抓农业改革，并且在国际石油价格下跌的情况下不惜付出一定代价大量进口食品以丰富市场，在给人民群众带来经济实惠的同时逐步放开价格；如果在保持生产稳定增长的前提下，有步骤地实行渐进的、适当的所有制变革，而不是要么迟迟不触动所有制问题，要么在缺乏思想准备和未经试点的情况下企图用几百天时间完成私有化和非国有化；如果不是盲目地频繁更换干部，造成党内离心离德倾向滋长和党的队伍涣散，一批打着支持改革旗号、别有用心的人乘机钻进党的各级领导班子，因而加重了党的危机；如果民主化和公开性掌握适度，而不是将其作为万灵药方加以滥用，破坏稳定的政治环境和造成激烈的权力之争与民族冲突；如果正确地总结历史教训，认真改善和加强党的领导，并切实纠正种种错误，而不是诋毁社会主义历史、丑化共产党并取消党的领导核心作用和执政地位——如果这一切本可避免的重大错误（不是指一般错误）得以避免或者及时纠正（包括重大错误），那么，后来促使事态恶性发展的“8·19”事件也就不会发生，苏联的形势和结局很可能完全是另一个样子。

（6）戈尔巴乔夫的改革药失灵，概括说来是：①指导思想错误。这突出表现在将自己的路线、战略和政策，仅仅建立在对立统一世界（无论是国内还是国际）中的同一性基础之上，只讲妥协、调和、一致，掩盖矛盾、分歧，放弃原则斗争。②发展战略不当。这主要是指企图在几十年形成的严重畸形的产业结构基础上，实行所谓加速战略，致使畸形结构变本加厉。后来虽然不得不中止加速战略，但结构调整依然缓慢，食品消费品生产始终滞后，一直没有给人民带来实惠。③具体政策失误。这更多表现在急于求成，政策多变，反复无常。这在社会发展阶段的确定、计划与市场关系的处理、所有制构成的设想、革新党还是放弃党的领导、意见多元化还是政治多元化、实行联邦还是邦联等方面，都有鲜明的表现。④整个路线扭曲。这集中体现在抽掉阶级和阶级斗争的内容、“以人道主义为纲”的所谓“人道的民主的社会主义”和“国际关系民主化和人道化”的理论与实践上面。

（7）从更宏观上来讲，苏联发生剧变的原因是多方面、综合性的，涉及政治、经济、民族、理论、意识形态、文化、外交等诸多因素，执政党因素则是决定性的。从另一层面上讲，导致剧变有内因，也有外因，内因是主要的；有现实原因，也有历史原因，现实原因是主要的；有领导人的错误，也有改革本身的难度，领导人的错误是主要的。强调说内因是主要的，并非外因不重要，而是避免将外部“和平演变”万能化；强调说现实原因是主要的，并非低估苏联模式弊端的严重性，而是警惕陷入改革必败的“宿命论”；强调说领导人的错误是主要的，并非否认苏联改革的艰巨性，而是防止无谓地为领导者的罪责开脱。我们不应忽视其中任何一种原因，但又不能孤立地只用某一种原因来对苏联剧变作总体上的解释。如果更概括地表述，那么可以说，导致剧变的各种原因在深层次盘根错节，执政党及其领导者的路线错误与僵化的管理模式弊端相交织所体现的现实内因，则是问题之根本。

（8）回过头来看，苏联这种模式未必就是当初惟一可能的选择，但历史不容更改，历史无法假设。苏联模式弊端确实根深蒂固、积重难返，但也得不出“不可救药、改则必垮”的结论。不应该把体制弊端这一客观存在与从事改革的主观努力割裂开来，把改革难度大与改革必然失败划上等号。中国最初也是学习和运用的苏联模式，随着在实践中对这种模式弊端的认识加深和改革的不断推进，苏联模式在中国终于得到了较有成效的改造，从而形成了中国特色社会主义。

（9）就苏联国家解体而论，叶利钦等人也负有重大责任。戈尔巴乔夫的错误为苏联解体提供了条件，而叶利钦则利用了当时的复杂形势，在取代苏联总统地位不成的情况下，别有用心地直接制造了瓦解苏联的悲剧。历史资料表明，在苏联解体问题上，戈尔巴乔夫和叶利钦各有各的账。

第九章　生影响震惊世界

俄罗斯领导人普京说过，苏联解体是20世纪最大的地缘政治灾难。所谓“最大”，说明它产生的影响之大。苏联解体不仅涉及原苏联版图内的各个国家，而且对整个世界战略格局产生巨大的影响。

苏联解体改变世界格局

20世纪以世界格局几番转换为特征而载入史册。世界格局的转换与苏联的兴衰存亡紧密相关，乃至苏联解体成为引发人们在多极化问题上争议的源头。

苏联从衰落到解体的过程，始终牵动整个国际局势，这是苏联作为一个超级大国的作用在它结束之前的负面效应。苏联从衰落到解体，经历了一个奇特的“剥笋”过程。戈尔巴乔夫担任苏联最高领导人伊始，便提出要调整对外战略，以适应国内改革的需要。这曾经给人以耳目一新之感。然而，几年来苏联的内外政策实施结果表明，这个时期的战略方针与勃列日涅夫当政的18年差别甚大，从一个极端跳到另一个极端，都是悲剧性的。勃列日涅夫时期为了同美国争夺世界霸权、谋求在世界范围内的战略利益，推行以社会主义多层次构想为主要内容的全球战略。多层次的构想图案大致是：以社会主义体系为基础，内外分成若干层次。在此体系中，主体是社会主义大家庭（由经互会成员国组成）；在大家庭中，核心是华沙条约成员国；苏联当然是头。在此体系外围，包括亚非和欧美两个方面。在亚非地区，主要是加强“以社会主义为发展方向”国家同苏联的密切合作，其中有的国家被作为观察员吸收进经互会。在欧美地区，主要是推行共产党同社会党、社会民主党等“结成左翼联盟”的策略，争取通过和平途径建立亲苏的通往社会主义的政权。这种全球战略含有明显的民族利己主义，同时也使苏联背上深重的包袱，其严重后果已为世人有目共睹。戈尔巴乔夫时期推行战略收缩方针，特别是在苏联衰落的这几年，致使形势向着与勃列日涅夫时期截然相反的方面发展，出现了层层“剥笋”的局面：在亚非和欧美的“进攻性战略”丢弃，经互会、华约组织相继解散了，“头头”苏联本身也瓦解了，苏联最大的成员国俄罗斯联邦则多年处于危机状态。

苏联衰落和解体对国际关系产生的影响是多方面的。主要表现在：

（1）两极格局终结。世界格局多极化的发展趋势，从20世纪80年代便见端倪。1989年东欧剧变和华约组织、经互会解体以及苏联衰落之后，两极格局体制开始瓦解。苏联作为“国际政治主体和地缘政治的现实”停止存在的情况下，两极格局最终结束。俄罗斯虽然继承了苏联的核武库和联合国安理会常任理事国地位，但只能算是“一超多强”中的一“强”。当今世界原先与美苏两个超级大国的矛盾，聚焦到唯一超级大国美国身上。美国一方面担当其处理许多全球事务的“责任”，如“9·11”事件之后的反恐；另一方面变本加厉地充当世界警察的角色，越发成为众矢之的。美国在经受“9·11”事件、伊拉克战争和金融危机三大冲击之后，日渐走下坡路。况且，苏联解体之后，西方失去共同对手，美国与其他西方发达国家之间的矛盾突出起来，尤其是经济摩擦加深。美国的领导地位遇到前所未有的挑战。

（2）“东西”力量失衡。苏联解体之后，姑不论原先的东西方概念变得模糊，更重要的是力量对比失衡，即“西”强“东”弱。苏联解体、华约解散之后，北约不断东扩，不仅将中东欧原社会主义国家卷入其中，还试图将触角延伸到原苏联的范围如格鲁吉亚和乌克兰。“欧洲一体化”的范围已从仅指西欧而发展到全欧洲。欧洲局势由冷战时期的紧张稳定变成如今的动荡缓和。美国和西方其他大国还曾在原苏联的一些共和国策动所谓“颜色革命”，虽不成功，却不甘心，总想进一步削弱俄罗斯的势力，清除那里的社会主义影响，将这些国家拉进西方的怀抱。

（3）“南北”矛盾加深。昔日苏联自称是第三世界亦即发展中国家的“天然盟友”。苏联试图借助这样的理论和实践来谋求在第三世界的主宰地位，为此它确实通过经济援助和军事援助使得这些国家增强了自主意识和抗击外来帝国主义干涉的能力。苏联解体之后，其原先苦心经营的“半壁江山”客观上被推向西方列强的掌握之中。许多曾经靠拢苏联的第三世界国家受到美国和其他西方国家强权政治和经济霸权的压力，处境困难。对它们的投资减少，且政治条件愈加苛刻，贫富差距进一步拉大。苏联剧变之后，俄罗斯等国还产生了与发展中国家争夺资金、技术和市场的问题。

（4）地区热点转移。在当年苏联的作用或参与下，苏联从阿富汗撤军，印支问题解决，中东出现了和平进程。苏联解体之后，原先两极体制掩盖下的民族、领土、宗教、资源等争端激化。不仅较稳定的欧洲一度反而成为动荡的中心地带，而且美国和西方其他大国不时对一些发展中国家大打出手。可以设想，如果苏联存在，哪会有科索沃战争、南斯拉夫崩溃、俄罗斯与格鲁吉亚兵戎相见？“9·11”事件甚至得以避免（1979 年苏联入侵阿富汗的时候，恐怖主义基地是将矛头对着苏联的），因而随之而来的伊拉克战争、阿富汗战争以及当前西亚北非形势动荡也就不至于发生，“朝核问题”和“伊朗核问题”也可能完全是另一种局面。2011 年适逢“9·11”事件 10 周年，美国有的报刊称“9·11”事件是“历史的分水岭”。对于美国本身而言，这个论断也许可以成立，但是对于全球来说，真正“历史的分水岭”应该说是苏联解体。

（5）经济集团结构变异。苏联东欧集团解体后，原先世界上的一大经济集团——经互会不存在了，欧洲、美洲、非洲和亚太形成不同形式的经济集团，发展中国家也在建立各种经济共同体，而且集团之间和地区合作组织之间出现交叉现象，“你中有我，我中有你”。当然，苏联解体改变不了全球经济一体化的发展总趋势。

鉴于上述诸多变化，美国的地缘战略出现调整。美国在不放弃欧洲这个传统战略重点的前提下，进一步完善其全球战略布局，包括增强自己在欧亚大陆的军事存在，将其欧洲战略、中东战略和亚太战略连成一片，逐渐突出在亚太方面的战略意图。

折中物独联体蹒跚而行

苏联解体、原15个成员国各自宣布为独立的主权国家之后，其中11个国家经过一番曲折的斗争和妥协，结成了“既不是国家也不是超国家实体”的独立国家联合体。鉴于各成员国在领土、民族、经济和军事等方面的传统联系难以分割，而各国又都坚持政治上的绝对独立，所以独联体出现伊始便具有形成必然性、自身脆弱性和前景不确定性的特点。包括俄罗斯在内，各国在独立之初都曾仰望西方国家提供大宗经济援助，但西方国家心怀叵测，“杯水车薪”乃至“口惠而实不至”。它们频频碰壁之后才又转而比较重视独联体。有一个独联体，诸如阿塞拜疆和亚美尼亚的纳戈尔诺—卡拉巴赫纠纷、格鲁吉亚的阿布哈兹独立问题等尚且旷日持久解决不了，如果没有独联体，那就难以设想原苏联大地上将会是怎样一种混乱局面，又将对欧亚地区的安全与稳定产生何等严重的影响。有人把独联体称作“文明离婚”的平台，的确，其象征意义要大于实际价值。独联体的意义首先在于它的存在。

20年来独联体一直蹒跚而行，不过，毕竟也还是做了一些事情。例如，在经济合作方面，签署了一系列合作协定，成立了具有一定实质意义的跨国经济委员会。只是由于立法不健全，合作协定缺乏约束力，加之海关和税收政策的无端限制，一体化在宏观方面未能产生预期效果。在安全合作方面，先后有9国签署的集体安全条约，7国签署的保卫独联体外部边界条约，10国签署建立联合防空系统协定，12国安全部门领导人签署的治安领域合作互助条约等。这些措施是保证独联体范围内局势比较稳定和热点有所控制的重要因素。在外交合作方面，尽管各国都把发展同美国和其他西方国家的关系作为“优先选择之一”，除个别国家外，都参加了北约“和平伙伴关系计划”，但是，几乎无例外地又都把加强与独联体国家的合作称作“首要目标”或“优先方面”。

独联体的离心倾向始终没有消失，突出的标志是形成了一个由格鲁吉亚、乌克兰、阿塞拜疆和摩尔多瓦四国组成的“古阿姆”集团（乌兹别克斯坦1999年4月加入，2005年5月退出）。其成立背景是为了加强相互合作，促进地区安全，加强政治、经济交流，同国际恐怖主义、有组织犯罪、毒品走私做斗争。该组织与独联体背向而行，受到美国等西方国家的支持。由于多种复杂原因特别是地缘政治因素，决定了“古阿姆”并没有多大作为。

独联体内部矛盾的突出表现，一是俄罗斯与格鲁吉亚的关系，另一是俄罗斯与乌克兰的关系。这里着重谈一谈俄格关系。

俄罗斯和格鲁吉亚之间关系紧张，乃至 2008 年 8 月 8 日发生军事冲突。这是冷战后的一场悲剧。从深层次看，存在重要原因。

政治上，格鲁吉亚领导人奉行亲西方政策，执意加入北约，俄罗斯认为这样北约就会从它的西南和南部对其形成合围之势。俄罗斯不能容忍它的传统势力范围亦即它自己所说的国家利益受到侵犯。

经济上，争夺油气流向的控制权是两国矛盾的一大症结。长期以来里海油气出口主要是通过俄罗斯境内的管道系统。阿塞拜疆、土耳其和格鲁吉亚三国铺设了一条从巴库经第比利斯到杰伊汉的输油管道。国际舆论认为，俄格之间的问题是格鲁吉亚控制着这条管道，俄格纷争缘起石油而非单纯延续历史争斗。

外交上，不少舆论认为“一切起源于科索沃问题”。俄罗斯承认南奥塞梯和阿布哈兹独立，被称作是西方策动科索沃独立的对照物，是俄方用行动冲击以科索沃问题为靶子的国际问题双重标准。

俄罗斯内外不少专家还认为，俄罗斯与格鲁吉亚等高加索国家的关系是影响俄美、俄欧关系的重要因素，西方国家也将格鲁吉亚等国当作试探俄罗斯态度的手段。面向未来，俄格双方都不得不从长计议。况且，格鲁吉亚与俄罗斯的经济联系密切，特别在电力、石油、天然气等供应方面，还要依靠俄罗斯。俄罗斯也不能不考虑外高加索的特殊地缘因素和复杂的大国关系。俄格之间要根本解决问题，将涉及多方面的立场与利益。中国国家主席胡锦涛曾表示，希望有关各方通过对话协商妥善解决问题。这应该是唯一的也是最佳的选择。

俄罗斯与乌克兰的关系一度也非常紧张，主要由于乌克兰当局意欲加入北约和“天然气大战”引起，直到亚诺科维奇担任总统之后放弃加入北约、延长俄罗斯在塞瓦斯托波尔海军基地租期并谋求与俄罗斯的安全与经济合作，两国关系得到缓解，但仍存在一些争议。

独联体内部形成多层次、多结构的现象，是它赖以生存的一种表现形式。其中有一个被称作一体化程度很高却又摩擦不断的俄罗斯—白俄罗斯联盟，以及由俄罗斯、白俄罗斯、哈萨克斯坦、吉尔吉斯斯坦和塔吉克斯坦组成的以建立关税、货币联盟为目标的“五国联盟”。独联体在磨合过程中出现双边或多边联合体，反映了客观现实的需要和多样性。这是对独联体的补充，且互为示范。至于哪种合作形式更为切实有效，更富有生命力，则要由实践检验，规律是优胜劣汰。

独联体较之世界各地形形色色的共同体，具备更有利的一体化条件。正如当年独联体阿什哈巴德宣言所指出：应该保留在几十年的共同历史中在政治、经济、文化、人文和个人交往方面把独联体各国人民联在一起的所有好的东西，并在此基础上发展崭新的合作；独联体领导人应当表现出最大限度的聪明才智、克制精神，准备达成合理的妥协，不能有任何可能被认为是干涉内部事务、违背主权国家利益、不尊重民族尊严的表现；独联体是一个开放的组织，其目的在于为各国政治、社会经济发展创造条件，促使每个主权国家根据本民族的民族特点实现自己的选择。

独联体的根本出路在于改革。它仿佛是一件“半成品”衣料，最终究竟会变成一种什么款式的服装，要由各成员国的领导人不断地精心剪裁加工。

至于原苏联各共和国的发展模式，不能用统一的概念去提出问题和认识问题。十多个国家的国情是不同的，而每个国家又都有权根据本国国情选择自己的社会制度、意识形态、经济模式和发展道路。至少可以说，它们今后不大可能仅仅是一种发展模式。

版图最大、条件最好的俄罗斯，无例外地也曾经在困难中煎熬。人们最初着重关注和研究的是俄罗斯长期形成的经济基础和价值观念，同全盘私有化之间是否存在结合点？还提出另一个问题，除去私有化，俄罗斯经济是否还有别的发展方式？市场经济同全盘私有化并不是同一回事，在俄罗斯这样的国家不通过私有化可不可以实行市场经济？又如何实行私有化？这中间就有一个发展模式问题。俄罗斯国内围绕这个问题的分歧和争论是很大的，当经济改革不见成效时争论更加激烈。普京就任领导人之后，注意将俄罗斯国情与时代特征结合，在私有化方面纠正了国家独立之初一哄而起的盲动性，并给干政的金融财政寡头以沉重打击。事实表明，如果说叶利钦时期明确要把俄罗斯拉进资本主义的话，那么普京时期则是将俄罗斯拉回到资本主义与社会主义的结合部，正在精心地选择和开拓一条适合本国国情的发展道路。

乌克兰同俄罗斯国情相似，但从民族意识方面看，也有诸多不同。波罗的海三国倾向于北欧一些国家的模式，这比较容易理解。

更特殊一些的是中亚五国。它们信奉伊斯兰教，多数国家又处于原共产党领导人的掌控和带领之下。土耳其、伊朗等国家都在对它们施加影响。它们面临着有别于欧洲地区国家的几种发展模式的选择，是选择土耳其世俗主义模式还是近乎中国这样有自己特色的社会主义模式或其他。

高加索几个国家的民族、宗教等特点又不尽相同。摩尔多瓦情况尤其引人注意。摩尔多瓦共产党人党于 2001 年和 2005 年两度赢得议会大选并连续执政 8 年之久。在 2009 年 7 月议会大选中，摩共虽失去执政舞台，但仍保持第一大党地位。透过摩共“在野—执政—非执政第一大党”的“摩尔多瓦现象”，可以看出，社会主义因素在该国政治生活中依然具有重大的影响力，社会主义理想和目标并没有因苏联解体而从此泯灭。

总之，苏联解体后的这些国家，其发展前景将取决于人民的意愿。这些国家合理的发展模式的确立，不会在某个领导人的任期内完成。

东欧各国凸显个性共性

东欧国家剧变 20 年来，处在政治经济管理模式乃至社会制度发生根本性变化的过渡时期，历经周折，充满矛盾，发展不平衡。对于这些国家来说，适合本国国情和符合时代特征的社会发展模式，还不能说已经完全定型。它们在转型过程中，围绕一些重大的政治、经济和外交问题，存在着共识与非共识、共性与非共性的不同程度的差别。

（1）扬弃苏联模式社会主义既是共识也是共性。

东欧国家走过的 20 年，无例外地是不断扬弃苏联社会主义模式的 20 年，是从受制于苏联这一极端转到另一极端亦即倒向西方的 20 年，实质是在夹缝中探索一条图安全、谋发展的道路的20年。

回顾一下历史，东欧一些国家原先的民主发育程度与经济发达程度，总体上不是落后于苏联，而是甚至要高于苏联。它们本来有条件在建立新政权之后，从本国实际出发，稳步实行政治民主化和市场经济，从而促进社会主义民主和社会主义经济持续发展，其中不少国家完全有可能进一步走在苏联的前头。二战结束后的最初几年，东欧国家曾经强调实行符合本国国情的人民民主制度，政治上维持多党议会民主制，继续奉行爱国主义统一战线，逐步加强共产党的领导地位；经济上主张多种所有制经济并存，渐进地实行工业国有化和农业集体化。南斯拉夫则是最早看到苏联模式弊端，试图实行"自治社会主义"（从一定意义上讲，也可以说是本国特色社会主义），却遭到苏联的围攻和批判。强加给东欧国家的苏联模式，是一件"紧身衣"，令它们窒息不已。僵化的计划经济体制和超越阶段的所有制单一化，严重束缚了这些国家生产力的发展。

20世纪60年代以后的20多年，苏联更是强化经济、政治、军事、外交一体化，鼓吹经济发展要"拉平"，容不得东欧国家"标新立异"，结果是相互牵扯，共同落后。1956年的匈波事件和1968年的布拉格之春，固然有外部因素的渗透作用，但是主导方面则是反映了这些国家的人民对苏联控制和对本国领导人盲目追随苏联的不满，矛头所向主要还是表现出对苏联模式束缚的抗争和冲击。苏联派兵镇压，取得了暂时的效果，却也埋下了祸根，潜伏着深重的危机。"不是不报，时候未到"，20年前，由于众所周知的内外原因（也许至今人们的看法仍有分歧），这些国家终于以付出沉重的代价和人们并不情愿看到的结局，挣脱了苏联模式的桎梏。

东欧国家20年的发展情形，证明了这样几点：①它们都避免不了要搞市场经济与议会民主多党制。②完全照搬美欧发达国家的发展模式，也行不通。③苏联模式中的某些可取之处（如福利政策、适当的经济计划调节）尚且被美欧发达资本主义国家不同程度地加以借鉴，那么，经历过40多年苏联社会主义模式洗礼的东欧国家，不可能在今后的发展中对这些可取之处完全不予理会，否则这些国家人民的怀旧情绪从何而来？

（2）效法新自由主义的"华盛顿共识"是暂时共识但不等于共性。

东欧国家发生剧变，面临着选择怎样的发展道路，究竟向何处去的新难题。于是，1990 年应运而生的“华盛顿共识”便对它们产生了巨大的吸引力。所谓“华盛顿共识”，正如美国著名学者诺姆·乔姆斯基在他的《新自由主义和全球秩序》一书中所说：“新自由主义的华盛顿共识指的是以市场经济为导向的一系列理论，它们由美国政府及其控制的国际经济组织所制定，并由它们通过各种方式进行实施。”

东欧各国剧变之后，开始自由选举，政党轮流上台执政，同时根据“华盛顿共识”开始进行经济改革。用美国经济学家理查德·伊斯特林的说法，来自美国和西欧的芝加哥学派顾问为它们设计改革道路，指导原则为“财政紧缩、私有化、自由市场和自由贸易”，最终目的是从中央计划管理的公有制度，转变成市场经济和私有制占主导地位的社会制度，国营企业私有化成为当时各国的主要任务。

事实是，东欧一些国家如波、匈、捷等，在向市场经济过渡中，由于实行财政紧缩和私有化政策，几乎无例外地都要遇到诸如新旧体制转换过程中形成的“真空”、经济结构失衡、生产滑坡、失业率上升、高通货膨胀、巨额财政赤字、商品短缺、生活水平下降、贫富悬殊加重，以及教育、医疗卫生和文化等原社会主义时代的福利费用被大量挪用的现象。时至今日，仍在继续进行私有化改造，促进经济发展，应对高通胀，但在金融危机冲击下多数国家经济增长严重受阻。可以想见，犹如拉丁美洲国家许多领导人醒悟后对“华盛顿共识”持严厉批判态度，东欧国家的有识之士迟早也会看清“华盛顿共识”误导的严重后果。

与之相关，推行休克疗法既不是共识也不是共性。

向市场经济过渡最初在有的国家显示过一定的成效。如波兰和匈牙利，剧变之前已进行过多次较深刻的改革，市场机制的因素较多，市场运作的影响范围较广，实际上为向市场经济过渡作了一定程度的准备，因此向市场经济转轨的起点较高。捷克的优势则表现在剧变前的社会经济基础比较雄厚，同西方的经济联系比较广泛，计划经济的自我调节能力尚未耗尽，向市场经济过渡困难虽也不少，但条件相对较好。但是，它们要完成向市场经济过渡，休克疗法并非万灵药方。波兰前第一副总理、财政部长科沃德科从私有化角度提出问题，认为只有东德搞的才算是休克疗法，波兰等东欧国家并没有实行休克疗法。这位被波兰人被称为波兰改革的总设计师，在他的著作《从休克到治疗》一书中指出，波兰的相对成就并不是休克疗法的成功，恰恰是抛弃休克疗法的成功。从1989年至1992年，波兰曾实行休克疗法，其结果是生产大幅度下降，通货恶性膨胀，此后波兰开始反思并抛弃休克疗法，实行渐进但又综合而坚定的改革，对政府的作用进行重新定位，仔细设计新的法律和制度，经济才有了缓慢的回升。

（3）选择民主社会主义是共性但并不一定是共识。

20年前东欧一些社会主义国家执政党受挫，多数并非在搞了民主社会主义之后，而是濒临崩溃时想从民主社会主义那里寻求出路。回顾一下历史，二战后在国际共运内，包括东欧社会主义国家，围绕苏联模式社会主义与社会民主主义孰优孰劣的争论几乎没有间断过。20世纪70年代出现欧洲共产主义并得到东欧许多国家的支持，也是这个原因。苏联东欧国家内部几十年来的党内斗争，其实是围绕苏联模式的斗争，各国情况虽有差异，但都跳不出这个圈子。苏东剧变中民主社会主义思潮抬头，不等同于传统社会民主党以维护和改良资本主义为宗旨，而是以背离和抛弃苏联社会主义模式为特征。

从一定意义上说，回归民主社会主义是东欧一些国家遇到的共性问题，但并没有形成共识。所谓“回归”，也就是这些国家根据本国的传统国情，重新接受人类文明在资本主义发展阶段的这项政治成果。在西欧和北欧，社会民主主义思潮被西方“左派”政党广泛接受，他们在政治实践中接受和溶入资本主义制度，成为西方主流社会的民主法制以及政府管理和执政的重要组成部分。社会民主党人的政策主张，被认为是西方长治久安的原因之一。二战前后经历过周折的东欧一些国家，剧变后政党派系林立，政见差异较大。许多党认同民主社会主义奉行的社会公正等价值观，但社会民主党的地位和处境却不尽相同。尽管多党制和议会制在东欧国家的运作基本上比较协调，但一些国家执政党的地位仍然不稳。目前匈牙利、保加利亚社会党人主导的政府地位受到挑战，捷克在野的社会民主党和摩拉维亚共产党保持着与执政联盟几乎旗鼓相当的实力，斯洛伐克方向—社会民主党与其执政伙伴人民党—争取民主斯洛伐克运动之间频频发生摩擦。

（4）经历一个痛苦的过渡期是共性但并未形成共识。

东欧国家发展的20年，是一个过渡期。按照美国经济学家理查德·伊斯特林的说法，在过渡期中，东欧这些国家未来的不确定性是普遍而且长期存在的现象。他说这些国家都“迷失在过渡期”，其特征是原社会主义国家改革前后居民对过渡期生活的总体满意度下降。这种“伊斯特林悖论”认为，收入增加并不等于幸福感增加。据一份资料报道，他在研究中将生活满意度细分为工作、健康、家庭收入、育儿、生活水平、住房、商品供应、环境、邻居等与生活相关的问题，作为研究指标进行前后对比，最后计算出一个生活满意度，用数值从1（=不满意）到10（=满意）来表示。研究结果显示，德国（研究范围为东德，从1900年的6.59降低到2005年的6.32）、波兰、匈牙利、斯洛伐克、保加利亚和罗马尼亚的居民生活满意度都有不同程度的降低。仅有斯洛文尼亚和捷克两国居民的生活满意度有所提高，增幅分别为0.94和0.03。

伊斯特林的研究显示，“不利的经济与社会情况对主观幸福感的影响，胜过政治因素。”他认为，国家政治制度改革实际上并非如此重要，诸如家庭、健康和工作这样涉及日常生活的问题与幸福的关联度要大得多。

看来，东欧这些国家的未来发展充满诸多变数，要实现有的专家赞赏的“民主体制从低素质走向成熟，市场经济从弱不禁风成长到根深叶茂”，仍需折腾很长一个时期。

（5）加入欧盟既是共性也多半是共识。

欧盟的扩大，是经济一体化的表现，也是经济全球化的一个缩影。欧盟从经济一体化走向政治一体化，虽说不可能一帆风顺，却是大势所趋。东欧国家纷纷加入欧盟，无论从一体化规律性，还是从地缘政治因素来看，都是合乎逻辑的。鉴于国情的差别，它们入盟的进度不一：匈牙利，于2007年12月17日加入；斯洛文尼亚、罗马尼亚、保加利亚、波兰和斯洛伐克，于2008年相继批准《里斯本条约》；斯洛伐克于2009年1月1日加入欧元区；捷克对《里斯本条约》是否削弱主权存在争议。

东欧国家入盟之后，有一个义务与权利平衡的关系问题，有一个利益“分红”的矛盾。新老欧洲的差别与新欧洲内部的差别，决定了欧盟内部的多样性和进程的复杂性。

随着全球金融危机的加深，可以发现一种现象，那就是与一体化、全球化关系愈密切的国家，遭受金融危机的创伤愈是严重。这说明了经济全球化的两重性，提出了应该如何从中趋利避害的问题。

(6) 依仗北约、远离甚至对立俄罗斯是共识但并非共性。

当年北约诞生的缘由，一是针对苏联威胁，二是防范德国再起。随着苏联解体和华约终结，北约的存在已失去原先的意义。

北约东扩的理由之一是“填补真空”。这当然是借口。西欧国家试图借助北约东扩，加强对它认为前景莫测的俄罗斯的防范。美国力挺北约东扩，以保持和扩大它在欧洲事务中的主导权。中、东欧的中小国家加入北约，鉴于共识，普遍希望从北约那里得到安全保障。

北约的性质其实在渐变之中。按照北约协商一致原则，加入的成员愈多，麻烦也就愈多。北约领导人声称该组织的大门是对俄罗斯敞开的。俄罗斯一旦加入，北约更不是原来意义上的北约。随着俄罗斯的复兴和政策调整，加上地缘因素，东欧一些国家将来对俄罗斯的亲疏，也还不是一成不变的。所以说，从长远来看，加入北约、敌视俄罗斯，并不是东欧国家的共性。

世界社会主义经受冲击

人们公认，苏联剧变使得世界共运经受严重打击，世界社会主义出现了低潮。这方面的过程人们比较熟悉，这里谈谈最受关注的新现象与社会主义前途问题。

(1) 如何评价共产党易名而来的社会民主党?

社会主义性质的政党在历史上发生过多次分化，19 世纪末是在理论阶段和雏形状态下的社会民主党的分化，20 世纪 80 年代末则是在现实阶段和苏联模式条件下的共产党的分化。苏东演变中新出现的社会民主党（含社会党和工党），背景不同于传统社会民主党的维护和改良资本主义，而是以背离和抛弃苏联传统社会主义模式为特征。这些党自觉或不自觉，主动或被动，都得打破原先政治上和经济上高度集权与单一所有制的模式（看法基本上一致），确认和推行民主化与私有化（做法程度上有分歧），搞议会民主和混合经济，因此民主社会主义色彩较浓。尽管如此，它们走社会民主党老路并没有前途，它们改变名称和口号既表明其观念在变，也带有明显的权宜性和过渡性。所以，由社会主义国家执政的共产党转变并易名而来的社会民主党，与历史上在资本主义条件下逐渐自然形成、在国际共运和国际工运中与共产党分道扬镳的社会民主党之间，既有共同点，也存在差别。如果只看到共同点，那就只能导致民主社会主义一种结论；如果既看到共同点，同时又看到差别，那就会看到其发展前景的两种可能性——民主社会主义或者“本国特点社会主义”。特别是，我们在研究前苏联东欧地区国家的新情况、新问题时，如果不摆脱以苏联模式作为衡量社会主义唯一尺度的阴影，就很难得出正确的答案。

（2）如何看关于原苏联和东欧地区社会主义历史命运？

邓小平说：“社会主义经历一个长过程发展后必然代替资本主义。这是社会历史发展不可逆转的总趋势，但道路是曲折的。”他还说：“从一定意义上说，某些暂时复辟也是难以完全避免的规律性现象。一些国家出现严重曲折，社会主义好像被削弱了，但人民经受锻炼，从中吸取教训，将促使社会主义向着更加健康的方向发展。因此，不要惊惶失措，不要认为马克思主义就消失了，没用了，失败了。哪有这回事！”我们应该如何理解这些话呢？我想就原苏东地区国家演变的实质，社会主义运动和思潮的现状，它们的活动方式、发展道路、可能前景等等，用以下六个论点作简要概括。

“破立论”。这是指演变的实质。社会主义变革是不可避免的，但改革失败并非“在劫难逃”。时代主题发生巨大变化，科技发展突飞猛进，现代资本主义经济挑战日益严峻，原先高度集权的、僵化的苏联管理模式的弊端越发严重，不能充分反映社会主义制度固有的优越性，加之执政党本身逐渐蜕变，越来越失去人民群众的支持。苏联模式出问题只是迟早的事情，应该“破”，即破除其不合理的东西；但同时应该“立”，即建立适合本国国情的社会主义管理新体制。可惜，在执政党的错误领导下，本可进行的建设性的渐变却成了摧毁性的突变。代价沉重，大走弯路。

“虚实论”。这是指运动态势。许多国家尚处于变化过程之中，斗争反复无常，政治势力你下我上。不宜笼统断言苏联分裂成的十几个国家都

“选择了资本主义社会制度”①。白俄罗斯总统卢卡申科就明确提出建立市场社会主义。一个党是不是搞社会主义，固然要听其言，但更要观其行，不能单凭口号。原苏欧地区许多党，对民主社会主义既有兴趣，也有顾忌。它们同老社会民主党有区别。一概将其归类于资产阶级，既不切合实际，也不是对社会主义有信心的表现。目前，在世界范围内，社会主义状况是“实线”与“虚线”相联。“实线”指明确的社会主义国家；“虚线”指口号虽有所变化，但以本国特色社会主义为方向的政治力量仍在逐步成为国家政治生活的主导。

“检验论”。这是指路线正确与否。老党一分为几，新党蜂拥而出，纲领五花八门。谁都说自己正确，谁又都一时无法证实自己正确。正确与否，要靠实践检验，要经广大人民群众认可。

“选择论”。这是指发展道路的确定。历史与现实都充分说明，“极左”，即固守苏联模式，是再也行不通的；“极右”，即照搬资本主义的一套，是注定要碰壁的。区别于两者的选择，尚未有定论，要去探索。看来，这是一条“中间路线”，即适合本国国情的社会主义发展道路。在原苏欧国家，特别是俄罗斯，从根本上说，从长远看，各派政治势力较量的实质是“本国特点资本主义”与“本国特点社会主义”之争。

“曲折论”。这是指运动进程。在这些国家复兴社会主义（绝不意味着恢复苏联模式!），道路不会平坦，可能要几经反复。左翼力量在某次议会或总统选举中占优势，不要以为从此就回到社会主义；所以，盲目乐观是不正确的。反之，左翼在政权组织过程中受到这样或那样的挫折，不要以为它们从此又不行了。复兴社会主义毕竟是这些国家和民族走向繁荣、公正的必由之路。所以，悲观主义是没有根据的。

“特色论”。这是指发展前景。国情是多样的，模式也就不可能是单一的。殊途同归，即最终归之于“本国特色社会主义”。卢卡申科总统在谈及白俄罗斯搞市场社会主义社会时说：“我们也不打算照搬什么人的社会主义模式。我们的社会有自己的历史、自己的传统、自己对未来的看法。

① 参见《20～21世纪：社会主义的回顾与瞻望》，第241页。

我们正是选择这样的社会。”①

（3）如何看苏联解体对中国的影响？

苏联解体对中国的影响巨大而深远，有负面的，也有正面的。

①敲起了警钟。苏联演变促使中国增强忧患意识。一是增强党的自身建设与执政能力的意识。苏联共产党是国家的灵魂，是人民的精神支柱，是各加盟共和国的联系纽带。党垮，国家必然垮，苏联解体乃是苏共垮台带来的直接后果。苏联的信仰危机首先是从党内出现并泛滥起来的。中国共产党人引以为戒，着重质量建党，从思想建党、组织建党、作风建党和形象建党等各方面加强党的建设。二是增强防范和应对外部敌对势力和平演变的意识。苏共亡党、苏联解体，尽管内因是主要的，但外因也不可低估。西方为促成苏联和平演变，花了几十年的工夫。针对苏联东欧剧变，邓小平审时度势，站在战略的高度，先后形成了“冷静观察、稳住阵脚、沉着应付、韬光养晦、善于守拙、绝不当头、有所作为”28 字方针。这具有长远指导意义。三是增强加快改革开放步伐的意识。中国改革开放起步之日，正是苏联陷入停滞时期最严重之时。苏共垮台、苏联解体，使得我国领导人进一步坚定改革开放的意志和行动。

②改善了环境。苏联解体之后，美国等西方国家对俄罗斯施加多重压力，采取了弱化其综合国力、挤压其战略空间的战略，实施北约东扩、颜色革命和在东欧部署反导系统“三步曲”，迫使俄罗斯增强了与中国合作的愿望。中俄关系战略协作伙伴关系的意义深远，上合组织的影响巨大。中亚国家对华关系友好，政治上互信、经济上互补、文化上互通，出现了让中国得以实行能源进口多元化等积极因素。

③提供了机遇。随着冷战时期的两极格局终结，中国在多极化世界格局中的地位明显上升。中国的世界影响主要表现在对世界格局、国际秩序和社会发展模式的影响三大方面。当今世界上存在多种三角关系，如果说冷战时期最大的三角关系是美苏中三角关系，那么如今对国际形势影响最大的则是美中俄三角关系。

---

① 俄罗斯《真理报》，1995 年 9 月 6 日，卢卡申科在其母校白俄罗斯农学院建院 155 周年庆祝大会上的讲话。

④招来了压力。社会主义中国的地位被突出起来，正所谓“木秀于林，风必摧之；堆出于岸，流必湍之；行高于人，众必非之。”中国实际上成为那些推行霸权主义和强权政治者的主要防范和打击对象，“中国威胁论”由此而生。

第十章　新一代继往开来

刚跨进新世纪的时候，笔者曾提出过这样的看法："俄国十月革命胜利是一次历史性转折，从苏联解体到'民主俄罗斯'诞生，是又一次历史性转折。跨入新世纪的俄罗斯将逐渐由乱而治、由治而兴，选择一条适合俄罗斯国情的发展道路，如果获得成功，则将是再一次历史性转折。"①

俄罗斯的独特性与多变性使它成为举世瞩目的一个重要国家。原因是：（1）苏联解体整整 20 年了，作为苏联的主要继承者，俄罗斯的命运和前途始终与这个"基因"联系在一起。（2）俄罗斯是横跨欧亚两大洲、版图之大为世界之最的国家，是在拥有庞大核武库方面与美国并驾齐驱的国家，它的变化和发展不能不牵动着其他国家、尤其是大国领导人的神经。（3）资源极其丰富的俄罗斯被公认是一个重新崛起的新兴大国，被看做是对世界战略格局产生举足轻重影响的"金砖国家"之一。（4）俄罗斯在普京担任总统的 8 年中取得了令人刮目相看的成就，近 3 年来经受全球金融危机冲击的"梅普组合"体制又颇具特色，人们对于"梅普组合"的走势非常之感兴趣。如今，俄罗斯最有威望的政治家普京将不带悬念地参与 2012 年 3 月举行的总统选举，更让世人对俄罗斯的发展前景寄予厚望。

普京登权力宝座立誓言

苏联解体之后，人们将注意力集中在苏联的主要继承者俄罗斯身上。20 年来，俄罗斯的改革始终在曲折中发展，道路一直在碰撞中探索。俄罗斯能否增强综合国力从而走向振兴，主要看经济形势；俄罗斯的发展道路

① 参见《普京：能使俄罗斯振兴吗?》"前言"，江苏人民出版社，2001 年 1 月。

是否选择得当，关键在普京时代。

2000 年普京当选总统，是俄罗斯人民经过深思熟虑作出的选择。俄罗斯自从完全独立以来，经历了 8 年多的复杂而艰难的改革进程。人民强烈期盼政局稳定、经济发展、生活改善、国家强盛、国际地位提高这样一种局面早日到来，所以把自己的殷切希望寄托在新一代领导人身上。清代诗人赵翼曾写过这样的著名诗句："江山代有才人出，各领风骚数百年。"普京当选总统，不仅换人，而且换代，意味着以跨世纪为标志，俄罗斯将进入一个由乱而治、逐渐走向复兴的新的转折时期。

普京在第一轮投票中便当选总统，顺理成章，水到渠成。原因是多方面的，主要由于他拥有其他总统候选人不可企及的优势：（1）他拥有强大的政权支柱。叶利钦辞职的明智决断，给一直默默无闻的普京提供了时间和机会，使得广大国民有可能加深对他的了解，并迅速得到了"团结"联盟这样的正在向政党转变的社会组织及其盟友的支持。（2）以年轻有为的新形象出现，办了不少实事。普京沉着、果断、干练、务实的风格，在处理国内外突发事件中驾驭全局的能力，博得了各界人士的好感和信赖，被认为是众望所归的新型领导人形象。普京善于体察国情和民意，在代总统短短两个多月内，调整了总统办公厅和政府班子，使之精干而得心应手；毫不迟疑地解决车臣问题，维护联邦的统一；主张各派政治力量协商共事，乃至在国家杜马机构组成中与俄共联手；注重抓经济，突出科技的作用，数度增加退休人员养老金，基本解决拖欠工资这一大难题，并宣布从当年 4 月 1 日起将国家公务员的工资提高 20%。他还设法就原苏联债务重组问题与西方达成协议，减轻了外债负担。他当选独联体国家元首理事会主席，给独联体带来明显生机。（3）经济形势对他有利。1999 年俄罗斯经济开始好转，国内总产值比前一年增长 3.2%，工业生产增长 8.1%，全年通货膨胀率为 36.5%，大大低于前一年的 84.4%。2000 年以来经济保持回升势头，据俄官方预计，这一年居民实际收入将比上一年增加 2 至 4 个百分点。人们从普京当政中看到了经济复兴的希望。（4）他竭力捍卫国家尊严，顶住美国和北约的压力，同时又不失外交灵活性，颇能体现俄人民的心态。（5）他的富民强国纲领旗帜鲜明，既汲取历史教训，又展示振兴宏图，比较切合实际和赢得社会认可。

普京被委任为代总统时撰写的文章《千年之交的俄罗斯》，是新形势下的国情咨文、竞选宣言和施政纲领，务实求真，切中时弊，目标远大，气度恢宏，曾引起国际社会强烈反响。该文主要是阐述国内经济政治问题，内容涉及对俄罗斯所处国际背景的剖析，对前任总统期间成败的总结，对俄罗斯现状与潜力的判断，对今后国内政策举措的构想，对经济政治前景的预测。可以看出，普京是在切实履行叶利钦卸任时对他的委托："照看好俄罗斯！"

（1）客观分析俄所处世界背景。文章着重说明，与形成后工业化社会有关的人类各种生活方式方面，迅速发生深刻变化。一个特点是经济结构的变化。文章指出，由于先进技术的不断更新和提高、知识密集型产品生产的增加，由于信息领域和电视事业发展，由于注重发展经营和完善社会生活各部门的组织和管理系统，由于人处于领先地位，等等，物质生产比重降低，再生产和再再生产增加。另一个特点是，新型社会的形成进程时间相当长，从而引起两个方面的担忧。一个方面的担忧是：各种机会既带来了生活改善，尤其明显的是生态领域改善；同时，也出现尖锐的问题，如团伙犯罪、暴力、酗酒和吸毒贩毒现象蔓延，以及家庭婚姻与教育作用减弱。另一方面的担忧是：远不是所有国家都享受现代经济提供的财富和由此产生的繁荣富强，国家之间的差距将长久地保持下去。——这样的认识是比较客观的。

（2）冷静观察俄当前形势。文章概括为两点：一是俄不属于代表当代世界最高经济和社会发展水平的国家；二是俄现在面临着十分复杂的经济和社会问题，举例说"（上世纪）90 年代俄罗斯国内生产总值几乎下降 50%，仅相当于美国的十分之一，相当于中国的五分之一。"（笔者注：此处数据值得斟酌，与中国的差距并没有这么大）在 1998 年危机之后，人均 GDP 降到 3500 美元，为"七大国"平均水平的五分之一。文章还具体分析了俄经济结构发生变化、劳动生产力极低、投资下降、不重视新产品的开发、居民实际货币收入不断减少等方面的情况，指出目前俄罗斯人的收入还不到美国的 10%，认为这一切"在很大程度上是苏联式的经济造成的后果"，后来的改革不得不"在笨重和畸形结构的基础上实施市场经济"。文章针对今后怎么办，提出了若干基本问题：①怎样使新的市场机制全速运转起来？②怎样才能消除社会上日益严重的思想和政治分裂？③21 世纪俄应在国际社会中占有什么地位？④再过 10 年、15 年我们希望俄经济、社会和文化发展达到什么水平？⑤我们的强项和弱项是什么？⑥我们今天拥有哪些物质和精神资源？——这些问题要求未来总统及其领导下的政府能找出正确的答案。

（3）严肃指出俄实行改革以来的教训。文章指出了三点主要教训，一点是苏联时期的教训，说法是：在即将过去的世纪里俄罗斯有四分之三的时间是在为共产主义原理而奋斗的标志下生活的，“看不见，甚至否认这一时期不容置疑的成就是错误的。”接着又说，“而不认识到社会和人民在这一社会试验中付出的巨大代价错误就更大了”。尽管侧重点是后一句话，但是，承认苏联时期“不容置疑的成就”，这在俄领导人那里已是多年听不到的了。这样说是符合历史真实的，无疑会赢得广大俄罗斯人、特别是支持俄共的选民的好感。另外两点教训也非常重要，是针对俄独立以来的情况而言的：一是指出这些年俄在政治和社会经济动荡、剧变和激进改革中已精疲力竭；二是批评照搬“外国课本上抽象模式和公式”付出太大代价，强调“机械照抄别国的经验是没有用的”。——这一看法从普里马科夫担任总理时起，便越来越成为俄社会多数政治组织的共识。

普京文章体现的治国目标，定为弘扬俄罗斯的思想（文中将爱国主义、强国意识、国家作用和社会团结列为“俄罗斯价值观”的四点内容），建立强有力的国家和创造有效的经济。就政策重点而论，一是提出经济发展速度要快些，“这不仅是经济问题，也是政治问题”；二是强调“团结俄罗斯社会”具有特殊意义。

（1）从弊端认识看，他明白俄罗斯这些年改革积累了“大量棘手问题”；一是摸索乱碰，没有明确的全国性目标；二是在经济和社会领域没有建立完整的国家调控体系；三是缺乏适合俄条件的最合理的改革战略，这包括推行积极的工业政策——立足高科技、生产科学密集型产品的部门；实施合理的结构政策；建立有效的金融体系；取缔影子经济，打击经营与金融信贷领域的有组织犯罪现象；循序渐进地实施俄罗斯经济同世界经济的一体化；推进现代化的农业政策。

（2）从路线选择看，批判苏联模式的弊端，同时决不效法西方模式，强调俄不能成为西方式的国家，不能成为美国或英国的翻版。

（3）从政策走向看，有两点值得注意：一是搞多种所有制基础上的市场经济，要加强国家的宏观调控；二是强调要有一个强有力的国家政权体系，认为俄复兴的关键就在于国家政治领域，所以不赞成马上修改宪法，说这“不是刻不容缓和首要的任务”。

（4）从战略制定看，主张有一个长期发展战略，以便在尽量短的时间内消除持续已久的危机，为经济和社会快速和稳定发展创造条件，因为“俄罗斯已经没有时间晃来晃去了”。尽快把经济搞上去，这里的“快”，意思是要设法超过专家们的计算。专家们认为，如果俄年国内生产总值增长速度不低于8%，那么15年可以达到葡萄牙或西班牙现在的水平；如果保持10%的增长速度，则15年内可以达到英国或法国现在的水平。普京认为，“我们没有落后那么远，我们可以更快地追上去。”

（5）从国力评估看，作为俄最高领导人，承认俄正处于数百年来最困难的一个历史时期，“大概这是俄罗斯近200—300年来首次真正面临沦为世界二流国家，抑或三流国家的危险”。还说俄影子经济在国内生产总值中的比例可达40%（过去官方只说俄占25%），而发达国家不会超过15%—20%。

（6）从社会关系看，强调团结，说“现在一切都取决于我们能否认清危险程度，能否团结起来，能否承担起长期而又艰巨的工作”。文中还说，民族的忍耐力、生存能力和建设能力，都已处于枯竭的边缘；社会简直要崩溃，从经济上、政治上、心理上和精神上崩溃。应该指出，近几年来俄各派政治力量在实行多种所有制基础上的市场经济和多党条件下的议会政治，谋求社会稳定与民族和谐，以大俄罗斯主义精神激励人民以重振大国雄风，以及奉行全方位外交等重要方面，形成了不同程度的共同点和结合点、这也正是普京文中评价本届杜马选举所说的：“大概，改革的这些年来，第一次为执行权力机构和立法权力机构的合作提供了这样好的政治条件。”

普京求治国展示务实性

普京上台后的行动证明，他言而有信。正如有的俄罗斯学者所说，普京执政后俄罗斯当然并没有解决所有问题，但“已经离开死结”。普京早在2004年3月中旬谈话中就宣称：“对我来说，重要的是与继承下来的消极阴暗面进行斗争，努力兑现我本人对全国人民做出的诺言”；“我本人最大的享受，就是实现设定的目标。如果在这一道路上存在着障碍，我就想办法去排除。”普京确实是这样做的。

普京政策的务实性，集中体现在将俄罗斯三种主要思潮——自由主义、社会主义和民族主义加以融合。相对而论，‘自由主义’较多体现在经济方面，‘社会主义’较多体现在政治方面，‘民族主义’较多体现在对外关系方面。

（1）“自由主义”势头增强。与政治和对外政策相比，普京的经济政策一度似乎较模糊，后来“自由主义”经济色彩变得浓厚起来。

所谓“自由主义”势头倾向增强，并不意味着重复叶利钦时期照搬西方模式的套路。如果说，普京上台之初曾着重指出，导致俄罗斯前些年失败和挫折的主要根源之一是在经济和社会领域没有建立完整的国家调控体系；那么，在经过一段时间酝酿和争议之后，通过《俄罗斯10年经济发展纲要》、总统“国情咨文”等文件所表现的，则是要求遵循温和的自由市场经济原则，建立由国家调控的自由社会市场经济。

普京并不是一位主张对经济发展放任自流的人，他要求适当宏观调控的话语人们耳熟能详。他显然是在探寻一条有利于加速俄罗斯经济发展的路子，其做法看来是放手发挥经济领域的自由度，而将国家宏观调控把握在必要的最低限度。不过，自由市场经济也罢，社会市场经济也罢，概念并不那么重要，关键看它能否真正把俄罗斯经济搞上去。

（2）“社会主义”色彩有之。人们从普京现行政策中感受到某种“社会主义”气息，这是不争的事实。

给人们留下特别深刻印象的第一件事，恐怕要数普京曾对苏联时期的成就作了肯定。采用苏联国歌旋律和以红旗为俄军旗，也引起了强烈反响。由普京总统提议并经议会两院通过，确定了国徽、国旗、国歌和军旗，其中将苏联国歌旋律重新作为俄罗斯国歌尤其激动人心。苏联国歌歌词原作者之一米哈尔科夫填写的新歌词，在150个预选方案中独占鳌头，再次被采纳。右翼政党以及前总统叶利钦都反对恢复苏联国歌旋律，有人还扬言要拒绝接受，结果引出了一项新法律，明确规定公民应该尊重国家的标志，演奏国歌时人们必须起立。还规定从新世纪起，每天早晨6时至深夜24时国家电台都要演奏国歌。这些举措赢得民心，深受欢迎。

人们还认为，普京强化中央管理、遏制地方主体离心倾向，也是继承了苏联时期的做法。其实并不尽然。普京还扭转了其前任期间金融财政寡头干预政治的现象，指责那些“混水摸鱼”的寡头们利用自己在叶利钦时代的政治关系聚敛个人巨额财富。

普京重视俄共，注意改善与俄共的关系，这同叶利钦时期的彼此对立状态截然不同。普京还在其纲领和政策中，吸纳了俄共的一些政治主张。两者的根本结合点将是经过相互制约，选择一条适合国情的发展道路。

普京接受苏联时期的一些有益遗产，绝不意味着要回到苏联模式。他能在一些方面与俄共合作，并非出于思想观念上的认同。“社会主义”因素甚至可以被发达资本主义国家所借鉴，那么，在普京政策中出现某些类似“社会主义”的东西，就更不足为奇了。

（3）“民族主义”特征鲜明。普京现行的国际政策折射出以爱国主义为主要内涵的“民族主义”特征。

民族主义有两重性，在不同的历史时期和不同的国家起着不同的作用。在当代民族独立国家为维护国家主权和反对霸权主义的斗争中，民族主义无疑起着进步的作用。

俄罗斯当今的处境和条件，决定了其新时期领导人把国家民族利益作为最高原则。在俄罗斯多方位外交中，时时处处可以感受到强劲的俄罗斯民族精神。这是一种既维护自身利益又兼顾别国利益的“民族主义”，它根本区别于沙皇时期或者苏联时期的沙文主义和扩张主义。

普京就任国家最高领导人之后，俄罗斯内外围绕他的政策和风格出现过不少异议。这里着重讨论几个认识问题。

（1）如何看普京推行的“中央集权”？

普京采取一系列措施来加强中央政权，曾引起较多的猜忌和非议。对于这一点，如果离开俄罗斯的现实看问题，当然就难以做出公正的评价。

人们记忆犹新，俄罗斯由于多年来的改革失误，酿成了怎样一种政权软弱、组织松弛、社会混乱、“诸侯”割据的衰颓局面。普京登台伊始便明确指出，俄罗斯复兴的关键在于国家政治领域，首要任务是建立强有力的国家政权体系。现在回过头来看，普京这样提出问题和认识问题，是富有洞察力和远见的。普京下定决心，顶住压力，断然将原先89个联邦主体组成7个联邦区，分别派出总统全权代表，并成立了国务委员会，加强对地方主体的控制；提出并经议会两院审议通过了联邦委员会组成法案、联邦主体国家权力机关组织法案和联邦自治法案；等等。措施之严厉，动作之果断，确实给人留下深刻的印象。

面对这种情况，俄内外有不少人指责普京搞“中央集权”、“个人专权”，甚至给扣上“新沙皇”之类的帽子。可是，如果这种“集权”是错误的、有害的话，为什么能在议会两院顺利获得通过？为什么会受到俄罗斯社会多数人的欢迎？为什么还得到俄共这样的政治反对派的支持？

事实已经表明，俄罗斯强化中央政权的结果是积极的。一方面，初步规范了联邦主体与联邦中央的关系，结束了地方政权自行其是的混乱局面，形成了比较强有力的国家政权体系，联邦的整体性明显增强。另一方面，国家政权机制开始有效运作，寡头势力受到遏制，政党和政治组织逐渐纳入法制化轨道，总统、政府和议会之间的关系亦趋于协调。这一切为国家经济的逐渐恢复创造了有利的政治条件。可以说，俄中央和地方的关系理顺之日，也恰恰是经济走向复苏之时。在强化中央政权同时又合理分配中央与地方职权的过程中，普京个人的地位得以加强，那是合乎逻辑的。

中国有句古话：“施之以法，法行而知恩”。俄罗斯这种以法治为特点的“中央集权”，乃客观形势使然，这与苏联和俄罗斯历史上曾经出现过的个人迷信与个人专横不可同日而语。

（2）如何看普京选择的市场经济？

普京总统在新世纪献辞中说，俄罗斯在过去的一年中取得许多成就，因为“正确地选择了方向，正确地估量了自己的力量”。现在，人们对于普京实施的经济改革方向，具体地说，究竟选择哪一种市场经济，尚存有不少疑问。

市场经济是俄罗斯的必由之路，这是无可置疑的。在叶利钦总统当政的长过程中，自由市场经济的思路和实践一直占据主导，惟有普里马科夫任总理时倾向于社会市场经济，但执行时日短促便被迫离任。尽管自由市场经济在俄屡遭失败，目前人们争议的焦点依然是：适合俄国情的究竟是自由市场经济，还是社会市场经济？笔者曾经在访俄时与俄战略规划中心的高层专家交谈，他们的看法是现领导人不仅坚持自由主义观点，也有很强的传统观念，要发展自由经济，又要在国家监控的情况下进行，不过尚未找到适合俄国情的、为社会广泛认同的合理经济政策。

其实，普京的经济战略思路是清楚的。他曾经明确表示，要有适合俄罗斯条件的最为合理的改革战略，其主要内容之一就是创造多种所有制基础上的市场经济，优先方向是保护市场，要防范官僚和犯罪集团对市场经济的非法侵害，同时，必须在经济和社会领域建立完整的国家调控体系。

这里不禁想起美国马萨诸塞大学一位经济学教授撰写的《新自由主义已经失败》一文。文中称，从两次大战间隔时期的经历中得到的一个主要教训是，不能把世界的经济与政治前途寄托在国内或国际的不规范的自由市场制度上，这种制度导致经济不稳定、全球衰退和政治动荡。二战以后，各国的经济，包括原来市场起主导作用的经济，都置于政府的控制之下，而国际经济关系则由国际货币基金组织和世界银行负责。文中还称，新自由主义的积极推行者信誓旦旦地说，这个新的自由放任政策将导致所有国家——既有工业化国家，也包括发展中国家的经济大发展，遗憾的是这些诺言没有兑现。

（3）如何看普京与政治反对派的关系？

普京就任总统以来，俄当局的政治反对派依然存在，不过，与叶利钦时期相比，双方的关系发生了明显的变化。叶利钦当年坚决反对俄共，在其处境困难时最多也就是与俄共对话，而普京则比较看重俄共。普京多次称赞俄共的长处，例如他在提出应当创造条件形成几个代表全民族的政党时，肯定俄共是惟一“形成了体系的党”。俄共举行代表大会，普京还发去贺电。普京为了实现强国富民的目标，提出了包括团结社会力量、协调党派关系等多方面的举措。普京支持在国家杜马中与俄共合作的做法，采纳俄共的一些可以接受的合理主张。普京在与俄共的关系中，包含着斗争、合作、利用三种因素。普京为加强自身的社会基础，缩小来自各种反对派的压力，还着力改变了俄罗斯的政党结构。

(4) 如何看普京外交中的“平衡性”原则?

俄罗斯的外交政策,从向西方“一边倒”转为“多方位”(俄文中常用“多方位”一词,这与“全方位”是同一个意思),是在叶利钦时期普里马科夫担任外长的时候开始的。普京的多方位实践,可以说更加名副其实,而且他将多方位外交上升到“平衡性”的理论高度来认识和贯彻实施。

普京外交政策平衡性的内容,包括在全球范围内实行欧亚平衡,在西方实行欧美平衡,在亚洲实行中国印度平衡,在朝鲜半岛实行韩国朝鲜平衡等若干层次。其态势是:第一,与独联体的关系在其外交蓝图中的地位更显突出。第二,在对美国和西欧的关系中,将排序作了调整,现将西欧放在了前头。第三,对亚太地区特别是对中国、印度、日本、朝鲜半岛和东盟国家,外交势头空前加强。第四,俄对非洲和拉美国家的外交也在有重点地扩大,手段趋于灵活。欧亚相比,欧洲排序毕竟在前,这也就是普京所说的俄罗斯作为一个欧亚大国,首先是一个欧洲文明国家的缘故。从具体运作来看,俄外交政策平衡性中仍会有所侧重。

外交政策平衡性是俄罗斯进入新转折时期的国家利益所决定的。俄罗斯力图振兴,首先着眼于把经济搞上去,要求有一个可靠的安全环境,为此必须面向世界,着眼全局,而不能再像过去外交那样仅仅瞄准某些国家。

(5) 如何看西方对普京的非议?

美国等西方国家给普京扣上的第一个罪名,是说他“把俄罗斯拉回苏联”。美国总统国家安全事务助理赖斯甚至扬言,“有必要以高度的警惕注视俄罗斯向苏联倒退”。指责普京向苏联倒退的又一个论据,是说恢复使用了原苏联国歌的旋律。其实,这本是普京“团结全社会”的一个举动,反映了绝大多数俄罗斯人不愿“数典忘祖”的心态。西方一些舆论给普京扣上的第二个罪名是对西方国家构成威胁。论据之一是普京致力于建设强大的俄罗斯,不甘心俄沦为二流国家。另一论据是普京对美国的态度强硬。究竟是美国新政府对俄态度强硬,还是相反?例如小布什上台后,其本人与政府要员都一再对俄恶语相加,不择手段对俄施加压力,喧嚷“俄罗斯威胁”,反复声言要继续搞国家导弹防御系统。美国不会改变对俄弱化其综合国力、挤压其战略空间的方针。给普京扣上罪名还觉不够，往往还要渲染他的“克格勃”背景。西方的这些做法在俄罗斯并没有什么市场。

从根本上说，普京政策的务实性是美国等西方国家不喜欢他的重要原因。

俄罗斯谋划经济现代化

新世纪的前20年对于俄罗斯同样是重要战略机遇期，回顾过去的10年，俄罗斯经济是在克服困难过程中持续发展。

在普京担任总统的8年中，俄罗斯经济逐渐走出危机，形成了稳定增长的良好势头，尽管这种增长带有恢复性，且时有波动。这一时期经济增长质量明显提高，消费需求和投资的扩大对经济增长的拉力增强，宏观经济环境改善，综合经济指标趋好，人民生活水平相应地得到提高。8年间俄罗斯人均实际工资和人均实际收入的增长速度，比人均GDP的增长速度高出两倍，老百姓切实分享了经济增长的成果。面对世界经济低迷的总体状况，俄罗斯经济能以年均7%左右的速度增长，应该说是全球经济中的佼佼者之一。这是普京一直能够保持很高社会支持率的重要基础。尽管这8年主要是依靠适应本国国情和经济发展水平的政权体制作为保障，难免存在偏重于资源经济的倾向，但还是要看到俄罗斯根据国情处理市场经济的一些经验。

市场经济是俄罗斯的必由之路，这是无可置疑的。在叶利钦当政的长过程中，自由市场经济的思路和实践一直占据主导，惟有普里马科夫任总理时倾向于社会市场经济，但执行时日短促。自由市场经济在俄屡遭失败，人们争议的焦点却依然是适合俄国情的究竟是自由市场经济，还是社会市场经济？笔者曾与俄战略规划中心的高层专家交谈过，他们的看法是现领导人不仅坚持自由主义观点，也有很强的传统观念，要发展自由经济，又要在国家监控的情况下进行。

普京曾经明确表示，俄罗斯为“照搬外国课本上抽象模式和公式”曾付出过太大代价，强调俄不能成为西方式的国家，不能成为美国或英国的翻版（参见《千年之交的俄罗斯》一文）。他多次提出，要有适合俄罗斯条件的最为合理的改革战略，其主要内容之一就是创造多种所有制基础上的市场经济，优先方向是保护市场，要防范官僚和犯罪集团对市场经济的非法侵害，同时，必须在经济和社会领域建立完整的国家调控体系。普京总统任期的8年中，就是在寻找一条有利于加速俄经济发展的路子，构造一种新的发展模式。

最近几年是“梅普组合”时期，俄罗斯经济遭受了全球金融危机的冲击，经济形势出现严峻局面，其中能源价格暴跌带来巨大的负面影响。俄罗斯领导人一开始对于金融危机的影响有些估计不足。例如2008年9月普京总理在接受法国《费加罗报》专访时说过：“美国和欧洲受累于次贷危机和流动性紧缺，俄罗斯既没有次贷危机，也没有流动性紧缺，而且我相信今后也不会有，因为俄罗斯的经济增长率一直维持在高水平，而且我们在经济领域认识清醒。”

金融危机并没有让俄罗斯经济一蹶不振。俄领导人在对金融危机认识深化的同时，表现了克服危机的决心和信心，并且逐渐取得成效。他们主张与其他国家一道共同克服金融危机带来的后果，呼吁对国际政治和经济体系做出重大改革。他们深信俄罗斯经历过比这次金融危机更困难的时期，如今已具有抵御国际金融危机影响的能力，一定将经济损失和对民众影响减到最低。他们采取措施，动用外汇和黄金储备确保卢布不会突然、大幅贬值；政府在较大范围内购买企业巨头股份，还将向金融机构注入巨额资金，同时扶持中小企业。还降低经济对原料出口的依赖，在经济困难的条件下提高退休金和最低工资标准，全力保护公民存款，从而避免出现1991年和1998年发生的经济休克现象。

进入2010年，俄罗斯经济持续复苏，但下半年由于世界主要经济体复苏势头趋弱和国内罕见旱灾等因素的影响，经济增速变缓。2011年俄罗斯又面临抑制通胀、减少赤字、扩大内需等艰巨的任务。在全面现代化战略指引下，预计新的一年仍将继续实施创新型经济发展战略，在推动各行业现代化改造升级的同时，着力进行经济结构调整，寻找新的经济增长点，改变单一的经济增长方式。

俄罗斯全面现代化体现在经济领域，用他们领导人的说法，就是要维护所有权，对效率低下的国企进行重新私有化，让中小企业成为经济发展的中坚力量；要改变过分依赖能源、资源的现状，要成为世界经济创新发展的带头人，将新能源与提高能源效率、生物—医疗技术、航空航天、战略信息技术以及电信作为创新发展的五大优先领域。梅德韦杰夫总统2010年11月30日向俄联邦议会两院发表年度国情咨文，重点就国内社会民生、现代化建设等议题阐述观点。他呼吁继续拓展“经济外交”，推动与不同国家的创新合作。认为俄罗斯不可能仅凭自身的力量实现全面现代化，它需要西方投资，并同西方结成强大的商业伙伴关系。

俄罗斯实施全面现代化，进行社会第二次转型，这是俄罗斯各方的共识。

“梅普组合”施政成绩斐然

自“民主俄罗斯”诞生以来，由于多年来的改革失误，酿成了一种政权软弱、组织松弛、社会混乱、“诸侯”割据的衰颓局面。普京登台伊始便明确指出，俄罗斯复兴的关键在于国家政治领域，首要任务是建立强有力的国家政权体系。事实业已表明，当年普京加强中央政权的做法，是出于政局稳定和经济发展的需要，着眼于国家的长远利益。俄中央和地方的关系理顺之日，也恰恰是经济逐渐走向复苏之时。

最近几年是“梅普组合”时期。这种“双头鹰”权力结构受到大多数俄罗斯人的认可。但由于经济困难，曾引发社会政治矛盾，由反对派策划的“群体事件”把矛头主要对着普京。国际上有些媒体把俄罗斯几个城市曾出现的游行示威形容为“民怨沸腾”、“大动干戈”、“揭竿而起”、“燎原之势”，会从根本上动摇“梅普组合”，显然言过其实。

“梅普组合”是普京提出的“给我20年，还你一个强大的俄罗斯!”宏图中的重要环节，是他在俄转型期精心选择和安排的一种理政方式。鉴于普京的个人经历和阅历，他对于俄罗斯的国情和时代特征有较深入的了解，对于西方的东西哪些能学哪些不能照搬更是心中有数。从这个意义上说，他与梅德韦杰夫总统之间存在着良好的互补性。

值得注意的是，前一段时间内俄罗斯国内媒体关于“梅普组合”的负面报道有所增多。对此，笔者曾经提出这样的看法：其一，领导人威信高低与经济政治形势起伏同步，是合乎规律的正常现象。其二，总统和总理同时经受影响，而非此消彼长，这并不否定“梅普组合”本身的意义，更不体现西方“扬梅抑普”的意图。其三，位于权力顶峰的普京和梅德韦杰夫，在国家遇到周折时难免成为“众矢之的”，但并不意味着就有第三者可以在2012年总统大选中取而代之。

另据俄罗斯《报纸报》2011年2月8日文章称，俄罗斯权威调查机构列瓦达中心对全国45个地区的1600名成年人进行了调查，在回答“什么样的政治制度更好?”这一问题时，33%的受访者认为是“90年代前实行的苏联制度”，23%的人选择西方民主。仅有19%的人赞成“现行制度”，去年同期其支持率为28%，而2008年总统选举前的现行制度的支持率则有36%。针对这一点，笔者曾经指出，“现行制度”支持率之所以下降，固然与经济形势有关，但同时反证了普京担任总统时期的做法（曾被西方职责为“回到苏联”）比较适合俄罗斯的国情与民心。

按照俄总统提出的全面现代化战略，今后在社会政治领域将要做到保证公民的自由发展，保证人才脱颖而出；保障公民的权利，让他们得到所需要的最广义信息。要积极推动建立公民社会，确保国家稳定，最大程度地提高司法制度的威信；让人民保持健康；严厉打击腐败，反对家长制作风。梅德韦杰夫总统和普京总理等政要向税务机关申报个人及家庭财产状况，不仅是反腐亲民的表现，也含有某种体制改革的意义。看来，由普京时期制定、“梅普组合”时期依然执行的治国方略，仍将为全面现代化发挥推动作用，这就是：以国家利益为核心，以强国富民为使命，以经济发展为前提，以民族精神为动力，以强有力政权为依托，以团结全社会为手段，以历史教训为借镜，以选择适合本国国情道路为方向，以创造良好外部环境为条件，以重振大国地位为目标。

俄罗斯外交首推独联体

俄罗斯的历史使命是全面振兴国家。普京任总统8年期间形成的、如今“梅普组合”仍将继续坚持的优化外部环境战略，特点是务实性、平衡性和兼容性。

俄罗斯外交通常称作多方位外交，以“平衡性”为指导原则。从俄罗斯外交布局的态势来看，大体上分为四个层次。第一层次，独联体国家；第二层次，欧洲和美国；第三层次，周边国家；第四层次，世界上其他国家。在第一层次独联体国家中，存在亲疏差别，有关系最密切的哈萨克斯坦，关系既密切又经常闹别扭的白俄罗斯，关系最紧张的格鲁吉亚，关系从紧张转向缓和的乌克兰。在第三层次周边国家中，又分为几类。第一类，大国——中国、印度和日本；第二类，利益密切的国家，如伊朗、阿富汗；第三类，关系多变的国家，如朝鲜、蒙古。

俄罗斯外交政策平衡性包括：在全球范围内实行欧亚平衡，在西方实行欧美平衡，在亚洲实行中国印度平衡，在朝鲜半岛实行韩国朝鲜平衡等若干层次。其态势大致是：其一，俄罗斯与独联体的关系在其外交蓝图中的地位更显突出，俄对独联体其他成员国的关系被看做是“外交中的内政，内政中的外交”。其二，在对美国和西欧的关系中，将20世纪90年代的排序作了调整，西欧放在了美国前头。其三，对亚太地区特别是对中国、印度、日本、朝鲜半岛和东盟国家，外交势头空前加强。第四，俄对非洲和拉美国家的外交也在有重点地扩大，手段趋于灵活。当然，欧亚相比，欧洲排序毕竟在前，这也就是普京曾经所说过的，俄罗斯作为一个欧亚大国，首先是一个欧洲文明国家。所以，从具体运作来看，俄罗斯外交平衡性中仍会有所侧重。如今舆论界大谈俄罗斯“回归亚洲”，其实并不是什么“回归”，而是与美国强化在亚太的行为相适应，其面对亚洲的外交分量加重。

俄罗斯的外交根植于国家发展战略，突出外交为国家创新经济和全面现代化服务的宗旨。梅德韦杰夫总统2010年7月在驻外使节会议上提出要更有效地利用对外政策工具来解决国内问题，实现现代化目标。

俄罗斯与独联体其他成员国的关系，是名副其实的外交“重中之重”。独联体“既不是国家，也不是超国家实体”，20年来一直蹒跚而行，松而不散，形成了多层次、多结构状态。例如经济方面，俄罗斯、白俄罗斯、哈萨克斯坦、塔吉克斯坦、吉尔吉斯斯坦和乌兹别克斯坦等6国组成欧亚经济共同体，目标是在经济法律法规制定、进出口商品关税等经济领域协调政策、统一标准，以最终建立统一的经济空间，实现经济一体化。2010年7月，俄罗斯、白俄罗斯、哈萨克斯坦3国通过关税同盟的海关法，形成统一关税区并计划于2012年建立统一经济空间。乌克兰亦提出加入统一经济空间的可能性。同时，俄罗斯积极推动建立独联体自由贸易区，2011年可能签署相关协议。再如军事方面，有一个独联体集体安全条约组织，成员国包括亚美尼亚、白俄罗斯、哈萨克斯坦、吉尔吉斯斯坦、俄罗斯、塔吉克斯坦和乌兹别克斯坦。该条约组织规定要把反恐、集体应对紧急情况、消除非法移民、开展维和行动、保护信息安全等列入自己的行动日程。此外，格鲁吉亚、乌克兰、阿塞拜疆和摩尔多瓦还组成了一个名为“古阿姆”的组织，选择了与西方接近的道路，不过如今声势微弱。

俄罗斯在与独联体其他成员国的双边关系中，与白俄罗斯的关系最为特殊。双方都想彼此借重以抵制北约东扩，早已商定要组成“俄白联盟”，但由于多方面的利益矛盾而迟迟未能兑现。哈萨克斯坦是俄罗斯民意测验中的第一友好国家。哈萨克斯坦不仅是俄罗斯主导的一些国际组织的坚定成员，而且在独联体岌岌可危的情况下，成为俄罗斯保留独联体的最大支持者和独联体内的核心力量。

俄罗斯与格鲁吉亚的关系最为紧张。南奥塞梯和阿布哈兹试图效法科索沃，积极谋求独立，成为俄格关系恶化的焦点。2008年8月俄格武装冲突之后，格鲁吉亚宣布退出独联体。鉴于俄美关系的大背景，俄格矛盾将是旷日持久的。

俄罗斯与乌克兰的关系也很复杂。乌克兰长期以来实际上形成东部（亲俄）与西部（亲西方）两大营垒。处于夹缝中的乌克兰，既要亲近欧盟和美国，又不能得罪俄罗斯。亚努科维奇就任总统之后，奉行平衡外交政策，宣布放弃加入北约构想，大力改善与俄罗斯的关系，同时保持与欧盟关系的发展。俄以优惠价格向乌提供天然气，乌则同意将俄黑海舰队在乌驻扎期限延长25年至2042年，期满后还可再议延长5年。

俄罗斯还在吉尔吉斯斯坦2010年3月革命中，促使该国替换了巴基耶夫政权。这一举措显示了俄在独联体的影响力。

独联体的生存和发展，都与俄罗斯的政策和作用息息相关。哈萨克斯坦领导人纳扎尔巴耶夫早在1994年便提出建立近似欧洲联盟的“欧亚国家联盟”的设想。2011 年 10 月 4 日，被统一俄罗斯党提名决定参加下一年总统竞选的普京又提出了构建“欧亚联盟”的主张。他说，将于 2012 年启动的俄罗斯、白俄罗斯、哈萨克斯坦统一经济空间“不仅对这三国，而且对原苏联地区所有国家来说都是具有历史意义的里程碑”。他还提出，必须通过吸纳吉尔吉斯斯坦和塔吉克斯坦来扩大成员范围，并在未来迈向新的合作水平——成立欧亚联盟，说新联盟将建立在完全不同的价值观和政治经济原则之上，“这不是要以某种形式重建苏联”。高瞻远瞩的普京善于体察原苏联人民的心态和把握时代的发展潮流。不过，他的这个雄心壮志如何兑现，尚存在不少未知数，决非轻而易举，将有一个十分艰巨、复杂和曲折的过程。

俄中战略协作伙伴关系

2011 年是中俄两国建立的战略协作伙伴关系 15 周年，是两国基于“世代友好、永不为敌”原则精神缔结的《睦邻友好合作条约》10 周年，又是两国致力于共同构建的上海合作组织 10 周年。俄中关系的历程，是促进两国和两国人民睦邻友好、互利合作的历程，是维护地区稳定与世界和平的历程。在两国领导人的共同推动下，中俄之间不断增强互信，排除干扰，开拓进取，使得两国关系日益提升。中俄关系曾被双方领导人称作大国关系的典范。

自从中俄两国最高领导人 1992 年 12 月首次会晤以来，中俄关系从相互视为友好国家，发展建设性伙伴关系，直至确立平等信任的、面向 21 世纪的战略协作伙伴关系，曾被称作是连续上了三个台阶。战略协作伙伴关系的特点是目标长远和内涵广阔。两国要在平等互利基础上加强各个领域的长期合作，包括经济、政治、军事、科技、文化和其他领域。合作形式有官方的，也有民间的。作为联合国安理会的常任理事国，中俄两国本着对世界和平与发展和对人类未来的历史责任感，强调要在国际事务中加强协调与合作。战略协作伙伴关系是两国关系的一次质的飞跃。

此后，1996 年和 1997 年，中俄同哈萨克斯坦、吉尔吉斯斯坦和塔吉克斯坦一道先后签署了关于在边境地区加强军事领域信任的协定和关于在边境地区相互裁减军事力量的协定，创造了睦邻友好的新安全模式。接着，两国领导人于1997年11月发表《中俄关于世界多极化和建立国际新秩序的联合声明》，1998年11月发表《关于世纪之交中俄关系的联合声明》和《关于中俄边界问题的联合声明》，1999年12月在联合声明中进一步强调主张21世纪在《联合国宪章》和现行国际法准则的基础上推动建立多极世界，2000年7月发表《北京宣言》和《关于反导问题的联合声明》。

进入新世纪以来，两国领导人于2001年7月16日签署《中俄睦邻友好合作条约》，将两国间关系所达到的水平与各领域的合作共识以法律的形式确定下来。这个以“世代友好、永不为敌”为核心的条约，是中俄关系史上乃至整个国际关系史上的辉煌篇章。2002年和2003年两国领导人互访，再次肯定两国高层交往已定期化、机制化，经贸合作快速发展、规模日增，在国际事务中的合作非常密切。2004年10月，双方签署中俄国界东段补充协定，标志着经过双方四十多年的不懈努力，边界线走向已经全部确定。两国间4300多公里的共同边界，从此将成为两国人民和平、友好、合作、发展的纽带。2005年7月两国领导人发表《关于21世纪国际秩序的联合声明》。2006年在中国举办“俄罗斯年”。2007年在俄罗斯举办“中国年”。接着，2009年在俄罗斯举办“汉语年”、2010年在中国举办“俄语年”，并已决定2012年和2013年两国互办“旅游年”。这些活动增进了两国人民的相互了解和信任，进一步巩固了中俄关系，并为发挥中俄战略伙伴关系的潜力注入强劲的动力。

中俄新型关系的基础坚实，两国有着共同的利益、相似的目标、对世界形势非常接近的认识以及对和平稳定国际环境的一致渴求。双方都愿意把和平共处五项原则作为处理两国关系的惟一基础，在保持不结盟、不对抗、不针对第三国的前提下，决心成为平等互信的好邻居、好朋友、好伙伴，以求世代睦邻友好，共同发展繁荣。

中俄之间的经济互补性，构成合作的优越条件。两国有漫长的共同边界，市场非常广阔，合作潜力巨大。积极地开展经贸与科技合作，有助于促进双方的经济发展。为了巩固和扩大中俄关系的物质基础，双方在互利基础上积极发展两国经贸、军技、科技、能源、运输、核能、金融、航天、航空、信息技术等领域的务实合作及边境和地区合作。

中俄两国对于国际形势的看法以及为维护世界和平与稳定所采取的对策，有着许多的共同点。双方确信，和平与发展是时代的主题，求和平、盼稳定、促发展是世界各国人民的共同愿望。双方主张建立一个稳定、民主、不对抗、公正合理的国际新秩序；提出必须摈弃“冷战思维”，反对集团政治，必须以和平方式解决国家之间的分歧和争端，不诉诸武力或以武力相威胁，以对话协商促进建立相互信任和了解，通过双边、多边协调合作寻求和平与安全；应以世界多样化为观察问题的出发点，承认和尊重世界文明的多元性。双方一再声明，联合国在国际事务中起着不可替代的作用。通过联合国的行动能够更加充分和更加明显地体现出日益增长的世界多极化潜力，并在处理国际事务中逐渐排斥单方面的或狭隘民族主义的行径。双方承认，中俄在国际和地区事务中有着广泛的共同利益，两国愿继续努力，在亚太地区建立符合地区特点的合作机制，确保地区稳定与安全，并与其他国家和地区组织开展协作。双方主张切实维护全球战略稳定，积极促进裁军进程和加强多边军控，有效防止大规模杀伤性武器及其运载工具的扩散。中俄在一系列重大国际问题上的一致性，证实了两国之间形成战略协作伙伴关系的必然性和持久性，也是两国在世界上产生举足轻重影响的一个重要原因。

上海合作组织是中国、俄罗斯和其他成员国共同创建的地区性组织。其作用主要体现在政治、安全、经济和人文交流等合作领域。各成员国乃至整个国际社会公认，中俄两国是上合组织的支柱。

中国和俄罗斯领导人都曾称赞中俄关系是大国关系的典范。笔者对于“典范”的理解是：不结盟而又实行战略协作，关系密切而不存在依附性，维护各自尊严和利益而不怀颠覆对方之心，有利益分歧而能通过平等协商解决，根据是非曲直处理国际事务而不搞双重标准。应该说，中俄关系体现了大国之间良性互动的规律性。这个规律由起点、过程和结果三个环节构成。起点：维护各自的国家利益，但必须同时尊重其他国家的利益，两者缺一不可。过程：竞争与合作同在，摩擦与妥协并存，竞争要守规矩，合作要诚信，摩擦不要导致对抗，妥协要适度。结果：双赢、共赢，而不是任何单方面获益。

中俄之间有时也难免出现（尤其在经济领域）某种利益上的矛盾或差异，这并没有造成国家关系的扭曲，更谈不上恶化。对之正视而不是回避，设法弥补而不是听之任之，这正是两国领导人严肃负责的态度。两个大国之间的合作，看来既有共性问题，也有个性问题。在协作过程中发扬共性，尊重个性，尽量将个性融入共性之中，是十分重要的。

梅德韦杰夫总统在2010年7月外交使节会议上讲话指出，目前俄中双边合作达到前所未有的高度，两国在国际舞台上展开协调行动，提升了上海合作组织、“金砖四国”等区域性组织的威望与影响力。普京总理2011年10月11日在出席中俄总理第十六次定期会晤期间接受中国媒体联合采访，他称颂两国关系达到历史最高水平，提出必须加强合作，共同努力，把两国的合作提升到新的更高的水平。笔者认为，中俄新型关系的前景广阔，其总体态势是：在坚实基础上奠定关系，在互补基础上增强合作，在共识基础上应对世界，在互信基础上排除干扰，在成就基础上持续跨越。中俄战略协作伙伴关系的形成和发展，是冷战结束后国家间建立共同安全、互利合作关系的成功实践。

俄与美国及其他国关系

2006年10月2日俄罗斯《生意人报》有这样一句话：“俄美关系如今成为解读国际政治诸多事件的一把钥匙。”

俄美关系是从苏美关系演变而来。冷战时期，苏美是两个超级大国，如今变成“一超多强”中“超”与“强”的关系，俄罗斯处于弱势。不过，潜能巨大的俄罗斯，志存高远，对未来充满自信。

美国担心俄罗斯有朝一日变成又一个强大的苏联，对俄罗斯采取弱化其综合国力、挤压其战略空间的方针，企图让俄罗斯长期保持弱而不乱的状态。俄罗斯则蓄意重振大国雄风，强调要确保国家统一，确保政局稳定，确保经济增速。这三个“确保”，偏偏受到美国的干扰。从北约东扩，到“颜色革命”，再到在东欧部署反导系统，构成打压俄罗斯的三部曲。北约东扩之初，俄罗斯国力虚弱，只能“猫着腰”忍耐；“颜色革命”之时，俄罗斯国力回升，可以“直着腰”周旋；面临美国部署反导系统，俄罗斯国力大增，于是“挺着腰”回敬。俄美关系反反复复，主要矛盾方面在美国。

美俄关系一直在对峙中求合作。普京就任总统之初，曾与美国总统小布什商定了被称作全面合作的“新型战略关系”，宣布“已经克服了冷战的残余，任何一方都不把另一方视为敌人或威胁的来源”，结果成一纸空文。俄美关系陷入旷日持久的对峙状态，其紧张程度实不亚于冷战时期。但是，双方都认为如此僵局对自己并不利，于是寻求缓解办法。奥巴马上台后，在北约东扩、在东欧部署反导系统以及核裁问题上，做出政策调整。俄美双方都进一步确认未来两国将在经济、反恐等一系列领域加强合作。俄美关系的特点，亦即骤然变暖的权宜性、不时降温的必然性和冷暖之间的相对性，给人留下深刻印象。

全球金融危机对俄罗斯经济冲击的严重性，导致俄领导人处理对美关系更加慎重。近两年俄罗斯有两方面得手：一是 2008 年 8 月俄罗斯在与背后得到美国支持的格鲁吉亚的一次军事较量中占据上风，亚诺科维奇当选乌克兰总统之后乌克兰积极向俄罗斯靠拢；二是处境不爽的美国总统奥巴马表现出外交“新思维”，为发展美俄双边关系提供了一定的回旋余地。俄罗斯刚柔并济，一方面继续抵制美国的压力，另一方面又表现了与美国改善关系的意向。俄方先后采取的对应举措，包括推动吉尔吉斯斯坦撤除美国的马纳斯军事基地，就核裁军与美国在东欧部署反导系统问题与美国讨价还价，设法改善与美国盟友的关系，加强做“美国后院”拉美国家的工作，等等。

如今俄罗斯与美国关系有所缓和，尤其为人称道的是 2011 年 2 月 5 日俄美新版《削减和限制进攻性战略武器条约》正式生效，有效期 10 年，还可以再延期 5 年。新条约规定，7 年内两国部署的战略核运载工具数量将削减到 700 件以下，各自可部署的核弹头将从 2200 枚减至 1550 枚，削减幅度近三分之一。当日俄罗斯副总理谢尔盖·伊万诺夫称，该条约并未让双方承担任何义务，不会改变俄罗斯研制“布拉瓦”型潜射弹道导弹和“RS－24”型多弹头弹道导弹的计划，而这两种导弹将成为俄战略核打击力量核心武器准备。由此可见，对于这个颇有“数量游戏”味道的新条约的意义，要估量适度。裁减总比不裁减好，多裁减总比少裁减好，诚如有的媒体所说，该条约的生效有助于“推动美俄安全合作”乃至“推进世界核裁军进程”。但将其与“无核世界”挂钩，则未免过于浪漫。

俄美关系的历史呈现出一幅既彼此借助又相互排斥的图景。从长远看，民族利益、大国地位和世界影响等因素在俄美关系中起根本性作用，这就决定了它们之间的排斥面往往总要要大于借助面。彼此借助的因素是有条件地发挥作用，而互相排斥的因素则是长远起作用。

这里，有必要提一下俄美中大三角关系。在当今世界多极化进程中，唯一超级大国美国是世界上最大的发达资本主义国家；社会主义中国是最大的发展中国家；由苏联脱胎而来的俄罗斯则是最大的“转型国家”。经济、政治、军事三大方面对全球影响最大的是美中俄大三角。美国是“一超”，中国和俄罗斯属于“多强”中两个最有分量的国家。例如，当今参与解决朝核问题的六方是中、美、俄、日和朝、韩，解决伊朗核问题的六方是美、英、法、中、俄和德，两边都有美中俄。

俄罗斯处理与其他大国的关系，除个别国家外，都还比较顺利。

欧盟被俄罗斯看做是其实现现代化计划的重要伙伴，双方合作在一些重要领域取得了进展。俄罗斯希望成立欧洲自贸区、建立战略产业联盟和统一能源综合体。俄罗斯与北约于 2010 年 11 月 20 日举行俄格冲突后的首次峰会，俄方接受邀请参与北约导弹防御系统合作。梅德韦杰夫称俄罗斯与北约“敌对和冷淡的时期已经结束”。俄罗斯同意美国及北约进出阿富汗军事物资均可经由俄境内运输，并可扩大物资种类。

印度是俄罗斯在政治、安全和经济领域的重要伙伴，如今双方逐渐将昔日的盟友关系转型为互利互惠、以经贸为主的新型合作关系。俄罗斯、印度和中国作为“金砖四国”中的三个大国，在世界上颇具影响力。从人口来看，三国合计超过 25 亿，占全球总人口的四成多。从经济实力来看，三国国内生产总值也占世界的两成以上。中俄印三方合作势头不断加强，领域不断扩大，有助于推动国际新秩序的建立。

俄罗斯与日本的关系起伏不定，最根本的原因就是南千岛群岛（日本称作“北方四岛”）问题。过去几年两国曾以多种方案尝试解决，未见成效，近期的争议更趋激烈。俄罗斯希望与日本进行经济合作，特别是开发西伯利亚和远东。日本需要俄罗斯的能源，并希望改善对俄关系，借以加强日本在亚洲特别是在东北亚的地位。

此外，俄罗斯领导人还积极介入亚太地区其他方面的安全与热点问题。在朝鲜半岛问题上，俄罗斯借重多边机制提升其发言权。对阿富汗问题，俄罗斯加大关注，除同意美国及北约进出阿富汗军事物资经由俄境外，还为阿富汗培训禁毒专家，探索解决阿富汗问题新机制。梅德韦杰夫总统表示，希望2014年多国部队撤军后，阿富汗能独立维护自身的安全，俄罗斯将给予大力支持。梅德韦杰夫还于2010年10月底访问越南，并参加第二届“东盟+俄罗斯”峰会。凡此种种，成为媒体宣称俄罗斯“重返亚洲”的热门话题。

以史为鉴俄罗斯展宏图

苏联解体之后，俄罗斯经历了叶利钦和普京两个时期，比较善于从苏联演变中汲取教训的是普京。他对苏联的认识，凝练地体现在他说的一句辩证话语中：“谁不为苏联解体而惋惜，谁就没有良心；谁想恢复过去的苏联，谁就没有头脑。”他还用行动表明，在革新和振兴国家过程中，注意保留苏联时期的有益遗产，竭力维护俄罗斯的国情、利益和尊严，整治了亲西方的寡头干政，对来自西方的压力敢于顶撞，所以西方国家不喜欢他这个“硬汉”，指责他强化中央政权和突出统一俄罗斯党是要回到苏联，乃至对他被统一俄罗斯党推荐将参选2012年总统大加非议和抨击。

普京的施政理念和特点，反应了他注意汲取苏联演变以及叶利钦执政时期的教训。简言之：

（1）全面地评价苏联而不是一概否定。苏联解体之后，叶利钦时期对苏联的否定实不亚于戈尔巴乔夫“民主化”、公开性时期的做法，普京则不同。他强调不能“数典忘祖”。他在严厉批评苏联时期错误的同时，指出20世纪俄罗斯有四分之三的时间是在为共产主义原理而奋斗的标志下生活的，“看不见，甚至否认这一时期不容置疑的成就是错误的。”后来，他排除阻力，采用了苏联国歌旋律和苏联军旗，还对某些地区恢复共青团和少先队色彩的活动持默许态度。普京反对将列宁遗体迁出红场，肯定斯大林将苏联建成工业强国，还曾主张恢复已改名的斯大林格勒的城市名称。

2004年9月，坐落在莫斯科中心卢比扬卡广场的“克格勃”鼻祖捷尔任斯基的雕像，在撤除13年后，经普京批准重新恢复，还举行了隆重的安放仪式。在改革教育、医疗以及福利保障制度方面，仍保留了苏联时期受到人民群众欢迎的不少长处。

（2）根据国情推行渐进而不是激进改革。普京选择发展道路的标志为：以维护政局稳定、保持社会和谐为基本目标的“可控民主”，以注重效率、兼顾公平为基本特征的社会市场经济，以“平衡性”为基本指导原则的全方位外交。普京将俄罗斯社会存在的三种主要思潮——自由主义、社会主义和民族主义加以融合，有所选择、有所侧重地运用于经济、政治和外交领域。如一些俄罗斯人所说，普京还吸取邓小平的理论和中国改革开放的经验。总之，如前所说，普京形成了一套治国方略，这就是：以国家利益为核心，以强国富民为使命，以经济发展为前提，以民族精神为动力，以强有力政权为依托，以团结全社会为手段，以历史教训为借镜，以选择适合本国国情道路为方向，以优化外部环境为条件，以重振大国雄风为目标。

（3）普京是主导俄罗斯的中间派政治势力的代表人物。“左”，回到苏联模式，死胡同；右，照搬西方模式，行不通。普京说过，俄罗斯思想“把全人类的普遍的价值观与俄罗斯的经过时间考验的传统价值观有机地结合在一起”（包括市场经济、民主化），意即探寻适应时代潮流与符合俄罗斯国情的“第三条道路”。普京对俄共既重视又疑虑，既借助又制约，既安抚又排挤。俄共即使把原先自称的“强硬反对派”改为“建设性反对派”，也还是处境两难。普京做法合理，如果加以反对，则会脱离群众；如果随声附和，则会失去俄共的特色，与统一俄罗斯党没有什么两样。俄共当年靠叶利钦的失误过日子，如今机会少了。人们常说俄共提不出富有特色的、得到人民拥护的纲领，原因在此。反过来说，普京和俄共越是从俄罗斯的国家利益和人民意愿出发，就越有可能增加和扩大彼此之间的共同点；否则，普京越是获得成功，俄共的社会基础越将受到削弱。

（4）普京外交政策的特点是务实性、平衡性、兼容性和隐蔽性。对华，在新型基础上奠定关系，在互补基础上增强合作，在共识基础上应对世界，在互信基础上排除干扰。针对美国对俄“弱化其综合国力，挤压其战略空间”的做法，普京柔中有刚、以静制动。他从国家利益考虑，尽量改善与西方关系，但不示弱。他经常说一些大快人心的话。最近的例子，2011 年 8 月 1 日普京批评美国：“14 万亿甚至更高的巨额债务，说明美国在靠举债生活，这对于世界主要经济体之一来说是非常糟糕的。这意味着，他们入不敷出，并把自己问题的部分负担转嫁到全球经济头上，在很大程度上依靠世界经济和自己的美元垄断地位过着寄生虫的生活。”

在笔者本书脱稿之际，恰巧见到俄罗斯信息分析中心网站 2011 年 10 月 15 日的一篇文章，写的是俄罗斯人为何需要普京。所见相同，倍感欣慰。文章说那是因为普京给俄罗斯人带来了民族复兴的梦想和自豪感，并使国人振奋精神，重新燃起对大国地位的强烈渴望。说俄罗斯人不会忘记，正是普京结束了叶利钦时代的内政混乱、经济衰颓及国际地位的下降，开辟了“普京道路”；不会忘记“叶利钦迷失时代”以及西方所给予的惨痛教训。普京面对西方国家显得风格果敢，带有一种不可动摇的淡定，这些都让俄罗斯人钦佩不已。说普京之所以能征服俄罗斯人的心，还有一个原因，即他的无私无畏，他敢于代表人民利益。人们相信，在普京的领导下，俄罗斯将稳定发展，并向世界展示发展奇迹。

最后，笔者就俄罗斯的发展前景说几句话。

俄罗斯自独立以来，经历的过程大致可以用“破、乱、治、兴”四个字概括。叶利钦“破”了原先苏联的经济政治体制，造成了延续 8 年之久的“乱”局面。从普京到“梅普组合”再到 2012 年普京可能回到总统岗位，面临的首要任务是从“治”到“兴”。俄罗斯近期态势大致是：政局趋于稳定的因素增多，但还会有波动；经济增长渐成主流，但还会有曲折；对外关系有所改善，但还会有麻烦。鉴于在经济和政治方面积累了种种棘手难题，特别是经济，要走向复兴，决非易举，难以一帆风顺，更不会一蹴而就。不过，从长远看，俄罗斯毕竟是一个自然资源丰富，科技潜力雄厚，人口素质甚高的大国，能较快适应知识经济时代的要求，基础条件是好的。俄罗斯领导人发表的政见和政策思路表明，他们是在注意汲取俄罗斯多年来的教训，考虑本国的国情和民心，把握时代特征并适当地借鉴其他国家的经验。如果能始终不渝地坚持这样做下去，那就会找到一条体现俄罗斯特点的成功之路，从而有可能加快复兴的进程。

进入 21 世纪以来，俄罗斯所处的是一个“普京时代”。10 年前，在 2001 年 1 月江苏人民出版社出版，由俞邃、许新、潘德礼合著的《普京：能使俄罗斯振兴吗?》一书中，笔者曾在结束语中写过这样一段不无风趣的话，兹引用如下，再次作为本书的结语：

历史往往有惊人的相似之处，但绝对不会简单重复。

20 世纪初，一位 47 岁的小个子弗拉基米尔（列宁），领导布尔什维克党，通过武装起义，打破并着手改造一个“旧”俄国，结果以其开拓性的辉煌成就载入人类史册。

21 世纪初，又一位 47 岁的小个子弗拉基米尔（普京），在尚未形成自身政党支柱的条件下（笔者新注：这一点如今情况改变），试图通过强有力政权，整治和改造一个“乱”俄罗斯，结果会谱写怎样的篇章，人们将拭目以待。

后　　记

本书是在当代世界出版社的协议和推动下问世的。书中采用了当年同事于洪君、王廷玉、黄璜等同志提供的材料。在此谨致衷心感谢！写作过程中，我的夫人施蕴陵教授提供了计算机操作的技术保障和全方位支持。此书赶在苏联演变20周年之际付梓，时间仓促，难免疏漏，敬请读者批评指正。

作　者

2011 年 10 月于北京万寿路寓所